W9-CTP-045

Parlez sans peur!

PARLEZ SANS PEUR!

MARLENE A. NUSBAUM

Massachusetts Institute of Technology

LILIANE VERDIER

Dana Hall School

HOLT, RINEHART AND WINSTON

New York Chicago San Francisco Philadelphia
Montreal Toronto London Sydney
Tokyo Mexico City Rio de Janeiro Madrid

Publisher: Rita Pérez

Developmental Editors: Barbara Lyons, Marilyn Hofer

Senior Project Editor: Lester A. Sheinis

Art Director: Renée Davis

Production Manager: Lula Schwartz

Design and Production: Publishers' Graphics, Inc.

Library of Congress Cataloging in Publication Data

Nusbaum, Marlene A.
Parlez sans peur!

1. French language—Conversation and phrase books. 2. French language—Spoken French. I. Verdier, Liliane. II. Title.
PC2121.N8 1983   448.3'421   82-9242
ISBN 0-03-058577-5   AACR2

Copyright © 1983 by CBS College Publishing
Address correspondence to:
383 Madison Avenue, New York, NY 10017
All rights reserved
Printed in the United States of America
Published simultaneously in Canada
3 4 5 6   016   9 8 7 6 5 4 3 2

CBS COLLEGE PUBLISHING
Holt, Rinehart and Winston
The Dryden Press
Saunders College Publishing

To the students of the
Groton School, the Dana Hall School, and
the Massachusetts Institute of Technology
who have enthusiastically contributed
to the creation of this book.

Special Credits:
Illustrations: Penny Carter
Cartoons: Mary Doria Russell, Svea Fraser
Photography: David Coleman, Brad Hayes, Robert Nusbaum, Andrew Sideman, Liliane Verdier

Consultants and Readers: Sarah Coe, Diana Chigas, Yale University; Nikki Descoteaux, Dana Hall School; Christiane Donaldson, Princeton Country Day; Marie-Bernadette Etienne, American School in Paris; Gilberte Furstenberg, Claire Kramsch, Alain Vaillant, Massachusetts Institute of Technology; Robert Gula, Christina Zukowski Jensen, Michael Mitchell, Micheline Myers, Groton School; Arthur Harris, Jr.; Tracy Powers, Winsor School; Justine Sullivan, Smith College; Miranda Townley, Bryn Mawr College; Agnès Verdier; Henri Antoine Verdier; Henri Pierre Verdier.
Realia: Dominique and Patricia Charlot, Burch Ford, Cécile and Jean-Pierre Gauzi, Genevra Higginson, William Nusbaum, Odile Verdier.

We are especially grateful to our colleague François Hugot of Brown University, who inspired the unique structure of the book; to Jeannine and Amos Booth, who devoted countless hours of their time proofreading and correcting the manuscript; to Phyllis Hinchman, who settled for nothing less than letter-perfect copy in typing and laying out the manuscript; to our outstanding developmental editor Barbara Lyons, who worked with us so patiently over the many drafts and revisions of the book; to Clifford Browder for his insightful remarks and attention in copy-editing the final manuscript; and to Rita Pérez, Marilyn Hofer, Renée Davis, and Lester Sheinis of the staff at Holt, Rinehart and Winston for their support of this book.

Finally, we owe our greatest thanks to Bob Nusbaum and Shawn Worster without whose support and encouragement this book would have remained a mere dream.

The authors and the publisher would like to thank the following professors for their thoughtful suggestions during the development of *Parlez sans peur!:* Edmund J. Campion, The University of Tennessee; Bette G. Hirsch, Cabrillo College; Margaret M. Marshall, Louisiana State University; Alice C. Omaggio, University of Illinois, Urbana-Champaign; June K. Phillips, Indiana University of Pennsylvania.

To the student: Why is this book different?

"What I really want to do is to be able to carry on a conversation in French!" So if that's what you want, why doesn't it happen? Because fear gets in the way—fear of making grammar mistakes; of pronouncing words all wrong; of getting stuck in the middle of a sentence; of being embarrassed whenever you try to speak.

For those of you who have ever felt—or thought—any of these things, we've written *Parlez sans peur!* with *you* in mind.

To help you overcome this fear, we've used a new approach, one that is practical, useful, and—based on our experience—nonthreatening. The book is organized "functionally." This means that it covers the tasks or functions we all need when we talk; for instance, how to greet others, state personal preferences, express feelings, and so on.

By taking this approach, we first help you learn the tools you need to converse. You then have the chance to try out what you've learned in a variety of everyday situations. You will find that there is little in this book called "drills" or "exercises" with right or wrong answers. What you will find instead are practice sessions and activities that prepare you for using your French outside the classroom.

We think it's also terribly important that you be aware of all the things we take for granted when we talk. We choose words suited to our listener. We change how we talk according to when or where we're conversing. For instance, we would not use the same expressions during a job interview that we use with our friends at a party. This is all part of learning how to *converse* in a language, not just *speak* it.

Last, but probably most important, we feel that the key to being able to speak without fear is to have fun. So we've made a special effort to create activities that will interest and amuse you while at the same time preparing you for real-life conversations in French.

As you proceed through this book, do not be surprised if you are asked to practice your conversational skills in ways that you may not be used to. You will be called on to work in small groups with your friends, play roles, invent situations, and use your imagination. In other words, you will be thrust into a very active approach to language practice in which *you* play the center role. That also means that the attitude and spirit you bring to your conversations will make a big difference to the others around you and to the ultimate success of this course for you!

So we ask again: why is this book different? And we answer simply: because it approaches learning French conversation as a natural function, not an academic exercise.

Et maintenant, parlons français sans peur!

Marlene Nusbaum and Liliane Verdier

To our colleagues: How to use *Parlez sans peur!*

Making conversation work in the classroom is no easy task. Students are often inhibited, afraid of making mistakes, and uninspired by material that does not interest them. Or they may become frustrated because they lack the expressions and social tools necessary to converse in everyday situations. It is the aim of *Parlez sans peur!* to address both psychological and content problems in order to help intermediate and postintermediate students build confidence and competence in speaking French.

Parlez sans peur! may be used as the sole text for a course in French conversation, or it may be used in combination with other books in a more generally focused intermediate course. Divided into two segments called *Niveau I* and *Niveau II*, the book is flexible enough to be used in a one- or two-semester course.

What distinguishes *Parlez sans peur!* from most conversation texts is its organization by "functions" or the various *uses* to which we put language. In other words, the book focuses on the tasks that students, as potential speakers of French, need to perform in order to communicate effectively. Some examples of common functions are greetings, introductions, requests for information, expressions of preference, and statements of opinion.

Parlez sans peur! contains no formal presentation of grammar. It is our belief that insistence on grammatical structures beyond the beginning level often inhibits the relaxed flow of interaction in the classroom. At the intermediate level, what most students need is to enrich their vocabulary and develop fluency. Of course, students may need a refresher in the grammar they have forgotten or never completely understood. As these weak areas turn up, we encourage you to go over these points with your students, perhaps with the help of a grammar review supplement. But keep in mind that the spirit of the course is to have students put their effort into talking *in*, not *about*, French.

General Organization

The ten chapters of *Parlez sans peur!* are divided into two levels. Chapters 1–6 concentrate on common functions used in everyday conversation. The order of their presentation is based on the relative difficulty of the structures needed to express them. The goal of these chapters is to build skills for rapid, although fairly limited, conversational exchange. Each chapter is divided into two distinct parts.

Partie I presents new structures and allows the students to practice them. The *Entre amis* section uses exclusively the **je/tu** or informal form of address. We have presented informal forms first because they are used in situations in which students are inherently most at ease. This emphasis on interaction among peers also establishes from the start that it is the class members, not the instructor, who are responsible for carrying the burden of class conversation. The *Avec les inconnus* section escalates to the more formal **je/vous** form of address. While teaching the same function introduced in *Entre amis*, the activities in this section call on students to apply the material in simulated interaction with strangers or less intimate acquaintances.

After this work with new structures, *Partie II* (« *Comment se débrouiller...* ») pulls together all the material from *Partie I* by focusing on a single, unified cultural setting in which the chapter's function is likely to come into use. While recycling the material from *Partie I*, it also forces discrimination between the informal and formal structures of the first part. The material in this section presents contexts for conversational practice as well as pertinent vocabulary and cultural information.

The aim of Chapters 7–10 is to increase skill in more abstract and sophisticated expression. The material generally calls for lengthier, more complex structures, and the vocabulary is more advanced. Unlike the first six chapters, there is no separate presentation of informal and formal forms of address; it is assumed by this stage that students can make the necessary adjustments without explicit prompting.

Each of these last four chapters is divided into two parts. *Partie I* introduces the basic vocabulary and structures needed to convey the chapter's function. *Partie II* moves beyond the individual skills acquired in *Partie I* to demand more sustained conversation.

At the conclusion of each of the book's two levels, a *Chapitre de recyclage* calls on students to apply all previously studied functions and strategies to a totally new context. We have chosen this format for review because we believe it is the ultimate practical test of a student's assimilation of the material in the foregoing chapters.

Format and Types of Activities

Each chapter begins with a section called *Instruments de base*, a selection of the most commonly used expressions and vocabulary needed to communicate the chapter's function. Not all these expressions need to be required learning. Depending on the abilities of your students, you can determine whether they are responsible for all or just some of the material.

To follow the *Instruments de base*, each chapter first provides practice called *Entraînons-nous!* and then more open-ended activities entitled *Paroles en action*.

The *Entraînons-nous!* sections are occasions for structured practice of newly presented material. They will also let you correct any specific structural or pronunciation problems your students may be having. For these reasons, students are generally required to give only brief answers. A typical *Entraînons-nous!* may be carried out either between a student and you or between two students or occasionally among three students.

The *Paroles en action* activities offer occasions for more spontaneous exchange. As distinct from *Entraînons-nous!*, *Paroles en action* are geared to develop conversational fluency. While each *Entraînons-nous!* section introduces new expressions, the *Paroles en action* incorporate and build on previously learned material.

Paroles en action are sometimes simulations where students maintain their own identity but act in an imaginary situation; role plays where students assume fictitious roles as well as an imaginary setting; or free discussions and debates where students remain themselves and do not imagine a context outside the classroom. You and your students may also consider these other options: impromptu student-created skits; prepared videotaped or tape-recorded presentations; mini-plays prepared in advance and presented live. Encourage students to provide suggestions for new formats; not only do the most creative ideas frequently come from the class, but permitting students to have a hand in setting up activities is another way of engaging them actively in what is going on. In creating both types of activities, we have attempted to respond to the students' need to talk about things that are relevant, culturally interesting, or just plain fun. To allow maximum flexibility, we have also provided more activities than any one class would (or could!) cover. Feel free to pick and choose exercises according to class ability and the particular interests of your students.

Creating a Comfortable Atmosphere for Conversation

A very important element in teaching with *Parlez sans peur!* is the atmosphere established in the classroom. Little interaction can take place in a class that is too cramped, arranged in rows, or set up in a way that makes it unnatural for students to speak to one another.

Together with the class, you may seek some natural disposition of seating (such as a circle) that provides adequate room for movement and for eye contact among class members. If possible, a comfortable living-room arrangement is desirable. You might vary the location of the course from time to time, or move to comfortable quarters like a student center or lounge.

It is also important for you to spell out your role as facilitator in the course. For this book to accomplish its student-oriented purpose, phase yourself out as much as possible. Think of your role as presenting the lesson, rehearsing the material, and then fading into the background as a "resource person." This attitude will engage students and increase their sense of team spirit and mutual support. (For additional ideas on how to create a comfortable atmosphere, please see the Appendix at the end of the book entitled "First-Day Activities and Conversational Icebreakers.")

Glossing and Symbols

The first fifteen hundred words of the *Français Fondamental* word list have not been glossed in the text, although these have been included in the end glossary. Unfamiliar items in the *Instruments de base* and *Expressions en direct* sections are glossed either in the text or in footnotes on the page of presentation. All other unfamiliar entries are glossed the first two times they appear in the book as well as in the final glossary.

Expressions used in casual circumstances have been indicated by "(*fam.*)" for *familier*. Slang terms are designated by "(*argot*)." Learning how to converse involves knowing when it is appropriate to use these expressions. These nuances should be pointed out to the class to avoid embarrassing conversational gaffes.

The "?" at the end of activities suggests that you or your students may add additional possibilities to a list of items given. We encourage you to brainstorm frequently with your class for new and better ideas that will personalize the course.

We welcome any comments or suggestions from you or your students that might make future editions of *Parlez sans peur!* more effective. Please write us c/o College Foreign Language Editor, Holt, Rinehart and Winston, 383 Madison Avenue, New York, NY 10017. Until then, we wish you *bon courage* in helping your students to speak without fear!

M.A.N.
L.V.

TABLE DES MATIERES

I. "Bonjour!"

Comment saluer, présenter et parler de soi

II. « Aimeriez-vous venir...? »

Comment inviter; comment accepter ou refuser une invitation

III. « Pardon, pourriez-vous me dire...? »

Comment poser des questions et demander des renseignements

IV. « Avec plaisir, Madame ... »

Comment donner des renseignements

V. « Moi, je préfère ... »

Comment exprimer ses désirs et préférences

VI. « Bon Appétit! »

Chapitre de recyclage

NIVEAU I

CHAPITRE I

« Bonjour! »

Comment saluer, présenter et parler de soi

S'embrasser sur les deux joues[1] dès la première rencontre? Dire « salut » au nouveau professeur? Quelles gaffes![2] Il est vrai que nous n'avons pas la même façon de saluer tout le monde. Nous employons une certaine formule pour un ami intime, une autre pour un étranger. Mais, connaissez-vous ces formules en français? Quelles expressions devez-vous choisir? Quels gestes employer? Ce chapitre fournira une réponse à toutes ces questions et vous permettra de poursuivre[3] un début de conversation, après les premiers échanges de politesse.

1. *cheeks*
2. un faux pas
3. *continue with*

Partie I

ENTRE AMIS

INSTRUMENTS DE BASE I

Voici les éléments nécessaires pour communiquer entre amis intimes, jeunes gens, ou membres de la même famille. Comme vous le savez déjà, c'est dans ces cas-là que l'on emploie le **tu** et non le **vous.**

Comment saluer ses amis

C'est la rentrée.[1] Les étudiants se retrouvent et se saluent. Voici ce qu'ils peuvent dire

quand tout va bien :

Isabelle : Bonjour, Georges!
Georges : Bonjour, Isabelle!
Isabelle : Comment vas-tu?
Georges : Très bien, merci. Et toi?

Isabelle : Ça va, merci.
Georges : Quoi de neuf?
Isabelle : Pas grand'chose.

quand ça ne va pas :

Isabelle : Elisabeth! Elisabeth!
Elisabeth : Salut, ma vieille![2]
Isabelle : Alors, ça va?
Elisabeth : Non, tu sais, ça ne va pas du tout.
Isabelle : Qu'est-ce qui ne va pas?
Elisabeth : J'ai trop de travail.
Isabelle : Moi aussi… mais, c'est la vie!

---

1. la rentrée des classes : le recommencement de l'année scolaire, qui a lieu en France au mois d'octobre

2. expression familière pour une amie (masc. : mon vieux)

Pour accompagner ces salutations, les Français se serrent la main d'un seul geste ferme (mais on ne la secoue[1] pas plusieurs fois comme dans certains autres pays). En général, on se serre la main chaque fois qu'on se rencontre et se sépare.

Pour exprimer une amitié plus intime, on s'embrasse sur les deux joues. Il y a une tradition au Québec, en Belgique, et dans certaines régions de France qui consiste à se faire la bise[2] trois fois ou plus. Il est fréquent de voir deux hommes aussi bien que deux femmes se saluer ainsi. S'embrasser sur les lèvres est réservé aux amoureux!

EXPRESSIONS EN DIRECT

Comment demander « ça va? » :

Comment ça va?
Comment vas-tu?
Alors, ça va?
Tout va bien?
Ça marche? (fam.) } *How's it going?*
Ça boume? (fam.) }

Comment répondre :

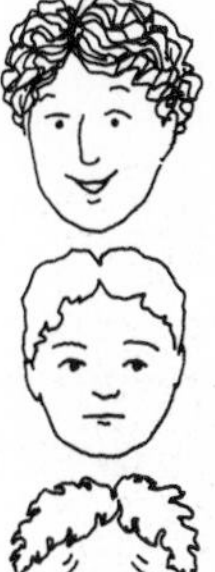

Très bien, merci! Et toi?
Ça va bien, merci!
Tout va bien.

Comme ci, comme ça.
Oh, ça va à peu près.

Ça ne va pas du tout.
Ça va très mal.

Comment continuer la conversation :

Quoi de neuf? (fam.) *What's new?*

Pas grand'chose. (fam.) *Nothing much.*
Rien de nouveau. (fam.) *Nothing new.*

ou bien

Qu'est-ce qui ne va pas?
What's wrong?

J'ai trop de travail.
Je suis mort(e) de fatigue.
I'm dead tired.
Je ne suis pas en forme.
I'm not well.

Entraînons-nous![3]

1. Bonjour!

Répondez aux salutations suivantes. Pour formuler vos réponses, suivez bien les indications données entre parenthèses.

1. *shake*
2. s'embrasser
3. *Let's practice!*

MODELE: « Bonjour, ça marche? » (Vous n'êtes pas sûr/e que tout va bien.)
Vous dites : *« Salut! Oh, ça va à peu près. »*

1. « Salut! Ça va? » (Vous allez bien.)
2. « Bonjour, ça boume? » (Vous êtes fatigué/e.)
3. « Comment vas-tu? » (Vous êtes de bonne humeur, *in a good mood.*)
4. « Quoi de neuf? » (Rien.)
5. « Qu'est-ce qui ne va pas? » (Vous avez trop de travail.)

2. Faites parler l'image!

André et Daniel se saluent. Qu'est-ce qu'ils se disent?

Paroles en action[1]

1. Salut, les copains!

Maintenant, vous travaillez simultanément deux par deux. Levez-vous, saluez-vous, demandez-vous « comment ça va, » et employez les gestes appropriés. Répondez sincèrement. Puis, vous pouvez recommencer et répondre différemment.

MODELE: **Votre camarade :** *Bonjour, ça va?*
Vous (parce que tout va bien) : *Très bien, merci. Et toi?*
Votre camarade : *Ça va bien, merci.*
Vous : *Quoi de neuf?*
Votre camarade : *Pas grand'chose.*
(Recommencez comme si tout allait mal.)

1. *Words in action*

2. En famille

Choisissez un rôle familial parmi (among) *ceux qui vous sont proposés ci-dessous* (below). *Mettez sur votre veste* (jacket) *une étiquette* (label) *portant votre nouvelle identité. Maintenant levez-vous et travaillez en même temps : vous retrouvez les membres de la famille réunis dans le grand salon. Par exemple, vous commencerez par saluer l'oncle Julien, puis la cousine Viviane, et ainsi de suite pour saluer tout le monde.*

MODELE: **Papa :** *Bonjour, Oncle Julien. Comment vas-tu?*
Oncle Julien : *Très bien, merci. Et toi, mon garçon?*

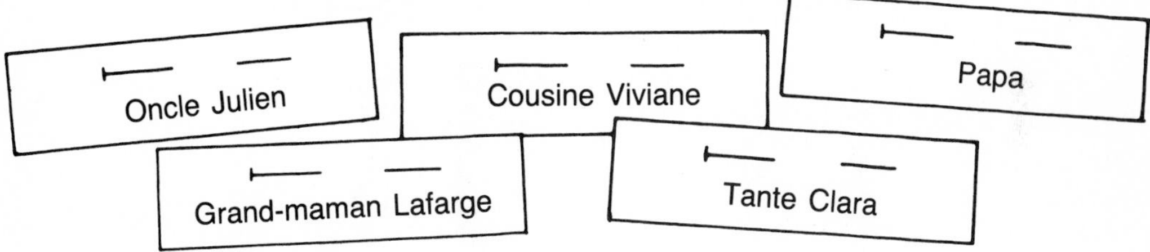

INSTRUMENTS DE BASE II

Comment présenter un ami et dire au revoir

Isabelle : Elisabeth, je te présente mon invité Georges. Georges, voici ma meilleure amie, Elisabeth.
Elisabeth : (Hum! comme il est beau!) Bonjour, Georges!
Georges : (Hum! Elle n'est pas mal!) Très heureux, Elisabeth.
Isabelle : Georges est au dortoir[1] La Chaumière; il vient de Baton Rouge, en Louisiane.

1. une résidence d'étudiants

Elisabeth : Ah oui? J'adore cette région! Moi, je viens du Québec.
Georges : Du Québec? J'ai des parents qui y habitent. Dis, Elisabeth, j'ai deux billets pour...
Isabelle : (Quoi? Il invite Elisabeth et pas moi?) Elisabeth, vite! Nous avons un cours dans quelques minutes! Je m'en vais. Tu viens? A plus tard, Georges!
Elisabeth : (Zut! Juste quand il allait m'inviter.) Euh... euh... Excuse-moi, je dois partir. Au revoir, Georges!
Georges : (Quelle peste, cette Isabelle!) Mais... mais... euh... A bientôt, Elisabeth!

EXPRESSIONS EN DIRECT

Comment présenter quelqu'un :

Je te présente...
Voici...
Voilà...

Comment terminer la conversation :

Je pars!
Je m'en vais! *I'm leaving.*
Je file! (fam.) *I've got to run!*
Excuse-moi, je dois partir.

Comment dire au revoir :

Au revoir!
Salut! (fam.)
A bientôt! *See you soon!*
A tout à l'heure! *See you in a little while.*
A plus tard! *See you later!*
A ce soir!
A demain!

Comment répondre quand on est présenté :

Bonjour.
Très heureux (heureuse). *Glad to meet you.*
Enchanté(e). *Delighted.*

Attention! Quand vous vous présentez, donnez simplement votre nom. Par exemple, dites **Jacques** ou **Je suis Jacques Dupont** au lieu de dire **Je m'appelle Jacques Dupont.**

Entraînons-nous!

1. **Présentez vos amis!**

Que dites-vous pour présenter les personnes suivantes et que répondent-elles?

MODELE: Vous présentez à Pierre votre nouvelle amie Paule.
***Vous** : Pierre, voici ma nouvelle amie Paule.*
***Pierre** : Très heureux.*
***Paule** : Bonjour, Pierre.*

1. Vous présentez à votre frère Guy votre vieux copain, Joseph.
2. Vous présentez à votre voisin Denis votre jeune cousine, Camille.
3. Vous présentez à votre mère votre petit ami (*boyfriend*) Pascal, qui vient du Vermont.
4. Vous présentez à un(e) ami(e) Michel (Michelle), votre invité(e) qui habite à la Martinique.
5. Vous présentez à votre camarade de chambre un étudiant francophone (*French-speaking*) de votre université.

2. Départ immédiat

Les personnages dans les images suivantes doivent tous partir tout de suite. Que disent-ils?

Paroles en action

Au Centre Francophone de l'Université

Vous êtes membres du Centre Francophone de l'Université. Travaillez par groupes de trois. Dans chaque groupe, l'un des trois présente les deux autres l'un à l'autre en donnant le pays d'origine de chacun. Les deux « présentés » se saluent, puis tous les trois se disent au revoir. Vous pouvez être vous-même ou, si vous voulez, vous pouvez imaginer que vous êtes l'un des personnages suivants :

Laurette (du Québec)	Assad (du Liban, *Lebanon*)	Robert (du Rhode Island)
Elya (du Zaïre)	Claudia (de Suisse)	Hélène (du Luxembourg)
Abdou (du Sénégal)	Aimée (de la Guadeloupe)	Annette (de France)

Abdou
le Sénégal

Aimée
la Guadeloupe

Annette
la France

MODELE : ***Robert :*** *Laurette, je te présente Assad qui habite au Liban. Assad, voici ma camarade Laurette qui vient du Québec.*
Laurette : *Bonjour, Assad…* (Continuez la conversation!)

AVEC LES INCONNUS

INSTRUMENTS DE BASE III

Maintenant que vous êtes à l'aise[1] avec vos amis, vous êtes prêts à apprendre les expressions plus formelles. On les emploie avec les personnes que l'on rencontre pour la première fois (sauf entre jeunes gens); entre personnes qui se connaissent peu; et enfin avec les personnes à qui l'on doit du respect : les personnes âgées, les professeurs, les patrons,[2] etc. Attention! Dans ce cas il faut toujours employer **vous** et non **tu.**

1. *at ease*
2. *bosses*

Comment saluer formellement

Madame Charpentier : Bonjour, Monsieur.
Monsieur Larivière : Bonjour, Madame.
Madame Charpentier : Comment allez-vous?
Monsieur Larivière : Très bien, merci. Et vous-même?
Madame Charpentier : Bien, merci.

Comment présenter des inconnus et engager la conversation

Anne-Paule Mulleris
DOCTEUR EN CHIRURGIE DENTAIRE

30, Rue Croix-Bosset
92310 SÈVRES
☎ 534.83.68

Marc Frey
Directeur Logiciel
Provinces

digital

Digital Equipment France
18, rue Saarinen - Silic 225 - 94528 Rungis Cedex
Tél. 687 23 33 + Telex Decfa 260840

Cartes de visite du docteur Mulleris
et de Monsieur Frey

Monsieur Alexandre : Mademoiselle, j'aimerais vous présenter Monsieur Frey, l'un de nos consultants à l'université. M. Frey, je vous présente le docteur Mulleris, dentiste de l'université.
Docteur Mulleris : Monsieur, je suis enchantée de faire votre connaissance.
Monsieur Frey : Très heureux, Mademoiselle. J'ai souvent entendu parler de vous.
Docteur Mulleris : Oui, votre nom me dit quelque chose[1] aussi. Vous êtes originaire de quel endroit?
Monsieur Frey : Je suis d'Algers, mais j'ai grandi[2] à Dijon.
Docteur Mulleris : Tiens! J'ai fait mes études à Dijon aussi!

---

1. *Your name rings a bell.*
2. *I grew up*

Comment s'excuser et dire au revoir

Après avoir parlé pendant quelques minutes ils se disent:

Docteur Mulleris : J'aimerais continuer cette conversation, mais je dois partir. J'ai une réunion dans quelques minutes.

Monsieur Frey : Mais, je vous en prie.[1] J'espère que nous aurons l'occasion de nous revoir bientôt.

Docteur Mulleris : C'est entendu.[2] Au revoir, Monsieur.

Monsieur Frey : Au plaisir, Mademoiselle.

EXPRESSIONS EN DIRECT

Pour présenter un monsieur à une dame, vous dites :

Madame (Mademoiselle), je voudrais vous présenter Monsieur...

Ce que la dame répond :

Je suis enchantée de faire votre connaissance, Monsieur.
Très heureuse!

Pour présenter une dame à un monsieur, vous dites :

Monsieur, j'aimerais vous présenter Madame...
Monsieur, je vous présente Madame...
Monsieur, permettez-moi de vous présenter Madame...
(formule employée par un homme s'adressant à une femme d'un milieu distingué)

Ce que le monsieur répond :

Je suis ravi de faire votre connaissance, Madame.
Très honoré, Madame.
Mes hommages, Madame.
(se dit dans un cas de très grande politesse)

Comment s'excuser pour partir :

J'aimerais continuer cette conversation, mais je dois partir.
Pardonnez-moi, mais il me faut partir.
Excusez-moi, on m'attend.

Comment dire au revoir :

Au revoir, Monsieur.
Au plaisir, Madame.
J'espère que nous aurons l'occasion de nous revoir bientôt.

Entraînons-nous!

1. Présentations formelles

Que dites-vous quand vous présentez un(e) ami(e) aux personnes suivantes? Qu'est-ce que le (la) camarade doit dire pour saluer chaque personne?

1. *It's quite all right.*
2. *Agreed.*

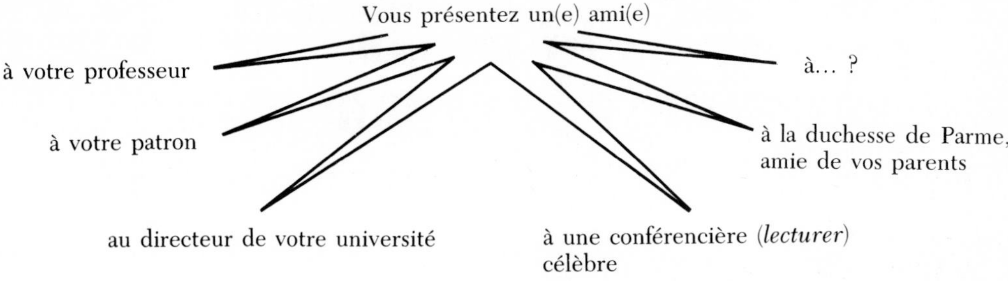
Vous présentez un(e) ami(e)
à votre professeur
à votre patron
au directeur de votre université
à une conférencière (*lecturer*) célèbre
à la duchesse de Parme, amie de vos parents
à... ?

2. Prenons congé! (s'excuser pour partir)

Il est toujours difficile de savoir ce qu'il faut dire pour prendre congé. Que diriez-vous dans les cas suivants?

MODELE: Vous devez vous préparer pour un match (*game*) de tennis.
Vous : *Pardonnez-moi, j'aimerais continuer cette conversation, mais je dois me préparer pour mon match de tennis. Au revoir, Monsieur.*

1. Vous avez une réunion importante dans 20 minutes.
2. Vous devez aller à une interview importante.
3. Vos amis vous attendent pour dîner.
4. Votre bus part dans un instant.
5. Vous avez un rendez-vous secret.

Paroles en action

1. Le cocktail des célébrités

*Maintenant oublions la réalité et appliquons les nouvelles structures à des personnages célèbres! Chaque élève prend l'identité d'une personnalité célèbre (François Mitterand, président de la République Française, Marguerite Yourcenar de l'Académie Française, Princesse Di, femme du Prince Charles, le Beatle Paul McCartney, Napoléon, Cléopâtre, James Bond, Marie Antoinette, Dracula, Vénus, etc.), et inscrit le nom choisi sur l'étiquette (*label*) qu'il porte. Par groupes de trois et à tour de rôle (*each in turn*), ils se saluent, se présentent en employant les gestes et les paroles appropriés, parlent pendant quelques instants, puis terminent la conversation. Si vous préférez, une hôtesse peut présenter les invités.*

2. « Nez à nez » : rencontres insolites (*unusual*)

*Imaginez que les couples nommés ci-dessous (*below*) se rencontrent. Imaginez leurs premières salutations, un début de conversation et une conclusion à ces rencontres extravagantes!*

1. Marilyn Monroe rencontre Freud.
2. Woody Allen rencontre Jeanne d'Arc.
3. Tarzan rencontre La Joconde (*Mona Lisa*).
4. ?

Partie II

COMMENT SE DEBROUILLER[1] DANS LES NOUVELLES RENCONTRES AU CAFE

D'AUJOURD'HUI ET DE DEMAIN

Dans beaucoup de pays, les gens aiment à se rencontrer dans un endroit public. En France, depuis longtemps, on se retrouve au café. Là, les gens donnent rendez-vous à leurs amis, s'assoient, observent les passants,[2] et font quelquefois de nouvelles connaissances.

Aujourd'hui, à Paris, par exemple, les jeunes se retrouvent sur le Boul' Mich', c'est-à-dire, le boulevard Saint-Michel dans le Quartier Latin,[3] alors qu'un journaliste du journal *Le Monde* fréquente peut-être « Le Café de la Paix. » A Montréal, les jeunes aiment se retrouver aux « bars » de la rue Crescent, mais on rencontre les hommes et les femmes d'affaires surtout dans les cafés de la Place Bonaventure.[4]

Dans un siècle[5] ou deux, qui sait où se retrouveront les gens? aux « restops » interplanétaires? aux bars intergalactiques?

Mais, que ce soit[6] à Paris, à Montréal ou au café de demain, on s'y retrouvera toujours entre les cours, après le travail, ou le dimanche après-midi, pour « prendre un pot »[7] et pour discuter de ses préoccupations personnelles, ses cours, et ses occupations.

Pour vous aider à parler de vous-même, après avoir salué vos amis ou fait de nouvelles connaissances, voici une série d'expressions vous permet-

1. *How to manage*
2. les gens qui passent
3. une section de la rive gauche à Paris fréquentée surtout par les étudiants
4. une grande place moderne de Montréal
5. cent ans
6. *whether*
7. prendre un verre, boire un coup (fam.)

tant de vous exprimer[1] sur trois sujets de conversation : cours, passe-temps, travail. Vous serez ainsi préparé pour de nouvelles rencontres au café... aujourd'hui et à l'avenir![2]

Imaginons maintenant que nous sommes dans un café universitaire, peut-être le vôtre. C'est le lieu de rencontre de nombreux étudiants et professeurs. Ecoutons ce qu'ils se disent :

EXPRESSIONS EN DIRECT

LES COURS

On vous demande :	***Vous répondez :***
Que prends-tu cette année? Qu'est-ce que tu étudies cette année?	J'étudie... Je suis un cours de... *I'm taking a course in*
Quelle est ta spécialité? *major* En quoi es-tu fort(e)?	Je me spécialise en... *I'm majoring in* Je suis bon (bonne) en... Je suis fort(e) en...
En quoi es-tu faible?	Je suis mauvais(e) en... Je suis faible en... Je suis nul (nulle) en... *I'm zero in*

1. *express*
2. le futur

Quelques études d'aujourd'hui :	***Quelques études de demain :***
le droit *law* la chimie *chemistry* la littérature la musique la philosophie la physique la psychologie la sociologie l'anthropologie (f) l'archéologie (f) l'électronique (f) l'informatique (f) *data processing* l'histoire (f) les beaux-arts (m) *fine arts* les langues (f) classiques : le latin, le grec les langues (f) vivantes : le français, le chinois, etc. les mathématiques (f) (familièrement, les maths)	la biologie extra-terrestre la cuisine gourmet synthétique la médecine régénérative la photographie à trois dimensions la sculpture multi-dimensionnelle les sciences (f) politiques intergalactiques l'histoire (f) ancienne de l'informatique

Entraînons-nous!

1. Extraits de conversation

Au cours de leurs conversations, les étudiants du café universitaire disent les phrases suivantes. Pouvez-vous compléter leurs phrases avec le vocabulaire précédent?

MODELE: Pour être pharmacien, il faut avoir des connaissances de __________.
Pour être pharmacien, il faut avoir des connaissances de chimie.

1. Je fais du __________ parce que je veux devenir avocat.
2. Je compte (*expect to*) devenir interprète, alors maintenant j'étudie le __________ et le __________.
3. Oh, zut! J'ai tellement de travail pour mon cours de __________. J'ai encore une dissertation (*paper*) à écrire sur la Révolution française!
4. Cet étudiant a vraiment l'ambition de devenir un grand violoniste. Je l'encourage à faire des études de __________.
5. Oh, tu sais à quel point je suis nul (nulle) en __________ ; je ne pourrais jamais considérer devenir médecin!
6. J'ai besoin d'un diplôme de __________ pour commencer ma carrière d'économiste.

2. Sondage (*survey*)

Demandez à chaque camarade de classe quelle est sa spécialité, dans quel sujet il (elle) est bon (bonne), et dans quel sujet il (elle) est mauvais(e). Si vous voulez, vous pouvez préparer quelques statistiques pour déterminer les spécialités les plus populaires parmi les membres de votre classe.

MODELE: **Vous :** *Quelle est ta spécialité?*
Votre camarade : *Je me spécialise dans l'informatique.*
Vous : *En quoi es-tu fort(e)?*
Votre camarade : *Je suis bon (bonne) en maths.*
Vous : *En quoi es-tu faible?*
Votre camarade : *Je suis mauvais(e) en histoire.*

Ces Françaises sont en marche vers le futur!

EXPRESSIONS EN DIRECT

LES PROFESSIONS

On vous demande :

Que faites-vous?

Qu'est-ce que tu voudrais devenir?

Vous répondez :

Je suis...

Je compte devenir...
J'ai l'intention d'être...
Je prépare une carrière de...

Quelques professions d'aujourd'hui :

acteur (actrice)
agent de change *stockbroker*
astronaute
avocat *lawyer*
biologiste
comptable *accountant*
directeur de marketing
espion (espionne) *spy*
homme (femme) d'affaires *businessman, businesswoman*
homme politique *politician*
interprète
journaliste
médecin-psychiatre *psychiatrist*
musicien (musicienne)
photographe
Président-directeur général (P.D.G.) *company president*
programmeur
secrétaire
spécialiste de logiciel *software specialist*
vétérinaire
vidéo-technicien

Quelques professions de demain :

architecte aquatique
diplomate des affaires interplanétaires
guide spatial
ingénieur-conseil planétaire *planetary engineering consultant*
routier (chauffeur) intergalactique
vendeur (vendeuse) de robots

Entraînons-nous!

Qui sait ce que l'avenir vous réserve?

Peut-être, comme ces personnalités ci-dessous, vous allez avoir une étonnante profession dans votre vie. Dites quel métier est peu probable pour vous et ensuite la profession que vous voudriez vraiment avoir. Suivez le modèle.

	Ils sont connus pour cette profession :	*Ils ont aussi été :*
Johnny Carson	personnalité à la télévision	magicien
Gerald Ford	président des Etats-Unis	modèle
Golda Meir	premier ministre d'Israël	professeur
Elvis Presley	chanteur de rock	routier (*truck driver*)
Babe Ruth	joueur de base-ball	barman
Howard Cosell	annonceur de sport	avocat
Bob Hope	comédien	boxeur
Adolf Hitler	dictateur	artiste
Marilyn Monroe	actrice de cinéma	ouvrière
vous	?	?

MODELE : ***On vous demande :*** *Qu'est-ce que tu ne voudrais jamais devenir?*
Vous répondez : *Je n'ai certainement pas l'intention de devenir astronaute.*
On vous demande : *Qu'est-ce que tu voudrais devenir?*
Vous répondez : *Je compte devenir photographe.*

EXPRESSIONS EN DIRECT

LES PASSE-TEMPS

On vous demande :

Qu'est-ce que tu fais pendant tes heures libres?
Que fais-tu pour te distraire?
What do you do for fun?
Quel est ton passe-temps?

Vous répondez :

Je passe mon temps à...
J'utilise mes heures libres à...

Quelques passe-temps d'aujourd'hui :

faire du jogging
faire du ski
faire de la plongée sous-marine *scuba diving*
faire du yoga
faire des tournois (*tournaments*) de « Rubik-cube »
jouer de la guitare
jouer au basket-ball
jouer au monopoly
regarder la télé (fam.)
écouter les disques
danser
bavarder (*chat*) avec des amis
rester en famille

Quelques passe-temps de demain :

faire de l'épée-laser *light sword*
jouer du piano électronique
jouer au football spatial
jouer aux échecs (*chess*) avec l'ordinateur *computer*
jouer au flipper (*pinball*) électromagnétique
collectionner les timbres antiques du XXe siècle

Entraînons-nous!

Distractions à travers les âges

Que faites-vous pour vous distraire dans les endroits ou situations suivants? Posez la question à votre camarade. Il (elle) vous répond par une phrase complète.

MODELE: dans un stade en l'an 2000
Vous : *Que fais-tu dans un stade* (stadium) *en l'an 2000?*
Votre camarade : *Dans un stade en l'an 2000, je joue au football spatial.*

1. dans les Alpes
2. dans un gymnase en 1990
3. avec des amis le samedi soir
4. dans les eaux tropicales d'Haïti
5. à un concert futuriste
6. pendant un week-end avec le célèbre yogi Marashi-Kubu
7. quand tu es seul(e) le soir chez toi
8. dans un parc d'attraction (*amusement park*) du futur
9. avec ton (ta) petit(e) ami(e) qui n'aime pas le sport
10. si tu as l'occasion de faire quelque chose que tu n'as jamais essayé essayé

Paroles en action d'aujourd'hui

1. Réunion des anciens élèves au café

Cinq ans (10 ans? 25 ans?) après l'université, les anciens élèves de votre classe se retrouvent au café et se saluent, présentent leurs époux (épouses) (spouses), *leurs enfants, et peut-être même comparent-ils leurs nouvelles activités, lieux d'habitation, professions, intérêts, passe-temps, etc. Vous pouvez garder votre propre identité ou jouer le rôle des personnages indiqués ci-dessous :*

Nom	*le mari/ la femme*	*enfant(s)*	*lieu d'habitation*	*profession*
Donaldson, Marie-Paule	William	________	Niger	photographe
Fargo, John	célibataire *bachelor*	________	Illinois, USA	secrétaire
Gerry, Peter	Karen	Claudine, 2 ans	Toronto, Canada	agent de police
Harlow, Jeannine	célibataire	________	Suisse	médecin-psychiatre

MODELE: **Marie-Paule Donaldson :** *Ah tiens, salut! Je te présente mon mari, William, interprète à l'Ambassade Américaine du Niger. Moi, je fais toujours de la photographie. Et toi?*

2. A la recherche d'un(e) camarade de chambre

Vous cherchez un(e) camarade de chambre. Vous donnez rendez-vous au café à une personne qui a mis une annonce dans le journal universitaire. Vous vous saluez, vous vous présentez et vous parlez de vos cours, de vos distractions favorites, etc. Au cours de la conversation, l'un(e) d'entre vous entreprend (undertakes) *de passer de* **vous** *à* **tu.**[1] *Continuez en employant exclusivement le cas familier.*

Vous pouvez aussi parler de vos habitudes personnelles comme celles indiquées dans les annonces ci-dessous, par exemple, « je ne fume pas, » « je suis végétarien, » « j'ai trois chats, » etc. Vous pouvez répéter l'activité avec d'autres candidats et choisir la personne la plus compatible.

PETITES ANNONCES
Camarades de Chambre

22. J.F., 21 ans, aimant musique et animaux, cherche camarade de chambre pour partager appartement en ville.

23. J.H., sportif, 17 ans, besoin urgent d'une chambre à louer. Pas loin de l'université.

24. 4 végétariens, non-fumeurs, voudraient un 5ème partenaire pour partager petite maison.

— Oui, c'est moi la J. F. 25 a., élég., jol., mince, dist. qui dés. conn. cel. 30 a. élég, b. bon. éduc. pr sorties.

1. Attention! Si vous parlez avec un Français ou quelqu'un venant d'un pays francophone, attendez qu'il prenne l'initiative de passer du **vous** formel au **tu** familier.

Paroles en action de demain

1. Rendez-vous au Restop Interplanétaire

Kobole et son camarade Sicob, de la planète Ergon, se retrouvent au Café Restop Interplanétaire à mi-chemin (midway) *entre la Terre et la Galaxie de l'Au-delà (de l'autre monde). Ils se disent bonjour, puis ils bavardent de leurs intérêts du moment et de leurs cours à l'Université Saturnienne. Alors qu'ils sont en train de déguster* (taste) *tranquillement une glace à la chlorophylle, un des professeurs de Kobole arrive. Kobole les présente l'un à l'autre. Sicob et le professeur se saluent, et la conversation repart (recommence) sur leurs intérêts professionnels. Jouez cette petite scène!*

2. Rencontre futuriste

Jouez les trois personnages du dessin humoristique ci-dessous : le fils fait les présentations; le père pose des questions à la « bien-aimée » sur sa planète d'origine, sa profession et ses distractions; la fiancée s'intéresse à son futur beau-père de la même façon!

Papa, voici HLLKKKRUK

CHAPITRE II

« Aimeriez-vous venir...? »

Comment inviter; comment accepter ou refuser une invitation

MONSIEUR ET MADAME CHARLES DEJAIFFE

PRIENT Mademoiselle Micheline Bredo

DE LEUR FAIRE LE PLAISIR D'ASSISTER À LA

SOIRÉE DANSANTE QU'ILS DONNERONT CHEZ EUX

LE Samedi 6 Octobre À 20 HEURES.

R. S. L. P.
MERBES-LE-CHÂTEAU

TENUE DE SOIRÉE

PAP. ANGLAISE, AV LOUISE

Savez-vous comment inviter la gentille personne dont vous venez de faire la connaissance? Et savez-vous que dire quand vos nouveaux amis vous invitent au spectacle samedi soir, ou vous proposent de venir chez eux? Si vous ne savez pas comment accepter ou, s'il le faut, refuser poliment, vous risquez d'être fort[1] embarrassé et même d'offenser, sans le vouloir, vos nouveaux amis. Dans ce cas, ce chapitre vous est indispensable.

Alors, apprenez l'art d'inviter et faites-vous des amis avec assurance!

1. très

Partie I

ENTRE AMIS

INSTRUMENTS DE BASE I

La Céleste Bicyclette
Place des Arts
Café de la Place
du 10 décembre 1980
au 10 janvier 1981
Nº 003
ADMISSION
CAFE DE LA PLACE
Bon seulement
SAM. 19h30
DEC. 80
27
Imprimerie ADV Inc., Mtl.

"Si on allait voir
un spectacle à Montréal?"

Comment inviter des copains

Viens donc Veux-tu Tu as envie de (d') Si on allait Ça t'intéresserait de (d')	écouter un concert en ville! déjeuner chez moi? visiter un musée vers 4 h.? faire une promenade à la plage? prendre un pot (fam.)[1] avec moi? voir le nouveau film au cinéma du coin? danser dans une boîte de nuit?[2] assister au[3] spectacle de mime?

Comment accepter

D'accord.
Excellent!
Avec plaisir.
Oui, je suis libre.
Pourquoi pas, je n'ai rien de prévu.[4]
Chouette! (argot)[5]
Extra! (argot)[6]
Bonne idée!
J'arrive!
Allons-y!
Je voulais justement y aller.
J'aimerais bien y aller.
J'ai vachement (fam.)[7] envie de t'accompagner.

Comment refuser

Excuse-moi, Oh non, je regrette, C'est dommage, Merci, tu es chic, mais... C'est gentil de ta part, mais...	je ne peux pas ce soir-là. je suis occupé(e). je suis pris(e).[8] je suis très fatigué(e). ça ne va pas. j'ai déjà prévu[9] de... j'ai déjà fait des projets. je n'ai pas très envie de sortir. je ne suis pas libre.

1. un verre
2. un night-club
3. aller voir le
4. pas de projets
5. Formidable!
6. Fantastique!
7. très
8. occupé(e)
9. j'ai fait des projets

Entraînons-nous!

1. Je t'invite!

Invitez un(e) ami(e) à prendre part aux activités suivantes. Variez les structures que vous utilisez.

MODELE: dîner au restaurant
Vous dites : *Viens donc au restaurant!*

1. aller voir une exposition (*exhibition*) de Picasso
2. prendre un pot au café du coin
3. assister à la conférence (*lecture*) d'anthropologie
4. voir le marathon
5. faire une promenade à la plage
6. voir un spectacle de marionnettes dans le parc
7. danser à la discothèque
8. écouter un concert de musique religieuse à la cathédrale
9. admirer les grands bateaux au port

2. J'accepte ou je refuse

Répondez à ces invitations. Quelquefois, vous acceptez, quelquefois vous refusez. Si vous refusez, donnez la raison de votre refus.

MODELE: Veux-tu prendre un pot avec moi?
Ah non, je regrette, j'ai déjà fait des projets.

Un spectacle folklorique au Sénégal

1. As-tu envie d'assister au spectacle folklorique sénégalais?
2. Ça t'intéresserait d'écouter un disque québécois?
3. Dis, viens donc voir le film de Truffaut qui passe en ce moment.
4. Veux-tu visiter le quartier historique de la ville?

5. J'ai une idée, si on allait manger du gumbo[1] au restaurant créole?
6. Eh, mon vieux, tu as envie de venir danser au « Palace »[2] avec nous?
7. Viens faire un tour en ville, d'accord?
8. ?

3. Invitons et répondons!

Un premier (une première) camarade propose une invitation appropriée à chaque cas. Un(e) second(e) répond comme s'il (si elle)...

MODELE: était trop fatigué(e) pour y aller
Invitation : *Si on allait au théâtre ce week-end?*
Réponse : *Merci, tu es chic, mais je suis morte de fatigue.*
Le (la) second(e) camarade répond comme s'il (si elle)

1. espérait justement une invitation pour samedi soir
2. avait déjà accepté une autre invitation
3. n'aimait pas les sports violents
4. était prêt(e) à venir
5. voulait rester chez lui (elle) pour dormir
6. désirait justement voir le nouveau film qui passe
7. adorait les concerts de rock
8. était au régime (*on a diet*)
9. avait trop de devoirs (*homework*) à faire

4. Jeu : le temps des loisirs (*distractions*)

Ecrivez pour vous-même, sur un petit bout (morceau) de papier, une des activités décrites ci-dessous et qui vous intéresse. A tour de rôle, (in turn) *levez-vous et invitez la personne qui, d'après vous, a probablement choisi la même activité que vous. Si vous devinez juste* (guess right), *l'invité accepte verbalement votre invitation, puis montre son bout de papier au groupe. Sinon, l'invité refuse poliment. Les gagnants sont ceux qui devinent juste tout de suite!*

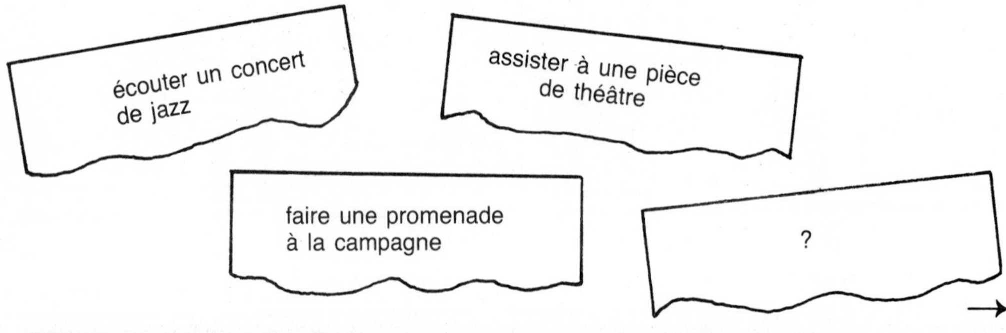

écouter un concert de jazz
assister à une pièce de théâtre
faire une promenade à la campagne
?

→

1. une spécialité de l'Acadie, en Louisiane
2. une boîte de nuit parisienne

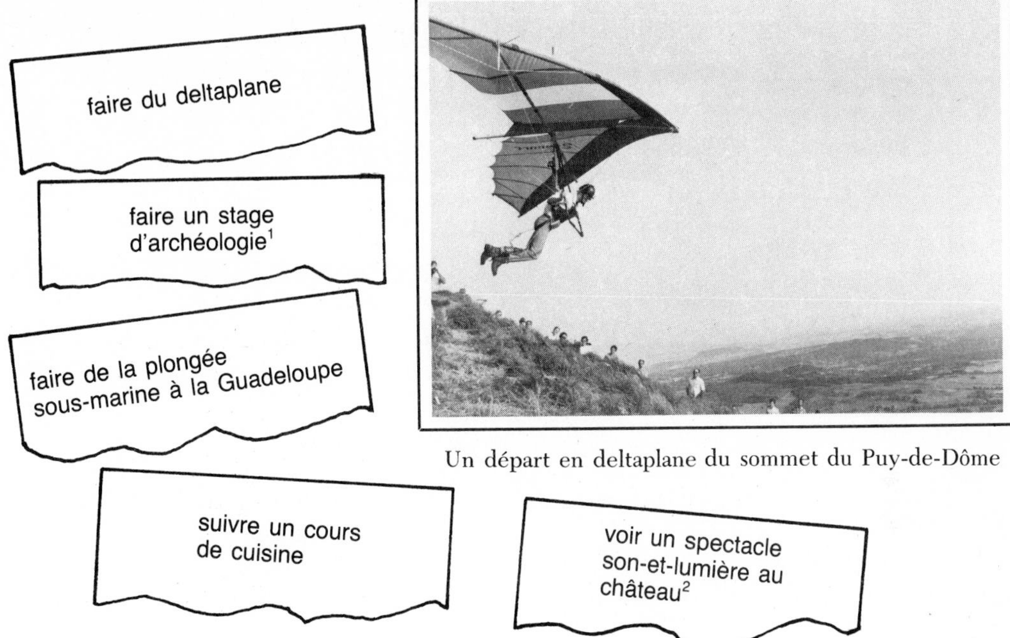

faire du deltaplane
faire un stage d'archéologie[1]
faire de la plongée sous-marine à la Guadeloupe
suivre un cours de cuisine
voir un spectacle son-et-lumière au château[2]

Un départ en deltaplane du sommet du Puy-de-Dôme

5. **Après la classe**

Pensez, pendant deux ou trois minutes, à une activité à laquelle vous désirez inviter tout le groupe à la fin de la leçon. Préparez bien votre invitation et annoncez-la à tour de rôle. Quand tout le monde aura parlé, le groupe entier votera pour choisir la meilleure activité. Et pourquoi ne pas passer à l'action?!

INSTRUMENTS DE BASE II

Comment proposer une autre date quand votre invitation initiale est refusée

Imaginons cette situation: Suzanne invite Guy à visiter le nouveau musée des Beaux-Arts. Malheureusement, Guy n'est pas libre ce jour-là. Suzanne lui suggère un autre jour que Guy accepte.

Suzanne : Si on allait au nouveau musée ce soir?
Guy : Tu es chic, mais je ne peux pas ce soir.
Suzanne : Quel dommage![3] Ça irait, demain soir?
Guy : Extra! C'est d'accord. A demain soir!

1. *archeological dig*
2. spectacle grandiose présenté la nuit dans un château historique
3. *What a pity!*

Suzanne pourrait aussi dire :

C'est dommage! Comme c'est dommage!	Tu peux venir Tu es libre Pourrais-tu venir Ça te conviendrait mieux[1]	tout de suite? demain soir? après-demain? dimanche après-midi? la semaine prochaine? le 21 ou le 22 octobre? le week-end du 15 mars?

Guy pourrait aussi répondre :

Bien! Chic! Chouette! (argot) Super! (argot)	C'est parfait. C'est décidé. C'est d'accord. C'est entendu.[2]	A tout de suite. A 9 h. demain soir! Au 21, donc! Au week-end du 15.

Entraînons-nous!

1. Proposons une autre fois!

Imaginez que votre première invitation a été refusée. Refaites votre invitation pour les dates, jours, ou heures suivants en variant les structures:

MODELE: ce soir
Quel dommage! Peux-tu venir ce soir?

1. la semaine prochaine
2. le week-end du 6 janvier
3. dans deux semaines
4. à 5 h. du soir
5. lundi prochain
6. le 19 février
7. tout de suite
8. tôt (*early*) demain matin

2. Acceptons avec plaisir!

Imaginez maintenant que vous avez été invité(e) pour les jours suivants. Vous êtes libre et très content(e) d'accepter l'invitation pour le jour et l'heure dits. Suivez le modèle. Variez les expressions que vous employez.

MODELE: ***Votre ami(e) :*** Ça irait demain après-midi?
Vous : *Chic! C'est parfait! A demain après-midi!*

---

1. *Would it be more convenient for you*
2. *Agreed.*

1. Tu es libre à 6 h. du soir?
2. Ça te conviendrait le week-end du 1er avril?
3. Ça irait, mardi à 3 h.?
4. Tu es libre dans 15 jours? (*in two weeks*)
5. Ça t'irait, aujourd'hui en fin d'après-midi?

Paroles en action

Si vous insistez...

Votre ami(e) a reçu les deux invitations ci-dessous, et vous invite à l'accompagner. Vous acceptez ou refusez selon votre emploi du temps (schedule). *Il (elle) insiste plusieurs fois; finalement, vous acceptez.*

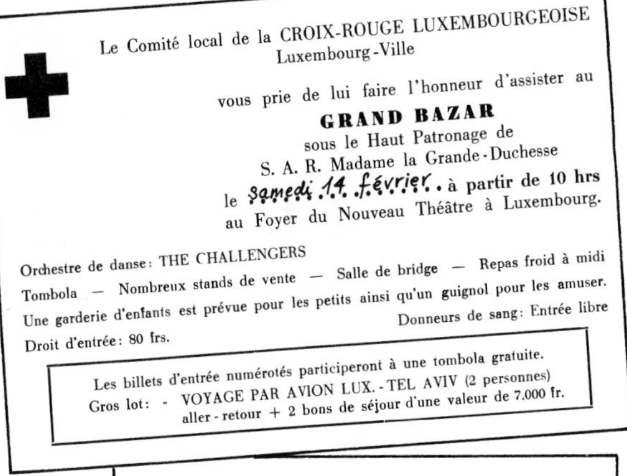

Le Comité local de la CROIX-ROUGE LUXEMBOURGEOISE
Luxembourg-Ville

vous prie de lui faire l'honneur d'assister au

GRAND BAZAR

sous le Haut Patronage de
S. A. R. Madame la Grande-Duchesse

le samedi 14 février à partir de 10 hrs
au Foyer du Nouveau Théâtre à Luxembourg.

Orchestre de danse: THE CHALLENGERS
Tombola — Nombreux stands de vente — Salle de bridge — Repas froid à midi
Une garderie d'enfants est prévue pour les petits ainsi qu'un guignol pour les amuser.
Droit d'entrée: 80 frs. Donneurs de sang: Entrée libre

Les billets d'entrée numérotés participeront à une tombola gratuite.
Gros lot: - VOYAGE PAR AVION LUX.-TEL AVIV (2 personnes)
aller-retour + 2 bons de séjour d'une valeur de 7.000 fr.

LE CENTRE CULTUREL FRANÇAIS

vous prie de lui faire l'honneur

d'assister au vernissage

de l'Exposition du Peintre

Dignimont

qui aura lieu le vendredi 13 février à 17.30 h.

au Centre Culturel Français

34a, Rue Philippe II à Luxembourg

L'exposition sera ouverte au public du 15 février au 7 mars, sauf samedi et dimanche

au 15 FÉVRIER

	JEUDI 12 (S. Félix)	VENDREDI 13 (Ste Béatrice)	SAMEDI 14 (S. Valentin)
	OBJECTIF 43-322	OBJECTIF 44-321	OBJECTIF 45-320
8	Cours de philo.		Cours de philo.
9		Cours de psycho	
10			
11	dentiste		
12			
13			Arrivée des cousins de Grenoble.
14	cours de psycho.	Cours de logique	
15			
16	Pot au café luxembourgeois avec la bande	Téléphoner à Irène	
17			
18			
19			
20	Cours de peinture aux Beaux-Arts		dîner chez Robert
21			

OBJECTIF 46-319

DIMANCHE 15
S. Claude

MODELE: **Votre ami(e) :** Regarde! J'ai deux invitations pour le Bazar de la Croix-Rouge. Peux-tu y aller avec moi samedi à midi?
Vous : *Oh non, je regrette...*
(Continuez la conversation!)

AVEC LES INCONNUS

INSTRUMENTS DE BASE III

Vous avez appris comment inviter vos amis. Voyons donc maintenant comment inviter, accepter, et refuser les invitations de la façon la plus polie. M. Etiquette, auteur du « best-seller » *Le Nouveau Savoir-Faire*, est l'expert qui va vous enseigner les expressions que vous devez employer dans ces situations. Etudiez les deux pages de son livre à ce sujet :

307 Invitations

une réciproque sympathie.

Et une dernière suggestion, penser aux superstitieux : il ne faut jamais inviter treize personnes à dîner!

LES INVITATIONS

Pour inviter de vive-voix

—Venez donc prendre l'apéritif.

—Pourriez-vous venir dîner demain soir?

—Voulez-vous m'accompagner à l'exposition de Picasso?

—Nous aimerions vous inviter à une soirée de bridge.

Pour accepter l'invitation

Remarque—Même si vous n'êtes pas ravi d'accepter l'invitation, il faut toujours montrer de l'enthousiasme en acceptant.

—Merci, je viendrai avec grand plaisir.

—C'est très gentil! J'accepte avec plaisir.

—Cela nous fait grand plaisir.

—C'est très aimable à vous. Nous serons ravis de venir dîner (de vous accompagner, d'aller voir ce film...)

—Volontiers. Je suis enchanté(e) de venir.

Pour refuser l'invitation

Remarque—Il faut toujours refuser l'invitation le plus poliment possible. Vous devez aussi

Invitations 308

donner une explication valable même s'il s'agit d'un mensonge poli...

—Nous aurions tellement voulu venir, mais j'ai énormément de travail en ce moment.

—Nous sommes désolés, malheureusement nous avons déjà promis de passer la soirée chez des amis.

—Comme c'est dommage! J'ai un rendez-vous chez... ce soir-là.

—Nous regrettons de ne pas pouvoir accepter mais nous avons déjà des billets de théâtre pour ce soir-là.

—Comme c'est gentil! Mais malheureusement je suis déjà pris(e) demain soir.

Pour inviter par écrit

THÉRÈSE ET COLETTE VERGAUWE

PRIENT leur amie Micheline

DE LEUR FAIRE LE PLAISIR D'ASSISTER À LA SOIRÉE TRAVESTIE QU'ELLES ORGANISENT CHEZ ELLES, LE dimanche 3 mars, à 20h.

R. S. L. P.

226, AVENUE MOLIÈRE
IXELLES

Entraînons-nous!

Développez votre savoir-faire!

Pour chaque invitation de la liste, donnez verbalement : (a) l'invitation formelle, (b) une réponse favorable dans laquelle vous acceptez et (c) une réponse négative dans laquelle vous refusez poliment. Variez vos invitations et vos réponses.

MODELE: au bal masqué du Mardi gras
(a) Pourriez-vous m'accompagner au bal masqué du Mardi gras?
(b) Certainement, je suis ravi(e) d'accepter!
(c) Comme c'est dommage, j'ai déjà un rendez-vous chez Madame la Présidente ce soir-là.

1. à la soirée dansante
2. au gala des Pompiers (*firemen*) du Nord
3. au vin d'honneur (une réception) du Salon de l'Auto
4. à la démonstration de judo
5. à l'anniversaire de mon frère
6. au café-théâtre
7. au « fais do-do » (soirée dansante) en Louisiane
8. au dîner international

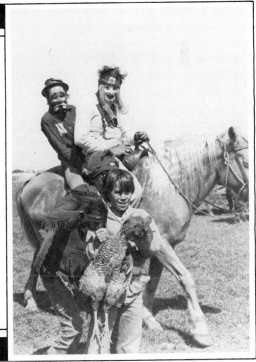

Célébration du Mardi Gras à la Nouvelle Orléans et. . .

. . .à la campagne acadienne, en Louisiane

Paroles en action

Les Higginson répondent

Monsieur et Madame Higginson ont lu attentivement les suggestions faites par M. Etiquette dans son livre. Ils s'en inspirent pour répondre verbalement à chacune de ces invitations. Jouez la scène où Monsieur ou Madame Higginson répondent[1] pour accepter ou refuser toutes les invitations reçues.

MADAME JEAN BOURGEOIS

bridge le mardi 7 Avril

3heures 107A, avenue Debré

MODELE: **Madame Higginson dit :** *Je suis désolée, malheureusement, j'ai déjà promis de passer l'après-midi chez des amis.*

La FEDERATION LUXEMBOURGEOISE de TENNIS DE TABLE (F.L.T.T.)

a l'honneur d'inviter M. et Mme Charges Higginson

à assister à la démonstration du tennis de table

qui aura lieu le vendredi 9 mai 1980 à 19:30 heures

au centre sportif de Grevenmacher

Des places seront réservées.

Prière de présenter cette invitation à l'entrée.

L'AMBASSADEUR D'AUTRICHE ET MADAME GÉRARD HEIBLE

PRIENT Monsieur le Conseiller d'Ambassade et Madame Charles Higginson

DE LEUR FAIRE L'HONNEUR DE VENIR à un concert de musique de chambre donné par le Haydn-Trio

CHEZ EUX LE lundi 10 décembre 1979, à 20.30h.

33, RUE GOETHE LUXEMBOURG

R.S.V.P. TEL. 47 11 88

A l'occasion de l'anniversaire de Sa Majesté la Reine

L'Ambassadeur des Pays-Bas et Madame Cohen Stuart

prient Monsieur et Madame Charles Higginson

de leur faire l'honneur de venir prendre un vin d'honneur chez eux

le lundi 30 avril 1979

de 12.00 à 13.30 heures.

R.S.V.P. tél. 27570

"Brichcrhof" 138, Rue des Muguets Weimershof

Mme Liu Chia-feng, épouse du Chargé d'Affaires de la République populaire de Chine à Luxembourg

prie Mme Charles Higginson

de bien vouloir lui faire l'honneur d'assister au thé

qui aura lieu le vendredi, 7 mars 1980

à 15:30 heures.

2, Rue Van der Meulen Dommeldange, Luxembourg (G.-D.)

R.S.V.P. Tél.: 436931

1. Souvent les réponses aux invitations formelles se font verbalement.

Partie II

COMMENT SE DEBROUILLER

AU TELEPHONE

De nos jours, beaucoup d'invitations se font par téléphone. Pour compléter ce que vous avez déjà appris à propos des invitations, vous allez maintenant apprendre comment inviter par téléphone, ce qui vous servira à bien communiquer dans toute conversation téléphonique.

A l'occasion de son 20ème anniversaire, Josette veut offrir une soirée à ses parents et amis favoris.[1] Elle a déjà téléphoné à plusieurs amis qui ont tous refusé. Un peu découragée, elle appelle maintenant son grand-père qui est propriétaire d'un café dans un village :

Josette : Pour téléphoner à Cucugnan, s'il vous plaît, Mademoiselle.
Standardiste : Donnez-moi le numéro que vous désirez.
Josette : Passez-moi le 56-21-96.
Standardiste : Ça sonne.
(Au bout de quelques secondes)
Le barman du café : Allô, j'écoute.
Josette : Allô? Qui est à l'appareil?[2]
Barman : Ici Marcel, le barman. Qui est-ce?
Josette : C'est Josette Leclerc. Je voudrais parler à mon grand-père.
Barman : Bonjour, Josette, ça va? Votre grand-père est justement[3] là, avec votre grand-mère. Ne quittez pas! Je vous le passe tout de suite.
Josette : D'accord, merci.
Grand-père : Allô, allô! C'est toi, Josette?
Josette : Bonjour, grand-papa. Ça va bien?
Grand-père : Ça va, ça va. Et toi, ma toute belle?

1. En France, pour célébrer son propre anniversaire, il est fréquent d'inviter ses amis chez soi.
2. au téléphone
3. précisément

Josette :	Oh, tout marche bien. Dis, viens passer le week-end prochain chez nous avec grand-maman. C'est mon anniversaire, tu sais.
Grand-père :	Ce week-end, tu dis? Euh... euh... je regrette, mais j'ai déjà fait des projets.
Josette :	Tu ne peux pas venir? C'est incroyable, tout le monde est occupé ce week-end. (La communication est coupée.)
Grand-père :	Allô, allô? Parle plus fort, je t'entends très mal.
Josette :	Mademoiselle, on nous a coupés.
Standardiste :	Restez en ligne, je rappelle votre correspondant. Ne raccrochez[1] pas. Désolée, Mademoiselle, ça sonne occupé. Rappelez plus tard, s'il vous plaît. (Josette décide de passer un dernier coup de fil[2] et appelle sa tante Lucie):
Josette :	Allô, c'est vous, Tante Lucie? Josette à l'appareil. Comment allez-vous?
Tante Lucie :	Bonjour, ma chérie. J'allais justement te téléphoner pour t'inviter à dîner chez moi le soir de ton anniversaire. Tu peux venir?
Josette :	Comme c'est gentil! Figurez-vous[3] que j'ai essayé d'inviter tous mes amis à une soirée, mais ils sont tous occupés ce soir-là. Même mon grand-père a fait des projets. Eh bien, c'est entendu, j'annule[4] ma soirée et j'accepte votre invitation avec grand plaisir!
Tante Lucie :	(riant un peu) Ne t'en fais pas,[5] mon petit chou.[6] On passera une excellente soirée. Je t'attends donc mardi à 7 h. (Comme elle sera étonnée[7]... elle ne soupçonne[8] rien!)
Josette :	Merci, Tante Lucie. A mardi. Au revoir!
Tante Lucie :	Au revoir, Josette!

1. *hang up*
2. passer... fil *make a last call*
3. *can you believe it?*
4. *cancel*
5. *don't worry*
6. *honey*
7. *surprised*
8. *suspect*

Josette arrive chez Tante Lucie. . .et surprise!

EXPRESSIONS EN DIRECT

la fente
le bouton
le combiné (le récepteur)
le cadran

GEOFFROY R 10 pl Jean Moulin (76) 42.40.24
GEOFFROY J-C 50 av La Bruyère.(76) 09.06.83
GEOFFROY Mme M infirm
14 pl Louis Jouvet............(76) 25.40.61
GEOFFROY Marcel 39 r Marbeuf (76) 96.43.62
GEOFFROY M 11 chem Meney → (76) 09.77.50
GEO MONDREY animat .....(76) 21.00.38
20 av Alsace Lorraine
GEORGE Pierre-Marc (76) 87.08.60
55 gal Baladins................(76) 23.35.85
GEORGE J-F 18 bd Mar Leclerc (76) 42.37.42
GEORGE Alain
71 r Nicolas Chorier.........(76) 21.16.48
*GEORGE-VEZAT-FRITSCH docteurs
mal et chirur yeux
2 pl Victor Hugo..............
GEORGES L 51 r Alliés...........(76) 87.67.47
GEORGES Oguey coiff hom (76) 09.66.74
64bis cours Jean Jaurès....(76
GEORGES H institute
37 av

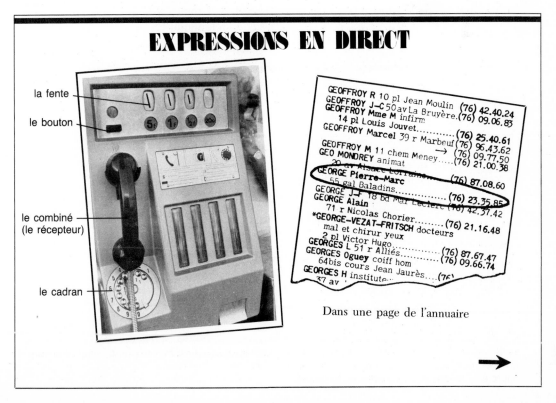

Dans une page de l'annuaire

→

Vocabulaire du téléphone :

Allô! J'écoute.	
Qui est à l'appareil?	Qui est au téléphone?
Ici ______________ .	C'est ______________ .
Qui est-ce?	*Who's speaking?*
Ne quittez pas!	*Hold on!*
Je vous le passe.	*I'll put him on.*
Parlez plus fort!	*Speak louder!*
Ne coupez pas!	*Don't hang up!*
passer un coup de fil à...	téléphoner à...
C'est entendu.	*Agreed.*
Pour téléphoner à...	
Passez-moi le 33.76.45.[1]	Donnez-moi le 33.76.45.
On nous a coupés.	*We've been cut off.*
Restez en ligne!	*Stay on the line.*
C'est occupé.	*The line is busy.*
Ça sonne.	*It's ringing.*
Raccrochez (le combiné).	*Hang up.*
Décrochez (le combiné).	*Pick up the receiver.*
appeler quelqu'un	téléphoner à quelqu'un
rappeler quelqu'un	*to call back or call up again*
le (la) standardiste	l'opératrice ou le (la) téléphoniste
le (la) correspondant(e)	la personne avec qui vous parlez au téléphone

Entraînons-nous!

1. A l'appareil

Que dites-vous

1. quand vous décrochez le téléphone?
2. quand vous donnez votre nom au téléphone?
3. quand vous voulez savoir qui est à l'autre bout du fil (*end of the line*)?
4. quand vous voulez demander à l'opératrice le numéro 21.82.99?
5. quand il y a un arrêt (*interruption*) soudain au cours de votre conversation?
6. quand vous voulez que votre correspondant reste au téléphone?
7. quand vous n'entendez pas bien votre correspondant?

1. Remarquez que les chiffres français sont groupés par paires. Par exemple, le numéro 53.34.98 s'annonce cinquante-trois, trente-quatre, quatre-vingt-dix-huit. Sauf dans les grandes villes comme Paris ou Montréal où il y a des numéros à 7 chiffres, 723.72.11.

2. Invitations au téléphone

Que diriez-vous pour compléter les extraits de conversations téléphoniques suivants? Utilisez le vocabulaire du téléphone et des invitations.

A. (Le téléphone sonne et vous décrochez l'appareil.)

Votre ami : *Allô!*

(Vous lui dites bonjour, puis vous l'invitez...)

Vous : ____.

Votre ami : *C'est d'accord. A demain soir!*

B. **Gérard, votre correspondant :** *Allô! C'est toi? Ici Gérard.*

(Vous lui dites bonjour...)

Vous : ____.

Gérard : *Dis, demain soir je vais assister à une conférence sur la tension nerveuse donnée par le Docteur Trétendu. Ça t'intéresserait de venir avec moi?*

Vous répondez à son invitation : ______________________________.

C. (Vous téléphonez à votre père...)

Vous : ____.

Votre père : *Bonjour, mon fils (ma fille)!*

(Vous invitez votre père à venir voir la pièce dans laquelle vous jouez...)

Vous : ____.

Votre père : *Certainement, j'aimerais bien y aller. Quel jour et à quelle heure?*

Vous : ____.

Votre père : *Parfait, j'y serai!*

(On frappe à votre porte et vous dites à votre père de ne pas quitter le téléphone...)

Vous : ____.

Votre père : *D'accord, j'attends.*

(Un instant plus tard, vous revenez au téléphone et vous terminez la conversation.)

Vous : ____.

Votre père : *Au revoir! Bon courage... et n'oublie pas de dormir et de prendre tes vitamines!*

3. Un coup de fil

Composez d'abord l'invitation, puis la réponse donnée pour chaque situation. Imaginez que ces échanges se passent au téléphone. Limitez-vous à un échange rapide.

MODELE: Votre sœur vous demande — de l'accompagner au théâtre

Votre sœur : *Allô. Ici ta sœur. Dis, pourrais-tu m'accompagner au théâtre demain soir à 8 h.?*

Vous : *Chouette! C'est entendu! A 8 h. demain soir.*

1. Madame du Lac invite ses amis les Durand — à dîner chez elle
2. Vous proposez à votre avocat — de déjeuner avec vous
3. Le (la) secrétaire de votre directeur vous demande — d'assister à une réception en l'honneur d'un conférencier célèbre
4. Le petit ami de Claudine lui demande d'aller — danser à la discothèque
5. Une espionne russe est invitée par James Bond — à se joindre à lui pour une mission secrète à Tahiti
6. Vous êtes invité(e) par votre acteur (actrice) favori (favorite) de Hollywood — à assister au Grand Prix automobile de Monaco

Paroles en action

1. Expressions en communication!

Le professeur donne à chaque étudiant (excepté un) une grande carte où est écrit une expression du vocabulaire du chapitre et aussi un rôle à jouer, qu'il montre à tout le monde.

Exemples:

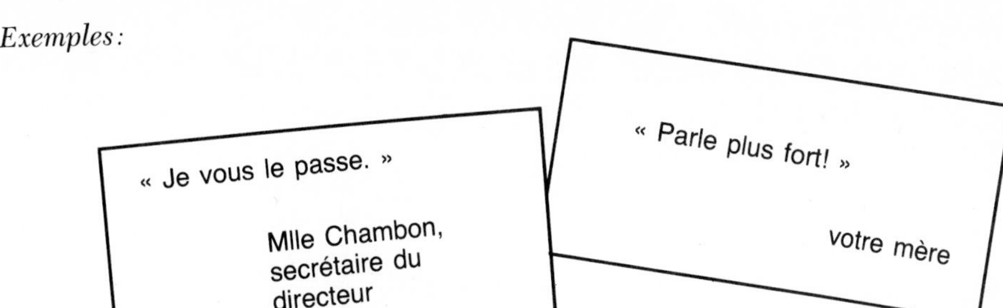

« Je vous le passe. »
Mlle Chambon, secrétaire du directeur
« Parle plus fort! »
votre mère

Le seul (la seule) qui n'a pas de carte, téléphone à tous les autres, tour à tour (one at a time) *pour les inviter à un grand dîner. Les autres doivent utiliser l'expression marquée sur leur carte et trouver une excuse pour refuser l'invitation. Finalement, la dernière personne accepte!*

2. Opératrice indiscrète

Trois étudiants présentent un sketch et jouent les trois personnages suivants : Henri Mercier, Sophie Bataille, l'opératrice. Ils interprètent les deux conversations téléphoniques suivantes : Première conversation : Henri Mercier appelle Sophie Bataille pour l'inviter à venir passer une soirée au Ciné-Club avec lui. Elle accepte.

Deuxième conversation, une semaine plus tard : Sophie appelle Henri pour lui apprendre qu'elle va se fiancer et décline son invitation de la semaine précédente. L'opératrice (qui a tout écouté!) interrompt la conversation et dit que, elle, elle aimerait bien aller au Ciné-Club à la place de Sophie. Imaginez cette conversation à trois et sa conclusion!

Henri Mercier au téléphone

M. ABERNATHY

BONJOUR, FLORA ! QU'EST-CE QUE VOUS DIRIEZ D'UN PETIT TOUR EN VOITURE ?

HUM ... PAS TRÈS PRUDENT D'ACCEPTER UNE PROMENADE AVEC UN DON JUAN COMME VOUS... MAIS JE PRENDS LE RISQUE !...

...SURTOUT PUISQUE NOUS NE SOMMES PAS SEULS !

VOTRE BAGNOLE EST TERRIBLE, MONSIEUR ABERNATHY !
MERCI, MA CHÈRE...

...ET JE VIENS DE FAIRE INSTALLER CE TÉLÉPHONE !
FANTASTIQUE ! VOUS PERMETTEZ QUE JE L'ESSAIE ?

ALLÔ, MAMAN ?... COMMENT VAS-TU ? ... ET TES VARICES ?... BIEN... TU DIS ?... UNE NOUVELLE RECETTE DE TARTE AUX POMMES ?... BLA...BLA...BLA...

AH ! MON PETIT PAPA ! JE SUIS BIEN CONTENTE DE T'ENTENDRE !... LA CHATTE EST ENCORE ENCEINTE ? PAS POSSIBLE !... J'ESPÈRE QUE TU N'ES PAS TROP FATIGUÉ !... BLA... BLA... BLA ...
distribué par opera mundi

SALUT, FRÉROT ! ÇA MARCHE, L'ÉCOLE ?... QUOI ?... ON T'A VOLÉ TON CARNET DE NOTES ? SANS BLAGUE !... BLA... BLA... BLA...

L'ONCLE OSCAR VIENT D'ARRIVER ? AVEC SES SEPT GOSSES ?... FORMIDABLE ! PASSE-LE MOI !... BONJOUR, MON GROS TONTON ADORÉ !... TU AS FAIT UN BON VOYAGE ?... TU T'ES TROMPÉ DE TRAIN ?... ET QUI S'OCCUPE DE LA FERME ?... BLA... BLA... BLA...
PERMANENT JOUR ET NUIT 3 GRANDS FILMS
SI ELLE RACCROCHE, VIENS ME CHERCHER ! JE SERAI AU DERNIER RANG !
JONES + RIDGEWAY
5-31

© King Features Syndicate, Inc., 1970. World rights reserved.

bagnole (fam.) = voiture
terrible (fam.) *terrific*
varices *varicose veins*
est... enceinte = va avoir un enfant
frérot (fam.) = petit frère
Sans blague! *No kidding!*
gosses *kids*
tonton (fam.) = oncle
se tromper de = faire une erreur
rang *row*

CHAPITRE III

« Pardon, pourriez-vous me dire...? »

Comment poser des questions et demander des renseignements[1]

Vous venez de faire la connaissance d'un étranger qui vous est sympathique et que vous voudriez mieux connaître. Etes-vous capable de lui poser des questions sur son pays? ses traditions? sa culture?

Et que feriez-vous si vous voyagiez dans un pays francophone? Comment demander où se trouve le métro? un bon restaurant? Que diriez-vous si vous aviez besoin de renseignements dans la rue ou à l'hôtel?

Ne vous inquiétez pas![2] Dans ce chapitre vous trouverez la solution à tous vos problèmes et vous disposerez de[3] tout ce qu'il faut pour poser des questions et pour obtenir des renseignements de toutes sortes. Alors, allons-y!

1. des informations 2. *Don't worry!* 3. *will have at your command*

INSTRUMENTS DE BASE I

Comment poser des questions personnelles à un ami[1]

Votre nouvel ami Raouf vous invite à regarder quelques photos de son pays, la Tunisie. Vous lui posez les questions suivantes et il y répond.

1. **D'où** viens-tu exactement?	Je viens de Sousse.
2. **Où** se trouve ta maison?	Au sud du centre ville.
3. **Combien** de temps faut-il pour aller de Paris à Tunis?	A peu près deux heures par avion.

1. Attention! Un Français ne pose jamais de questions trop personnelles, surtout quand il s'agit d'argent (salaire, valeur de maison, prix de vêtements).

4. **Quels** sont les membres de ta famille?	Ma mère, mon père, et mes quatres sœurs.
5. **Qui** est le plus âgé parmi les enfants?	Moi.
6. **Depuis quand** ta famille habite-t-elle en Tunisie?	Depuis toujours.
7. **A quelle heure** dîne-t-on dans ton pays?	Tard le soir.
8. **Quand** commence la saison chaude chez toi?	En juillet.
9. **Pourquoi** les femmes sont-elles voilées?[1]	C'est une ancienne tradition.
10. **Comment** célèbre-t-on la fête religieuse de Ramadan?[2]	Pendant la journée on prie[3] sans manger ni boire, puis le soir on se réunit pour chanter et danser.
11. **Que** mange-t-on dans ton pays?	Les spécialités sont le « couscous, »[4] les brochettes, et les pâtisseries comme le « baklawa. »

Entraînons-nous!

1. Curieux

*Voici une série de réponses données par un(e) autre ami(e). Imaginez des questions qui correspondent à chacune des réponses données ci-dessous. Utilisez **d'où, où, combien, qui,** etc. en formulant vos questions.*

MODELE: ***Réponse :*** Je viens du Texas.
Question : *D'où viens-tu?*

1. La ville où j'habite se trouve près de Galveston.
2. Il y a cinq membres dans ma famille: mon père, ma mère, mes grand-parents, et mon frère.
3. Mon frère est le plus âgé.
4. Ma famille habite au Texas depuis 1975.
5. La saison chaude commence en mai.
6. Tout le monde porte des chapeaux de cowboy parce que c'est la coutume au Far West.
7. Il faut une heure en voiture de Houston à Galveston.
8. Les jeunes vont souvent aux rodéos.
9. On prend le petit déjeuner vers sept heures du matin.
10. Pour se protéger de la chaleur, presque toutes les maisons sont climatisées (*air conditioned*).

---

1. *veiled*
2. une fête religieuse islamique
3. *prays*
4. plat nord-africain traditionnel fait de grains de semoule (*semolina*)

2. Un robot parle de lui

Au cours d'une visite dans un musée des sciences, un groupe de jeunes gens pose des questions à un robot, programmé pour parler de lui-même. Le robot, qui s'appelle « Voitout-ditout, » vient de donner les réponses suivantes; trouvez les questions posées par les jeunes gens en utilisant ***où, d'où, quel, combien,*** *etc.*

MODELE: ***Le robot répond :*** Je suis un robot.
Vous demandez : *Qui es-tu?*

1. Je viens d'un laboratoire universitaire.
2. J'ai deux ans.
3. Je parle 38 langues.
4. L'équipe (*team*) du Docteur Braun me programme.
5. Je travaille au musée depuis deux mois.
6. Je m'appelle Voitout-ditout.
7. J'ai autant d'yeux parce que j'ai besoin de voir dans toutes les directions.
8. Pour me distraire, je fais des jeux de mots (*puns*) électroniques.
9. Je retourne au laboratoire à la fin du mois.
10. ? (Vous pouvez continuer à poser des questions à Voitout-ditout et à inventer ses réponses!)

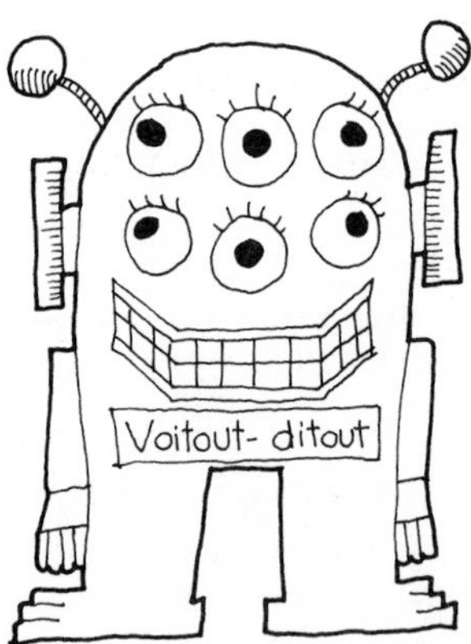

3. Toute la vérité sur vous!

Préparez à l'avance des questions personnelles à poser en classe à vos camarades (employez ***qui, quand, où,*** *etc.). Puis, la classe s'assied en cercle. Quelqu'un pose sa première question au camarade de son choix. Celui-ci donne la vraie réponse, puis pose, à son tour, une question à un autre copain (une autre copine) et ainsi de suite.*

MODELE: ***Question :*** *Qui travaille dans ta famille?*
Réponse : *Ma mère et mon père travaillent ainsi que ma sœur.*
Variante : Vous pouvez répéter cet exercice sur les thèmes suivants :

1. les vacances idéales (ou vos prochaines vacances)
2. votre vie en l'an 2000

INSTRUMENTS DE BASE II

Comment se renseigner quand on arrive dans une ville

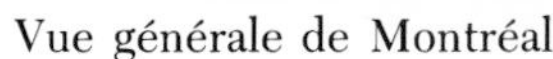

Vue générale de Montréal

Ibrahima vient d'arriver à Montréal du Mali et pose les questions suivantes à son amie québécoise, Denise Lavictoire :

	Ibrahima peut demander :	*Denise répond :*
Tu peux m'indiquer	où se trouve le Vieux Montréal?	A l'est, un peu au sud du centre-ville.
Peux-tu m'indiquer	comment se rendre[1] au Mont-Royal?	On peut monter à pied ou prendre l'autobus.
Est-ce que tu peux m'indiquer	à quelle heure ouvrent les magasins?	A 9 h. du matin; certains à 10 h.
Indique-moi	combien coûte un ticket de bus?	65 sous[4] pour un ticket de bus.
Dis-moi	quand le métro s'arrête?	A 1 h. 30 du matin.
Pourrais-tu me dire	pourquoi il y a tellement de galeries marchandes souterraines?[2]	A cause du temps; les hivers sont durs.
Sais-tu	depuis quand les « boîtes à chansons »[3] existent?	C'est une vieille coutume québécoise.
J'aimerais savoir	s'il y a un bureau de change dans le quartier?	Oui, au fond de[5] la rue.

1. aller
2. sous la terre
3. cafés où tout le monde chante ensemble les chansons québécoises
4. *cents*
5. au bout de

Entraînons-nous!

Villes connues

Trouvez un(e) partenaire. Celui-ci choisit une ville qu'il connaît bien : sa propre (own) *ville? une ville voisine? Paris? New York? Londres? Oz? Disneyland? Vous préparez des questions à lui poser sur cette ville en employant les nouvelles structures :* ***Pourrais-tu me dire..., Sais-tu..., Dis-moi...,*** *etc. Votre partenaire répond à chacune des questions selon ses connaissances* (according to his/her knowledge).

MODELE: Votre partenaire choisit New York.
Vous : *Sais-tu quel est le quartier le plus chic de New York?*
Votre partenaire : *Je crois que c'est l'avenue Park.*
Ensuite, vous pouvez inverser les rôles : vous choisissez une ville que vous connaissez bien et votre partenaire vous pose des questions.

Paroles en action

Toutes les structures interrogatives que vous venez d'apprendre s'appliquent, bien entendu, à d'autres situations : par exemple, quand vos amis ou vos parents vous interrogent sur vos projets ou activités, comme vous allez voir dans les « Paroles en action » suivantes.

1. Télécommunications

Votre mère vient de recevoir le télégramme suivant. C'est vous qui le lui avez envoyé. Elle vous téléphone tout de suite et vous pose de nombreuses questions en vous demandant des explications.

N° 698 TÉLÉGRAMME

Étiquettes | Timbre à date | N° d'appel : | INDICATIONS DE TRANSMISSION

Ligne de numerotation | ZCZC | N° télégraphique | Taxe principale. | Taxes accessoires | Total . .

Ligne pilote | N° de la ligne du P.V. : | Bureau de destination | Département ou Pays

Bureau d'origine | Mots | Date | Heure | Mentions de service

Services spéciaux demandés : (voir au verso)

Inscrire en **CAPITALES** l'adresse complète (rue, n° bloc, bâtiment, escalier, etc...), le texte et la signature (une lettre par case ; **laisser une case blanche entre les mots**).

Nom et adresse: MRS DOROTHY BOUCHER
83 OLIVER STREET ST. LOUIS MO.
ETATS-UNIS (USA)

TEXTE et éventuellement signature très lisible: BESOIN URGENT MILLE FRANCS
DEPART IMMEDIAT BAISERS TON FILS EN
DETRESSE

Nom et adresse de l'expéditeur : ROLAND BOUCHER, JR AUBERGE DE JEUNESSE, 5 rue des Arts 59000 Lille, FRANCE
Pour avis en cas de non remise. - Indications transmises et taxées sur demande expresse de l'expediteur.

---

un baiser *kiss*

MODELE: ***Maman :*** *Allô, allô! C'est toi? Pourrais-tu me dire pourquoi...? Dis-moi où...? Quand...? etc.*

Variante : Répétez l'exercice en adressant les messages suivants à votre oncle, à une tante, à un(e) ami(e), etc.

1. Jambe cassée stop Suis hôpital St-Jean.
2. Obtenu premier prix stop Viens ici dimanche.
3. Voiture en panne (*broken down*) stop Coincé (*stuck*) en Turquie stop Envoie argent.

2. Quels sont tes projets?

*Maintenant nous allons employer des questions similaires pour parler de votre emploi du temps (schedule). Vous avez marqué sur des bouts de papier les distractions que vous aimeriez vous offrir cette semaine. Vous téléphonez à plusieurs amis pour les inviter. Vos amis vous posent des questions quant aux (concernant les) détails de chaque distraction (**où? quand? à quelle heure? pourquoi?**). Répondez à leurs questions et donnez-vous rendez-vous.*

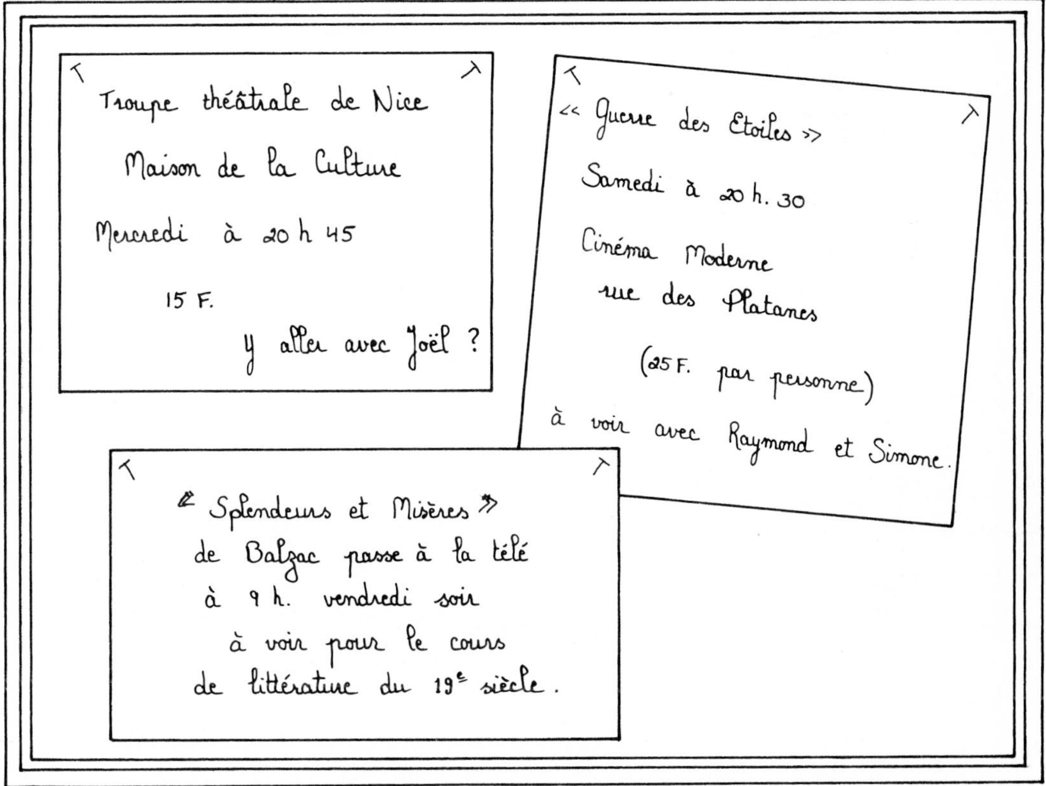

MODELE: ***Vous :*** *Allô, Jean-Charles? C'est* __________ *. Aimerais-tu venir avec moi voir le nouveau film de la série « Guerre des Etoiles? »*

Jean-Charles : *Quel jour? A quelle heure? Sais-tu où se trouve le cinéma?* (Continuez!)

AVEC LES INCONNUS

INSTRUMENTS DE BASE III

Comment poser des questions à un inconnu

Comme nous l'avons appris en parlant entre amis, il y a plusieurs façons de poser des questions. Dans toute conversation, il est important de comprendre les nuances. Le schéma[1] qui suit vous permettra de mieux comprendre cela :

L'Escalier de la politesse
(de la façon la plus formelle à l'expression la plus directe)

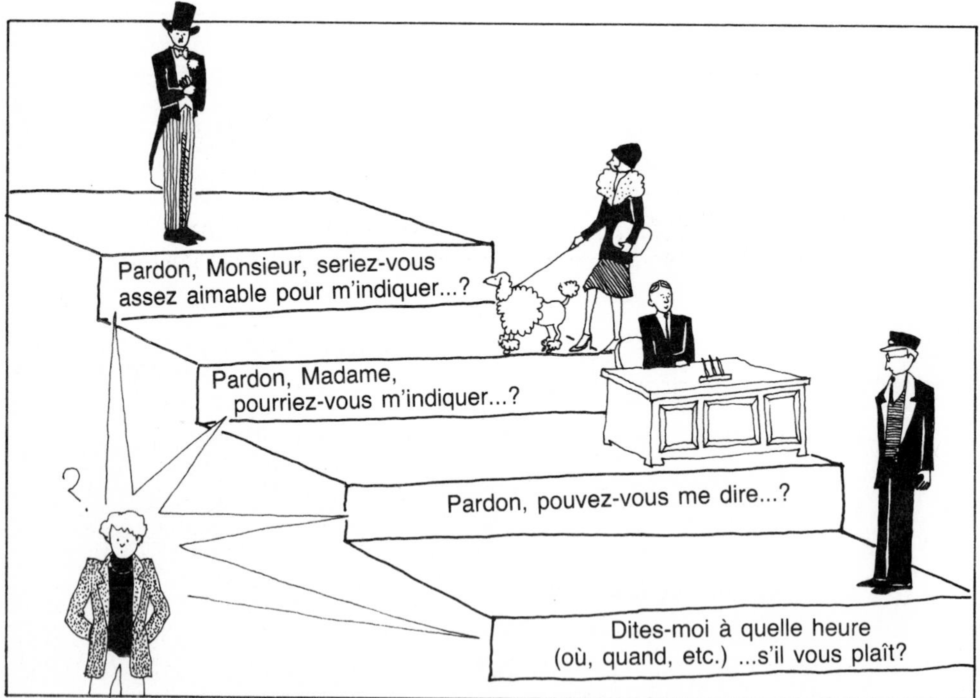

Pardon, Monsieur, seriez-vous assez aimable pour m'indiquer...?
Pardon, Madame, pourriez-vous m'indiquer...?
Pardon, pouvez-vous me dire...?
Dites-moi à quelle heure (où, quand, etc.) ...s'il vous plaît?
?

Un inspecteur de police se doit d'employer ces différentes formules de politesse quand il interroge des suspects pendant une enquête.[2] Observez comment l'inspecteur Maigret[3] pose des questions différemment selon la

1. *diagram*
2. *investigation*
3. le héros des romans policiers de Georges Simenon

position de la personne à laquelle il s'adresse. Maigret est en train d'interroger les suspects de l'assassinat du duc de Montpéroux. La scène se passe au Grand Hôtel où le duc, sa femme, et l'amie de celle-ci ont passé la nuit. Maigret demande

—à la femme de chambre : Mademoiselle, **comment** avez-vous appris la mort de la victime?

—au porteur : **Dites-moi,** jeune homme, **où** étiez-vous cette nuit à une heure du matin?

—au chef de réception : Monsieur, **pouvez-vous me dire quand** Monsieur le Duc est arrivé à l'hôtel?

—à l'amie de Madame la Duchesse : **Pardon** Madame, **pourriez-vous me dire à quelle heure** vous avez entendu le premier bruit bizarre?

—à la duchesse de Montpéroux : **Pardon** Madame, **seriez-vous assez aimable pour me dire pourquoi** vous n'avez pas téléphoné à la police tout de suite?

Entraînons-nous!

1. L'enquête continue

L'inspecteur Maigret continue à interroger les mêmes (ou d'autres!) suspects dans l'affaire de l'assassinat du duc. C'est maintenant à vous de jouer le rôle de l'inspecteur. Employez ***où, quand, à quelle heure,*** *etc. ainsi que les expressions de politesse convenables* (suitable) *pour chaque personne. L'inspecteur demande :*

MODELE: à la femme de chambre
Mademoiselle, à quelle heure avez-vous vu Monsieur le Duc pour la dernière fois?

1. au porteur
2. au chef de réception
3. à l'amie de Madame la Duchesse
4. à Madame la Duchesse
5. à un client de l'hôtel
6. au garçon d'étage (*room service*)
7. au secrétaire personnel du duc
8. à la standardiste de l'hôtel
9. à la dame de la chambre voisine

Inspecteur Maigret joué par Charles Laughton

2. Ajustez vos questions

Le but (goal) *de cet exercice est de vous aider à mieux distinguer entre les différentes formules de politesse. Dans toutes les situations suivantes, il faut poser deux fois la même question, en l'ajustant chaque fois aux différentes conditions sociales des personnes indiquées :*

MODELE: Vous voulez savoir où se trouve la station de métro la plus proche. Demandez-le à un agent de police-femme, puis à un marchand de journaux.

A un agent de police-femme : *Pardon, Madame l'agent, pourriez-vous m'indiquer où se trouve la station de métro la plus proche?*

A un marchand de journaux : *Pardon, pouvez-vous me dire où se trouve la station de métro la plus proche?*

1. Vous êtes à un gala de charité. Vous demandez à quelle heure commence le spectacle. Demandez-le à votre hôtesse, Madame de Lavalière, puis à une serveuse.
2. Vous êtes reporter et vous aimeriez savoir quand vous pourriez interviewer le célèbre chanteur d'opéra, Luciano Pavarotti. Demandez-le à l'impressario (*agent*) de Pavarotti, puis à M. Pavarotti lui-même.
3. La date de votre examen a été changée. Vous voulez savoir pourquoi. Demandez-le au (à la) secrétaire, puis à votre professeur.
4. Vous êtes dans un café et vous ne savez pas comment faire pour utiliser le téléphone public. Demandez l'aide d'une femme d'affaires distinguée assise à une table, puis du barman.

Paroles en action

Reportage en direct

Jouez la scène suivante : un reporter, microphone en main, interroge pour la télévision les témoins (witnesses) *d'un événement : accident de voiture? hold-up de magasin? inauguration d'un nouveau bâtiment? l'arrivée du pape* (Pope) *en ville? etc. En employant les différentes formules de politesse, déjà apprises, imaginez les questions posées par le reporter pendant ses interviews.*

Partie II

COMMENT SE DEBROUILLER A L'HOTEL

Savoir poser des questions, c'est votre arme principale pour obtenir toutes sortes de renseignements et éviter[1] ainsi des malentendus[2] en particulier au cours de vos voyages. Il n'y a rien de plus vrai surtout quand il s'agit[3] d'hôtels étrangers, endroits où les habitudes sont quelquefois très différentes. Prenons le cas de ce pauvre Mister Darenot.[4] Le voilà qui arrive dans une petite auberge de campagne[5] sans s'être renseigné avant son départ. De peur de faire trop d'erreurs, il n'ose pas[6] poser de questions.

Lisez les « Mésaventures de Mister Darenot. » Elles sont les conséquences directes de son manque d'information. Et profitez-en pour observer les différences culturelles, ce qui (sait-on jamais?) pourra peut-être un jour vous être utile.

1. *avoid*
2. *misunderstandings*
3. *it is a question of*
4. « celui qui n'ose pas »
5. *country inn*
6. *doesn't dare*

LES MÉSAVENTURES DE MISTER DARENOT

MISTER DARENOT, le héros de cette aventure, voyage à l'étranger pour la première fois. Il arrive dans une petite auberge de campagne, Le Cochon d'Or.

LAURE DUCHARME, l'aubergiste au Cochon d'Or.

Au Cochon d'Or
Mister Darenot sort du taxi qui l'a amené à l'auberge.
Darn it![1] Ouch![2]
Le Cochon d'Or
[1]Zut! [2]Aïe!

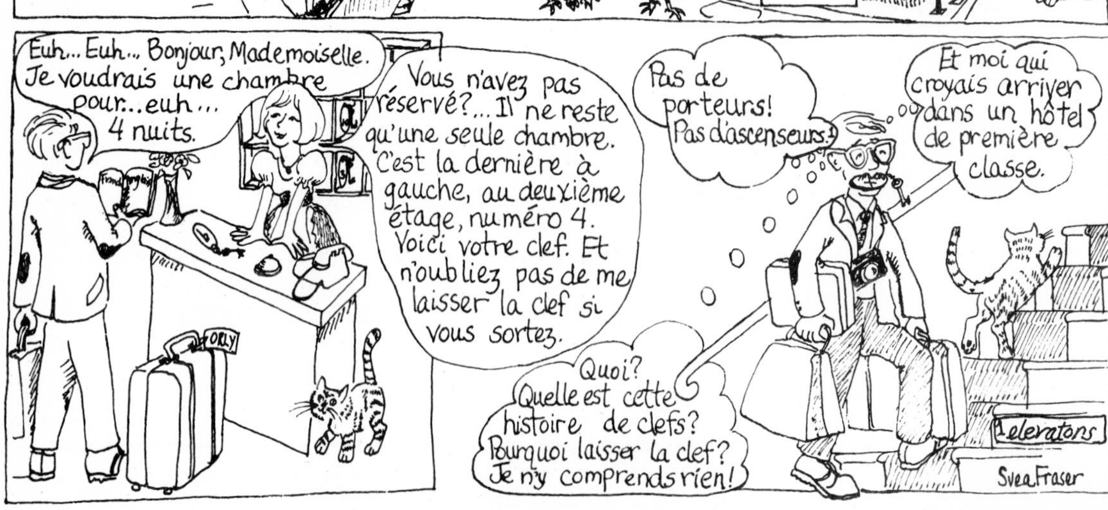
Euh... Euh... Bonjour, Mademoiselle. Je voudrais une chambre pour... euh... 4 nuits.
Vous n'avez pas réservé?... Il ne reste qu'une seule chambre. C'est la dernière à gauche, au deuxième étage, numéro 4. Voici votre clef. Et n'oubliez pas de me laisser la clef si vous sortez.
ORLY
Pas de porteurs! Pas d'ascenseurs![1]
Et moi qui croyais arriver dans un hôtel de première classe.
Quoi? Quelle est cette histoire de clefs? Pourquoi laisser la clef? Je n'y comprends rien!
[1]elevators
Svea Fraser

3
4
La dernière à gauche… le numéro 4. C'est celle-ci!
?! Oh, pardon!
Mon Dieu! Que faites-vous donc dans ma chambre? Vous vous trompez. Vérifiez à la réception.
Je n'oserai jamais demander ça à l'aubergiste. C'est trop embarrassant. C'est pourtant bien le numéro 4…
Ah, je me souviens maintenant… le 2ème étage en français c'est le 3ème étage en anglais…
3rd floor
2nd floor
GROCER'S
1st floor
2ème étage
1er étage
EPICERIE
Rez-de-Chaussée
enfin arrivé dans la bonne chambre…
Whew![1] Quoi? Pas de radio? Ni climatisation, ni oreillers?[2] Et je ne vois que 2 cintres dans l'armoire. Tant pis! Je vais prendre une douche et me raser. Mais…mais…où est la salle de bains? Ah, voilà le téléphone, mais je ne veux pas me rendre ridicule en posant une telle question.
1Ouf! 2pillows
Svea Fraser
① le traversin
② la table de chevet
③ le grand lit
④ la commode
⑤ la prise électrique
⑥ l'armoire (f)
⑦ le cintre

Et c'est ainsi que notre héros part à la recherche de la salle de bains dans le corridor.
W.C.
SALLE DE BAINS
8
① le lavabo
② la baignoire
③ la douche
④ pas de savon!
⑤ petite serviette de toilette
⑥ le bidet
Ah, enfin, la voilà! Mais, où est le savon? Où sont les grandes serviettes?...
...les bonnets de douche? Je n'ai rien apporté.
quelques minutes après
Oh là là, c'est trop chaud. Mettons un peu plus d'eau froide. "C", ça doit indiquer COLD.
C
F
Ouch! Je me brûle. Oh! Mais le "C" veut dire CHAUD. C'est "F" qui est froid.
plus tard
Quoi? Ça ne correspond pas!
Ah, j'en ai marre![1] Maintenant, je ne peux même pas me raser!
[1] I'm fed up!
revenu à sa chambre
Je vais oublier mes ennuis[1] en regardant la télévision. Zut! Il n'y a pas de télé, j'aurais dû demander ces choses-là à l'avance!
[1] problèmes
Déjà 2 h.? Trop tard pour aller dans un restaurant. Où est la carte de service d'étage? Zut! Il n'y en a pas... et moi, qui ai une faim de loup![1] C'est décidé! Je m'en vais!
[1] avoir une faim de loup (wolf) = avoir très faim
Svea Fraser

Donnez-moi la note[1], s'il vous plaît!
4
Comment cela? Vous partez déjà? Euh, je regrette. Vous avez pris une douche, 35 Frs. de plus. Il faut que vous payiez pour une nuit.. c'est après deux heures!
1 bill
Oh là là! Encore un problème! Mais c'est bien le dernier!
AMEXP
Le Cochon d'Or
Qu'est-ce que c'est que ça? La maison n'accepte ni les cartes de crédit ni les chèques de voyage. Il faut payer en espèces[1]!
1 cash
Je ne comprends absolument rien à ces petits hôtels étrangers!
Mais il devait rester 4 jours. Je ne comprends absolument rien à ces clients étrangers!
Cartes
Postales
SueaFraser
FIN

"Les Terroirs"
hôtel
R. LECLERC, Propriétaire
21220 GEVREY-CHAMBERTIN
Tél. (80) 34.30.76
R.C. 69 A 148

Gevrey, le 2 Aout 1979
28, Route de Dijon

Monsieur,

J'ai bien reçu votre lettre du 27 Juillet dont je vous remercie.
Je vous confirme la réservation suivante
– chambre douche personnes à Francs
– 1 chambre bain WC 2 personnes à 90 Francs
– le petit déjeuner est de 10 Francs par pers.
Vous assurant par avance de mes meilleurs soins, Je vous prie d'agréer, Monsieur, l'expression de mes sentiments distingués

J'attend votre confirmation pour noter cette réservation pour la nuit du 27 août

R. Leclerc

Voici les questions que Mister Darenot aurait dû poser afin d'éviter[1] les ennuis qu'il a eus. Etudiez-les ainsi que le vocabulaire de l'hôtel :

EXPRESSIONS EN DIRECT

1. Est-ce qu'il faut réserver	très longtemps à l'avance? quelques jours avant? le jour même?
2. Quelles sortes de chambres peut-on réserver? Une chambre	à grand lit? à deux lits? avec salle de bains?

1. *avoid*

3. Pouvez-vous me dire si l'hôtel a	des porteurs? un ascenseur? *elevator* un restaurant? le service d'étage? *room service*
4. Pouvez-vous me dire si chaque chambre a	la télévision? l'air conditionné? (est climatisée?) le téléphone? la radio? un balcon?
5. Pouvez-vous m'indiquer quel courant électrique vous avez? Etes-vous	en 110? en 220?
6. Pouvez-vous me dire pourquoi je ne peux pas emporter	la clef de la chambre?[1]
7. Donnez-moi le(s) tarif(s) (*rate*), s'il vous plaît,	de la chambre. du petit déjeuner. du service à l'étage. de la douche.[2] *shower*
8. Dites-moi si les salles de bains sont équipées	d'un lavabo. *sink* d'une douche. d'une baignoire. *bathtub* d'un savon. *soap* d'un bonnet de douche. *shower cap* d'un gant de toilettes. *washcloth* d'une grande serviette de bain. *bath towel*
9. A quelle heure faut-il quitter la chambre?	A onze heures du matin? A midi? A une heure?
10. Est-ce que je peux régler (payer) la note	avec un chèque de voyage? avec une carte de crédit? en liquide (en espèces)? *cash*

Prise de courant électrique

1. Sans la clef, la femme de chambre ne peut pas entrer dans votre chambre pour la faire.
2. L'habitude de payer pour une douche tend à disparaître.

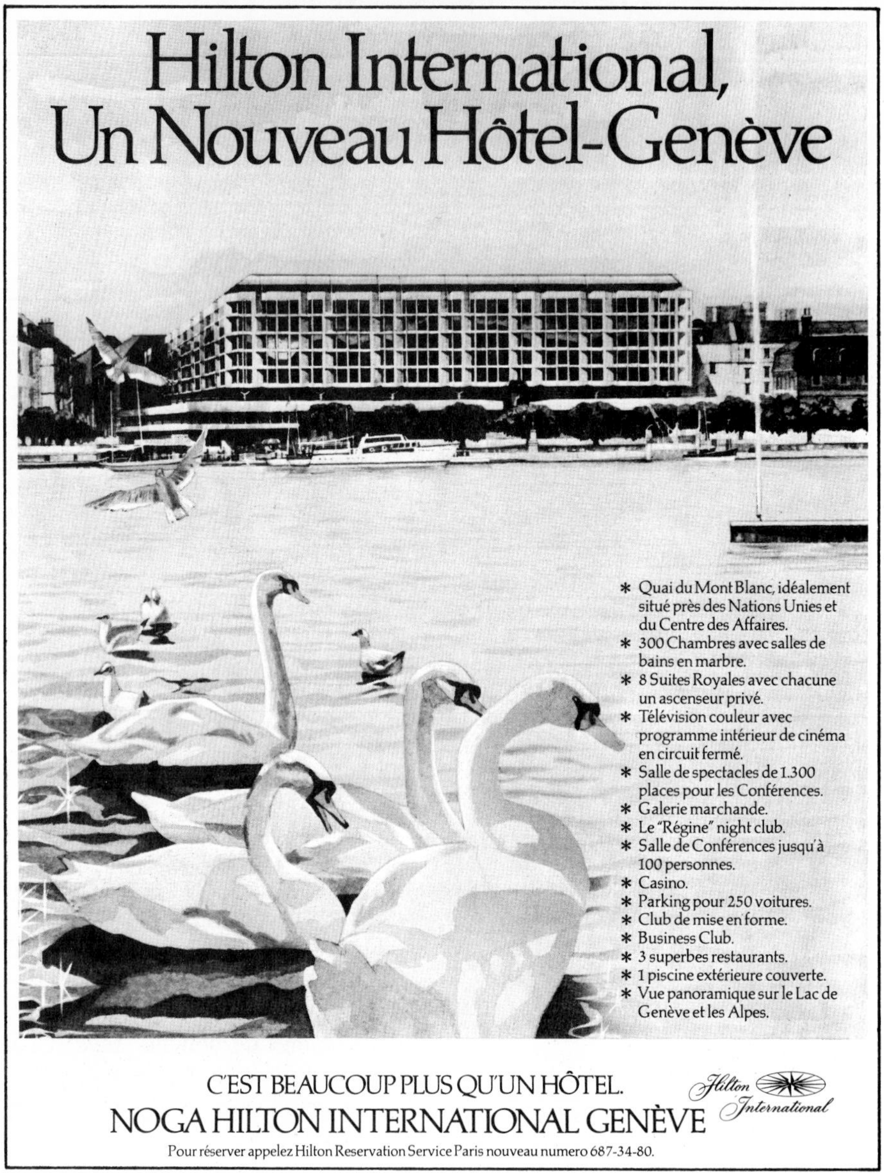

Hilton International,
Un Nouveau Hôtel-Genève
* Quai du Mont Blanc, idéalement situé près des Nations Unies et du Centre des Affaires.
* 300 Chambres avec salles de bains en marbre.
* 8 Suites Royales avec chacune un ascenseur privé.
* Télévision couleur avec programme intérieur de cinéma en circuit fermé.
* Salle de spectacles de 1.300 places pour les Conférences.
* Galerie marchande.
* Le "Régine" night club.
* Salle de Conférences jusqu'à 100 personnes.
* Casino.
* Parking pour 250 voitures.
* Club de mise en forme.
* Business Club.
* 3 superbes restaurants.
* 1 piscine extérieure couverte.
* Vue panoramique sur le Lac de Genève et les Alpes.
C'EST BEAUCOUP PLUS QU'UN HÔTEL.
NOGA HILTON INTERNATIONAL GENÈVE
Hilton International
Pour réserver appelez Hilton Reservation Service Paris nouveau numero 687-34-80.

Entraînons-nous!

1. Renseignons-nous sur les hôtels du monde!

Vous avez décidé de faire un grand voyage. Contrairement à ce qu'a fait Mister Darenot, vous vous renseignez bien et posez ainsi vos questions avant et pendant votre voyage. En les formulant, faites bien attention aux personnes auxquelles vous vous adressez.

MODELE: Vous demandez à votre agent de voyage : _________ ?
Sa réponse : On peut réserver des chambres à un ou à plusieurs lits, avec ou sans salle de bains.
Vous demandez : *Quelle sorte de chambre peut-on réserver?*

1. Vous demandez à votre ami(e) de Bruxelles : ______________ ?
   Sa réponse : *Le courant électrique dans tous les hôtels belges est en 220.*

2. Vous demandez à un chauffeur de taxi à Meknès, au Maroc : ______________ ?
   Sa réponse : *Oui, Monsieur (Madame), beaucoup de chambres d'hôtels sont climatisées. Ici, il fait très chaud, vous savez.*

3. Vous téléphonez au chef de réception d'un petit hôtel à Dakar, au Sénégal : ______________ ?
   Sa réponse : *Non, Monsieur (Madame), vous ne pouvez pas régler avec une carte de crédit, mais nous acceptons les chèques de voyage.*

4. Vous demandez au concierge d'un grand hôtel à Genève : ______________ ?
   Sa réponse : *Toutes nos salles de bains sont équipées. Il y a toujours lavabo, douche, baignoire, savon, et grandes serviettes.*

5. Vous demandez à votre frère qui est déjà allé dans une auberge de jeunesse (*youth hostel*) en Auvergne[1] : ______________ ?
   Sa réponse : *On ne peut pas quitter l'auberge avant sept heures du matin.*

N° ordre	HOTELS	Téléphone	Ouverture	Nombre/ch.	Ch./S. de B.	Ch./C. de T.	Informations générales	Prix tout compris – Chambre – Single Mini-Maxi	Prix tout compris – Chambre – Double Mini-Maxi	Prix pension par personne – Mini	Prix pension par personne – Maxi
	Ile de France										
	SEINE ET MARNE ☎ (1)										
	AVON-77210 (Seine et Marne)										
1298	FORET (de la), 79, av. Fr.-Roosevelt **	422.39.26	T.A.	29	15	6	☎ Ⓟ ♿ ▣ 💼	40/60	50/100		
	BARBIZON-77630 (Seine et Marne)										
1299	**BAS BREAU (du), Grande-Rue ϟ690953** L ****	066.40.05	T.A.	19	19		☎ Ⓟ ♿ ✕ ▣ 💼		350/400		
1300	**AUBERGE DE LA DAGUE, 5, Grande Rue** ***	066.40.49	"	24	24		☎ Ⓟ ✕ ▣ 💼	90/160	90/160	247	
1301	CHARMETTES 40, r. Grande ***	066.40.21	"	38	25	16	☎ Ⓟ ♿ ✕ ▣ 💼	84/130	84/230	140/180	
1302	HOSTELLERIE LA CLE D'OR 73, Grande Rue ***	066.40.96	"	13	13		☎ Ⓟ ♿ ✕ ▣ 💼	90/90	100/110	160/170	
1303	ALOUETTES, r. Antonin-Barye **	066.41.98	"	30	24	6	☎ Ⓟ ✕ ▣ 💼	53/85	67	110/140	
1304	**ANGELUS ST HEREM 29, Grande Rue** RT **	066.42.42	"	15	15		☎ ⇅ Ⓟ ♿ ✕ ▣ 💼	45/80	70	125	
	BOIS-LE-ROI-77590 (Seine et Marne)										
1305	HOSTELLERIE LA FORET 67, av Alfred Roll-Brolles **	069.60.31	T.A.	20	20		☎ Ⓟ ♿ ✕ ▣ 💼	80/100	80/100	180/180	
	BOISSY-LE-CHATEL-77169 (Seine et Marne)										
1306	PLACE *	403.08.47	T.A.	7		7	☎ Ⓟ ✕ ▣	50/50	65	75	

1. une région au centre de la France

2. A la recherche d'un futur compagnon de voyage

Il vous faut maintenant choisir quelqu'un pour vous accompagner dans votre voyage. Vous posez des questions à vos camarades de classe pour essayer de trouver celui (celle) avec qui vous vous entendriez (get along) *le mieux.*

MODELE: Vous voulez savoir où votre camarade a l'intention de passer les nuits:
sur un terrain de camping?
dans une auberge de jeunesse?
dans un petit hôtel de campagne?
dans un hôtel de luxe?

Vous : *Où as-tu l'intention de passer les nuits?*
Votre camarade : *Dans une auberge de jeunesse.*

1. Vous lui demandez de vous dire ce qui est le plus important pour lui (elle) :

   un prix modéré?
   le confort moderne?
   un bon emplacement (*location*) pour les visites que vous voulez faire?
   le charme local?
   un bon restaurant dans l'hôtel même?
   un endroit tranquille?

2. Si vous avez l'intention d'aller dans un petit hôtel, demandez-lui quelle sorte de chambre il (elle) veut réserver :

   sans salle de bains?
   avec salle de bains?
   avec salle de bains et toilettes privées?
   à décor moderne?
   à décor rustique?
   avec vue pittoresque (sur la mer, sur les montagnes, etc.)?

3. Vous voulez savoir si votre camarade a absolument besoin de :

   baignoire?
   douche?
   téléphone?
   transformateur d'électricité?
   petit déjeuner dans la chambre?

4. Si vous décidez d'aller dans un grand hôtel, quelles sont les facilités que doit avoir l'hôtel :

   l'air conditionné?
   le service à l'étage?
   un ascenseur?
   la télévision?

un parking privé?
une discothèque?
une piscine? *swimming pool*
un balcon avec une belle vue?
des boutiques?

5. Vous désirez savoir quel équipement votre futur compagnon (future compagne) a l'intention d'emporter dans les auberges de jeunesse :

un sac de couchage? *sleeping bag*
des draps? *sheets*
un séchoir à cheveux ? *hair dryer*
un adaptateur?[1] *adapter*
du savon?
une serviette?
un rasoir électrique?
un appareil de photo?
une caméra? *movie camera*
un transistor?
un réveille-matin? *alarm clock*

Paroles en action

1. A l'auberge de jeunesse

Vous arrivez dans une auberge de jeunesse. Vous ne connaissez pas les environs (surroundings)*. Vous demandez à votre hôte (hôtesse) de vous renseigner sur le confort de l'auberge et sur les lieux à visiter, les moyens de transports à votre disposition, les coutumes locales, les heures d'ouverture des magasins et des musées, etc.*

Variante: Refaites l'exercice avec un(e) camarade qui fait un séjour (demeure un certain temps) dans cette auberge. N'oubliez pas d'employer **tu.**

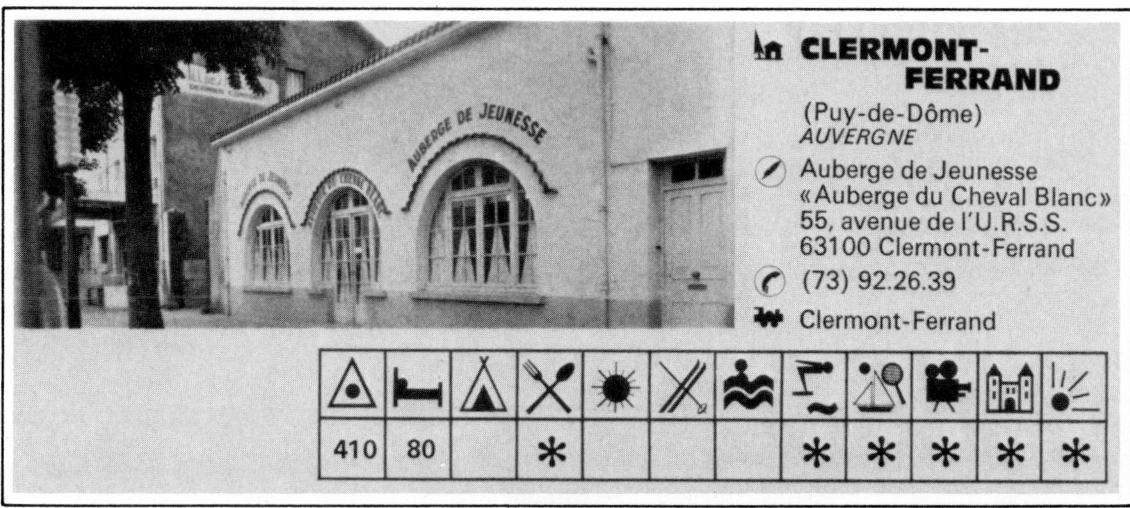

1. Un appareil pour transformer le courant électrique.

2. A l'hôtel

Vous et votre compagnon (compagne) de voyage arrivez dans un hôtel sans réservations. A la réception, vous posez de nombreuses questions sur les facilités et les services de l'hôtel (salle de bains? prix? télévision? service d'étage? etc.). Puis, vous demandez à voir une chambre et posez quelques questions sur place. Vous pouvez aussi en discuter entre vous avant de prendre la décision de retenir (take it).

3. Réservons une chambre!

Téléphonez, pour faire des réservations, à un hôtel qui vous a été recommandé par des amis et qui se trouve dans une ville lointaine (à une grande distance). Renseignez-vous sur les différentes chambres qui existent, les facilités (restaurant, parking, etc.), le genre de paiement accepté, etc. Si tout vous convient (suits you), *faites votre réservation; sinon, appelez un autre hôtel et recommencez!*

Pensez à réserver,
dès maintenant,
votre chambre chez Sofitel.

Pour réserver gratuitement dans l'un des hôtels Sofitel****, il vous suffit de remplir ce coupon et de le remettre à la réception. Avant votre départ, nous vous confirmons votre réservation :

N° de chambre ________ Date ________

Nom ________

Adresse ________

Téléphone ________

Désire réserver au Sofitel de :

____

Pour la nuit du ________

____ chambre(s) avec ____ lit(s) pour ____ personnes

Heure d'arrivée ________

Avec mes remerciements. *Signature.*

Réservation garantie jusqu'à 19 h. Au delà, un versement d'arrhes sera demandé.

S

CHAPITRE IV

« Avec plaisir, Madame ... »

Comment donner des renseignements

Vous savez donc demander des renseignements... vous êtes peut-être même devenu un(e) véritable expert(e). Mais êtes-vous capable de donner des renseignements ou de montrer le chemin à votre ami ou à un inconnu? Pour donner la réponse adéquate, il ne suffit pas de répondre par un simple oui ou non. Savez-vous aussi que dire

quand vous ne comprenez pas la question?

quand vous ne savez pas la réponse?

Hein? Comment?
Bof. Je n'en sais rien.
Avec plaisir, c'est très simple : enregistrements par bloc logique plus enregistrements supplémentaires = facteur de blocage optimum.

quand vous connaissez la réponse?

Si vous n'êtes pas sûr(e) de le savoir... tournez la page!

Partie I

ENTRE AMIS

INSTRUMENTS DE BASE I

Comment répondre

si vous n'avez pas compris :

1. *Huh?*

si vous ne savez pas la réponse :
Peux-tu m'indiquer... ?
Je n'en sais rien.
Je ne sais pas.
Je n'en ai aucune idée.
Ça, c'est une excellente question!
Je ne peux pas te dire exactement.
Tu sais, ce n'est pas facile.
C'est très compliqué.
Tu exagères avec tes questions ridicules![1]
Toi alors, tu poses de ces questions![1]
si vous savez la réponse :
Est-ce que tu peux me dire comment aller au numéro 16, rue des Lilas?
Oui, bien sûr.
Avec plaisir.
D'accord.
Je veux bien!
Mais oui, c'est très simple.
Ben oui, c'est vachement facile. (fam.)
Voilà.
Certainement, je peux te donner toutes les indications nécessaires.

1. Attention! A n'utiliser qu'avec vos très bons amis... sinon vous risquez d'insulter quelqu'un!

Et si vous avez le temps, vous proposez, peut-être, d'accompagner la personne :

Viens avec moi. C'est à deux pas d'ici.
Veux-tu que je t'accompagne?
Je vais t'y conduire tout de suite.
Je peux t'y amener... monte!

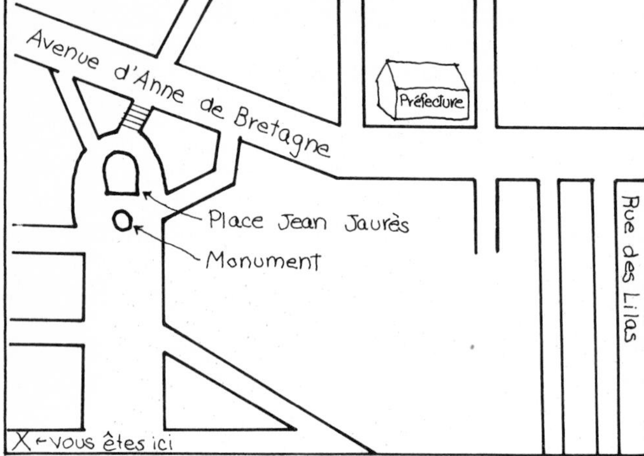

Mais si vous êtes trop pressé(e) ou trop loin, vous pouvez donner des indications précises :

D'abord
prends la première rue **à gauche,**
et
continue tout droit[1] jusqu'au monument.
Ensuite,
traverse la Place Jean-Jaurès,
puis,
monte les escaliers, **tourne à droite** dans l'avenue d'Anne de Bretagne,
ensuite
passe devant la Préfecture,
et
prends la troisième rue à droite, c'est la rue des Lilas.
Et enfin,
suis[2] la rue des Lilas, jusqu'à la quatrième maison à droite. Et voilà, c'est là!

Entraînons-nous!

Réponses à tout

Répondez aux demandes de renseignements en imaginant trois réponses différentes : tout d'abord, (a) faites comme si vous n'aviez pas compris; ensuite, (b) comme si vous ne saviez pas; et enfin, (c) comme si vous saviez la réponse. N'oubliez pas de varier les structures que vous employez :

MODELE: Peux-tu me dire comment aller chez Marie?
(a) Comment? Que dis-tu?
(b) Désolé(e), je n'en ai aucune idée!
(c) Avec plaisir. Va jusqu'au feu rouge, tourne à droite, et te voilà arrivé(e) devant la maison de Marie, le numéro 24.

Peux-tu me dire comment aller

1. chez ________ ? (un/e camarade de classe)
2. chez notre professeur de français?
3. au bureau de ton directeur?
4. à la bibliothèque?
5. à une pizzeria?
6. au bureau de poste?
7. à l'hôpital le plus près?
8. à la ville la plus près?

1. *straight ahead*
2. du verbe « suivre »

Paroles en action

1. Renseignez votre ami!

*Vous êtes malade et votre ami(e) vous offre ses services pour faire des courses (*run errands*). Avant de partir il (elle) vous demande quelques renseignements (Sais-tu comment on fait pour se rendre à l'hôtel de ville? pour aller à la pharmacie? etc.). Donnez-lui (elle) des indications précises pour qu'il (elle) trouve chaque endroit indiqué sur votre liste. Répondez selon la connaissance que vous avez de votre propre (*own*) ville.*

MODELE: **Il vous demande :** *Sais-tu comment on fait pour se rendre à l'hôtel de ville?*
Vous lui répondez : *Oui, bien sûr. D'abord, prends la deuxième rue à droite, continue jusqu'au feu, tourne à gauche, là, tu es dans la rue Washington. Suis la rue Washington jusqu'à la grande statue. Et voilà... c'est le grand bâtiment (*building*) sur ta droite.*

Courses à faire

- aller chercher passeport à la préfecture
- passer à la pharmacie pour médicaments
- acheter jus de fruits à l'épicerie
- déposer de l'argent à la banque
- poster lettres à la boîte aux lettres

2. Guide de campus

Un nouvel étudiant (ou une nouvelle étudiante) apprend à s'orienter sur votre campus et veut savoir où se trouve la cafétéria, le laboratoire de sciences, le terrain de football, les courts de tennis, la piscine (pool)*, le gymnase, certains dortoirs, l'amphithéâtre, le centre audiovisuel, la bibliothèque de l'école, etc. Chaque étudiant* (etudiante) *lui donne des indications précises pour aller à un bâtiment différent. La classe vérifie les indications pour voir si elles sont exactes.*

Variante : Chacun à son tour joue le rôle du guide et fait faire un vrai tour du campus à un nouvel étudiant (ou une nouvelle étudiante).

MODELE: Sylvestre, pour aller à la bibliothèque, marche tout droit dans cette direction,... bon. Maintenant, tourne à droite, et...

3. La parole aux héros

Maintenant, sortons de la réalité et amusons-nous avec les expressions que nous avons apprises! Incarnez l'un des personnages suggérés ci-dessous. En basant vos réponses sur des indications fictives ou réelles, guidez un deuxième personnage (un compagnon de voyage, peut-être?) vers les destinations indiquées. Ou bien, dites-lui que vous êtes incapable de le faire!

Vous êtes :	*On vous demande comment :*
Christophe Colomb	aller en Amérique
Louis XIV	aller à Versailles
le Loup (*wolf*)	aller chez la grand-mère du Petit Chaperon Rouge (*Little Red Riding Hood*)
un vieux pirate	trouver un trésor
Dorothée	trouver la ville d'Oz
Samuel de Champlain	découvrir le Saint-Laurent au Québec
?	?

MODELE: **Christophe Colomb :** *Mon vieux, ce n'est pas difficile. Traverse l'océan Atlantique toujours tout droit, et voilà, tu arrives au Nouveau Monde : l'Amérique!*

INSTRUMENTS DE BASE II

Comment situer dans l'espace

Pour pouvoir donner des renseignements plus complets, il faut savoir indiquer l'emplacement[1] exact des choses. Observez la description donnée des objets se trouvant sur le dessin ci-après et étudiez les mots en caractères gras[2] :

Peux-tu dire où se trouve... ?

1. L'avion vole **au-dessus** du nuage.
2. **Du haut du** clocher,[3] la rose des vents[4] indique la direction du vent : **nord, sud, est, ouest.**
3. L'échelle est **contre** l'église.
4. Le monument se trouve **en face de** l'église.
5. Il y a une grille **autour du** monument.
6. Le vélomoteur va tourner **à gauche, vers** Lyon.
7. Le feu rouge est **au coin** du trottoir.
8. La rivière passe **sous** le pont.

1. *location*
2. *boldface*
3. *steeple*
4. *weathervane*

9. La grenouille saute[1] **au bord de** la rivière.
10. La voiture de sport stationne[2] **devant** le bureau de tabac.
11. Le baron de Bonpain passe à cheval dans la rue, **le long de** la rivière.
12. Le chien court **à côté du** cheval.
13. La cave aux vins est située **au-dessous de** la maison.
14. Le vin nouveau est **dans** la cave.
15. La vache dort juste **derrière** la maison.
16. Les roses poussent **de chaque côté de** la porte.
17. Jean-Paul joue **à l'intérieur de** la maison; sa sœur s'amuse avec sa camarade **à l'extérieur de** (**au-dehors de**) la maison.
18. La bicyclette roule **sur** le trottoir! (Oh, là, là, c'est interdit![3])
19. D'ici, Le Puy est plus **loin** que Brioude, mais Issoire est plus **près** que Brioude.
20. L'agent est **au centre du** carrefour.[4]

Entraînons-nous!

1. Où se trouve... ?

Regardez bien le dessin ci-dessous. On vous demande où se trouvent les objets et les personnes de la première colonne. Répondez en les situant à l'aide de l'élément qui est sur la même ligne de la deuxième colonne. Dans vos réponses, employez les expressions telles que ***sur, dans, au centre de, devant,*** *etc.*

MODELE: le métro — le trottoir
Le métro se trouve ***sous*** *le trottoir.*

1. le métro	le trottoir
2. la statue	le carrefour
3. la dame avec le chien	l'autobus
4. le kiosque à journaux	la bouche de métro
5. le triporteur	la rue
6. l'autobus	la voiture
7. le panneau indicateur	le trottoir
8. la voiture de police	la voiture et la statue
9. la terrasse du café	le restaurant
10. la bouche d'égout *(manhole)*	la terrasse du café
11. la grille	la statue
12. le square	l'hôtel
13. les passagers	l'autobus
14. le banc	le trottoir
15. le coiffeur	le restaurant

1. *jumps*
2. *is parked*
3. *forbidden*
4. *intersection*

panneau indicateur
square
trottoir
restaurant
HOTEL
banc
statue
grille
bouche d'égout
terrasse du café
taxi
rue
coiffeur
triporteur
THEATRE
voiture de police
Métro
voiture
passagers
autobus
trottoir
bouche de métro
journaux
kiosque à journaux
station de métro

2. Jeu : l'objet trouvé

*La classe entière décide de cacher un objet que tout le monde connaît. Un membre du groupe sort de la pièce, et les autres cachent l'objet. On fait revenir la personne. Afin de découvrir où est caché l'objet, elle doit poser des questions précises, en employant les prépositions et adverbes de lieu appris (**sur, sous, près,** etc.). Le groupe ne peut lui répondre que par **oui** ou par **non.***

MODELE: On décide de cacher un crayon.
Question** : Est-ce que le crayon est **à ma droite?
***Groupe** : Oui.*
***Question** : Est-il **près de** la table?*
***Groupe** : Non.* (et ainsi de suite)

Paroles en action

« Allô, j'ai oublié... »

Vous êtes en train d'écrire une dissertation (paper)*. Vous avez immédiatement besoin de vos notes oubliées à la maison (au dortoir, à votre appartement, etc.). Vous téléphonez à votre mère (à votre camarade de chambre, etc.) pour qu'il (elle) vous les apporte. Mais dans le désordre de votre chambre, votre correspondant n'arrive pas à les retrouver. Utilisez les expressions étudiées (**sur, au-dessous,** etc.) pour qu'il* (elle) *trouve vos notes.*

AVEC LES INCONNUS

INSTRUMENTS DE BASE III

Comment répondre

si vous n'avez pas compris :

اين مكتب البريد ؟
Pardon?
Comment? Que dites-vous?
Qu'est-ce que vous dites?
Répétez, s'il vous plaît!
Vous dites?
Veuillez[1] répéter lentement, s'il vous plaît.
Excusez-moi, j'ai mal entendu.
Oh pardon, je n'écoutais pas.
Je n'ai pas compris!
si vous ne savez pas la réponse :
Pourriez-vous m'indiquer... ?
Je regrette mais je ne sais pas du tout.
Je l'ignore.[2]
Désolé, Madame, je ne suis pas d'ici.
Navré,[3] mais je ne suis pas de la région.
Excusez-moi, Monsieur, je n'en sais absolument rien.

1. terme de politesse : *Would you kindly… ?*
2. Je ne sais pas.
3. Désolé

si vous savez la réponse :

Et si vous avez le temps, vous proposez, peut-être, d'accompagner la personne :

Je vais vous montrer le chemin.

Je vous y accompagne, si vous voulez.

Je vais vous y conduire.

Suivez-moi, c'est justement dans la direction où je vais!

Mais si vous êtes trop pressé pour l'accompagner, vous pouvez donner des indications précises :

Entrez dans le musée du côté Pont-des-Arts. **Tournez** à gauche, **passez** devant la Vénus de Milo. **Prenez** la première galerie à droite, **suivez**-la jusqu'à l'escalier. Puis, **montez** au premier étage. **Traversez** la Galerie des Bronzes Antiques. **Tournez** à droite et entrez à gauche dans la Galerie d'Apollon où se trouvent les « Joyaux de la Couronne. » **Traversez** le Salon Carré. **Continuez** tout droit jusqu'à la Salle des Etats. Vous verrez la Joconde au centre sur votre droite!

Plan du Musée du Louvre

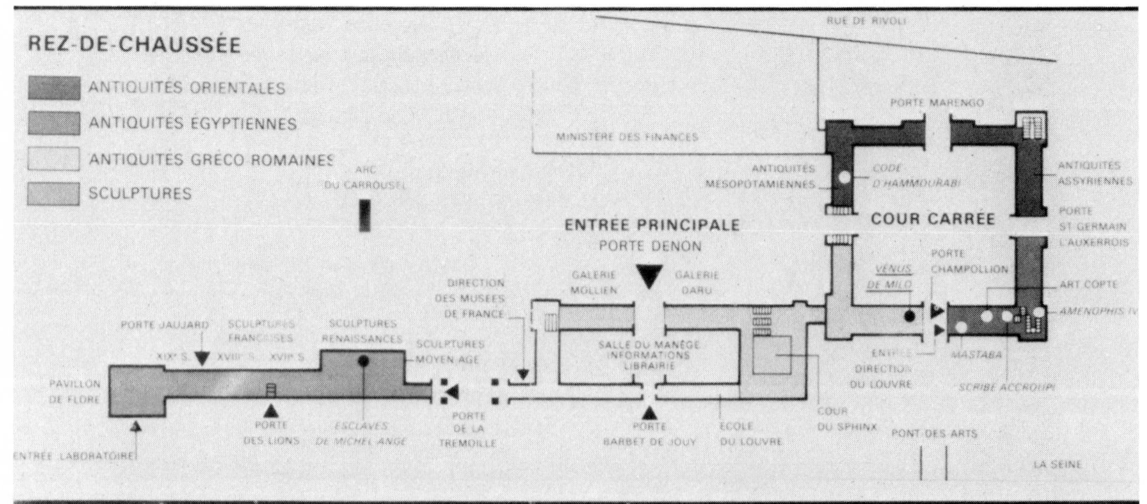

1. On peut voir ce tableau de Léonard de Vinci, appelé « Mona Lisa, » en anglais, au Musée du Louvre à Paris.

2. *Gladly*

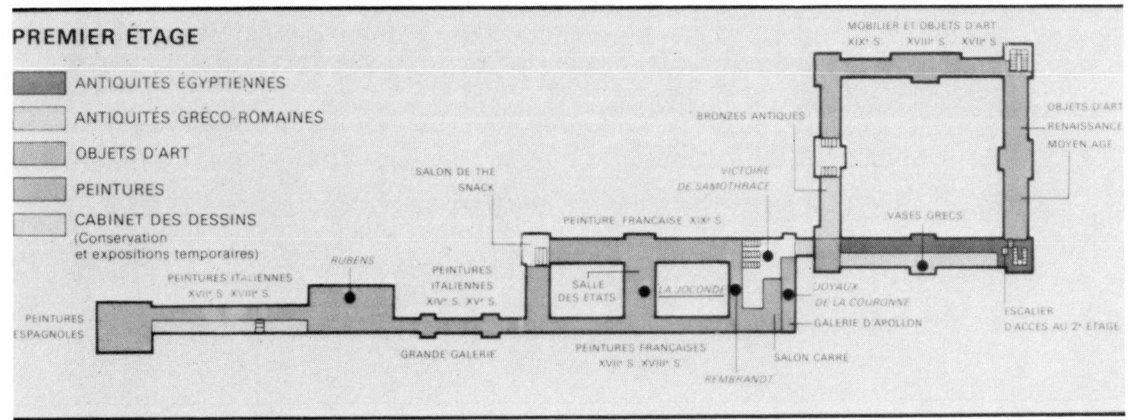

Entraînons-nous!

Au Musée du Louvre

On vous demande les renseignements suivants. Répondez en utilisant les « Instruments de base » précédents et en suivant les indications données.

MODELE: Ὑπάρχει ἕνας ἐδῶ πού μιλάει Ἑλληνικά; (Vous n'avez pas compris la question.)

Pardon, je n'ai pas compris.

1. « Dove si trova la nostra bella Joconda? » (Vous n'avez pas compris la question.)
2. « Seriez-vous assez aimable pour me dire où se trouve la Joconde au Musée du Louvre? » (Vous savez la réponse; voir plan du Louvre, pp. 74–75.)
3. « Savez-vous pourquoi le sourire de la Joconde est si mystérieux? » (Vous ne savez pas.)
4. « Pardon, pouvez-vous m'indiquer comment trouver la Vénus de Milo? » (Vous savez la réponse; voir plan du Louvre, pp. 74–75.)
5. « Quel est le nom du sculpteur de la Vénus de Milo? » (Vous ne savez pas.)
6. 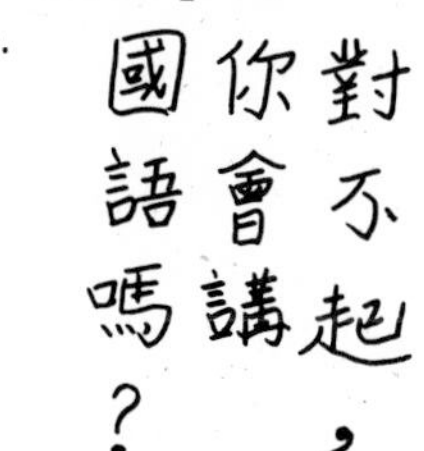

(Vous n'avez pas compris.)
7. « Comment faire pour aller au Salon Carré? » (Vous savez la réponse; voir plan du Louvre, pp. 74–75.
8. « Pourriez-vous me dire combien de galeries il y a au Musée du Louvre? » (Vous ne savez pas.)

La Vénus de Milo, sculpteur inconnu

Paroles en action

1. Donnez les indications!

Servons-nous maintenant des expressions nouvellement acquises pour aider un inconnu à trouver son chemin dans une ville francophone. Un visiteur, désirant se promener dans le quartier français de la Nouvelle Orléans, vous demande quel chemin suivre pour visiter le quartier. A tour de rôle et en suivant le tracé du plan ci-dessous, donnez-lui des indications exactes.

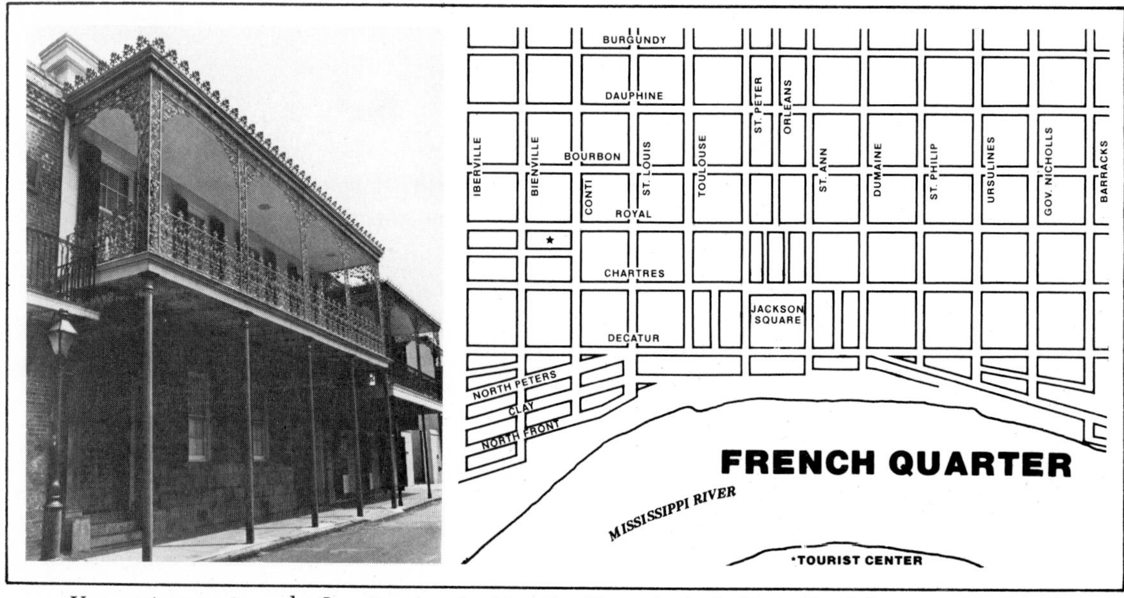

Une maison typique du Quartier

Le Quartier Français de la Nouvelle Orléans, en Louisiane

MODELE: **Visiteur :** *Pourriez-vous m'indiquer une belle promenade dans le quartier?*

Etudiant(e) 1 : *Certainement, Monsieur (Madame). Je vais vous indiquer un chemin agréable. Vous êtes à Jackson Square. Tournez à gauche dans la rue de Chartres jusqu'à la rue Saint Louis...*

Etudiant(e) 2 : *Ensuite, suivez la rue Saint Louis...*

Etudiant(e) 3 : *Puis...* (à continuer)

Variante : Refaites le même exercice avec un plan de votre propre ville!

2. La partie de pétanque[1]

Une touriste, récemment arrivée, interrompt constamment la partie de pétanque de quelques retraités (retired men). *Elle pose des questions*

1. un jeu populaire du sud de la France aussi appelé le jeu de boules

*pour savoir comment se rendre aux meilleures plages (*beaches*), aux villas des acteurs, aux galeries d'art, etc. L'un des joueurs est sourd (*deaf*), un deuxième connaît mal la région, un troisième est un ancien guide touristique de la région et il lui donne toutes les indications dont elle a besoin. Jouez cette conversation à quatre!*

3. Rallye automobile

*Vous voulez participer au Rallye automobile qui aura lieu (*will take place*) samedi dans la ville voisine. Malheureusement, vous avez perdu le programme du rallye et vous téléphonez chez l'organisatrice pour demander des précisions. Tout d'abord, le secrétaire répond, mais la communication est très mauvaise et il ne comprend pas très bien. Vous rappelez, et le secrétaire, qui ne peut pas vous renseigner, vous passe l'organisatrice du rallye. Elle vous donne tous les renseignements que vous lui demandez ainsi que les indications nécessaires pour vous rendre au point de départ, la Mairie (*town hall*). Inventez les indications à suivre, puis, jouez la scène!*

PROGRAMME DU RALLYE AUTOMOBILE

9 h	Départ, Mairie, rue Ste-Victoire
9 h 30	Chasse aux drapeaux[1]
10 h	Rencontre au carrefour de la Tortue
de 10 h à 12 h	Course aux trésors[2]
12 h	Déjeuner sur l'herbe au Parc Municipal, près de la grande fontaine
13 h	Départ pour Course d'obstacles devant la statue de Louis XIV
17 h 30	Distribution des prix
18 h	Surprise!
19 h	Départ pour la plage
19 h 30	Barbecue sur la plage
de 21 h à 22 h	Feu de joie[3]

1. *race where the participants seize flags that have been placed along the route*
2. *treasure hunt*
3. *bonfire*

Partie II

COMMENT SE DEBROUILLER DANS LES MOYENS DE TRANSPORT

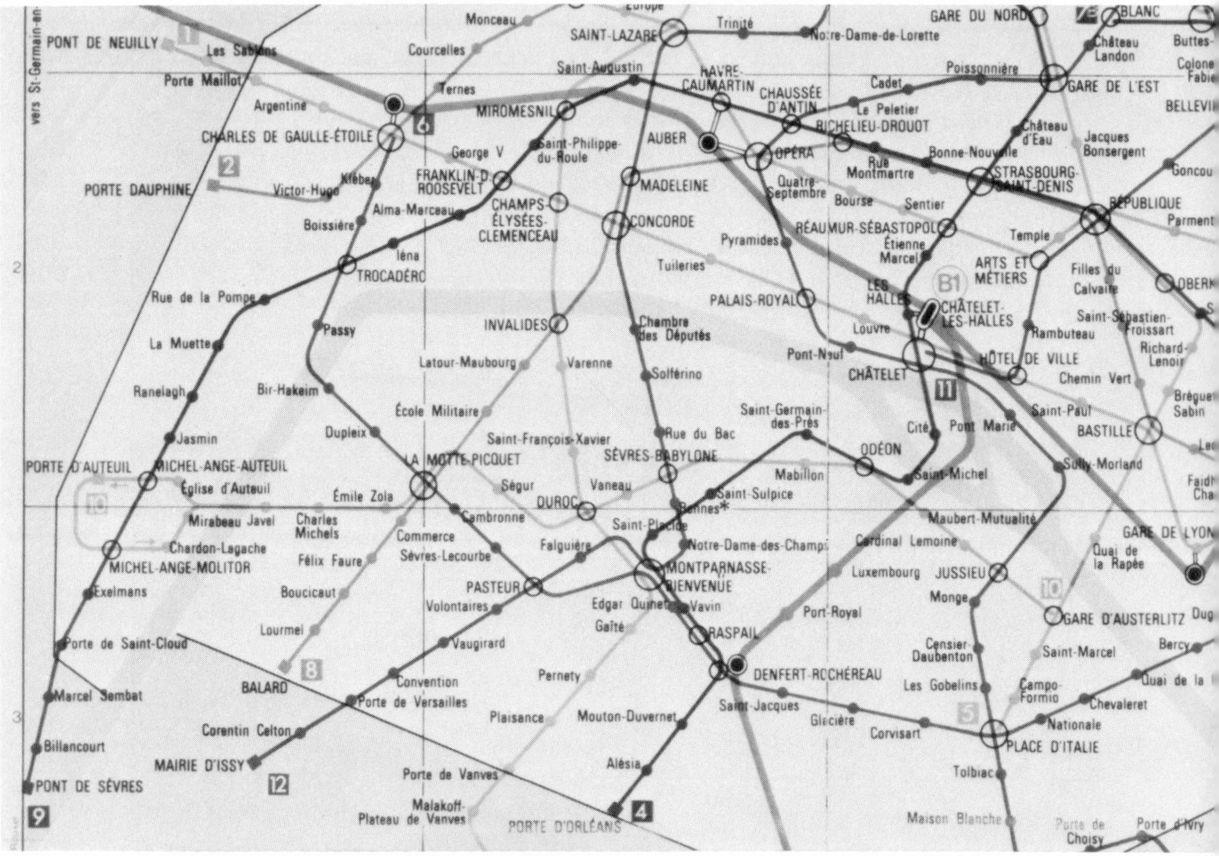

Plan du métro de Paris

Entrée de station de métro à Paris

Tickets de métro parisien

Comment se renseigner en ville

Olivier, qui connaît mal la nouvelle ville où il habite, est perdue dans un quartier loin de chez lui. Il demande des renseignements à un passant.

Ecoutons discrètement leur conversation :

Olivier : Pardon, Monsieur, pouvez-vous me dire comment faire pour aller au boulevard Raspail?

Le passant : Au boulevard Raspail? A pied, il faut compter une bonne demi-heure. Continuez tout droit, et...

Olivier : Non, pas à pied, ça ne va pas. Ça fait 4 heures que je marche et j'ai mal aux pieds. Quel est le moyen de transport le plus pratique?

Le passant : Il y a un arrêt d'autobus tout près d'ici. Le bus arrivera dans...

Olivier : Je n'aime pas prendre le bus aux heures d'affluence. Avec tous ces bouchons, cela me prendra un temps fou![1]

Le passant : Oui, au moins une heure. Le métro sera plus rapide. Il y a une station de métro juste en face. Prenez la direction de Neuilly, changez à Châtelet, prenez alors la ligne de correspondance Porte d'Orléans et descendez à la station Denfert-Rochereau. Vous savez, un ticket ne coûte que quelques francs, et...

Olivier : C'est bien compliqué! Et pour être serré comme une sardine? Non, merci!

Le Passant : Eh bien, mon pauvre garçon, prenez alors un taxi. Les tarifs...

EXPRESSIONS EN DIRECT

un arrêt d'autobus *bus stop*

les heures (f) d'affluence *rush hour*
les heures (f) de pointe

un bouchon *traffic jam*
un embouteillage

le métro (abréviation de métropolitain) *subway*
une station de métro *subway stop*

une ligne de correspondance *connecting line*

un ticket de métro *subway ticket*

un tarif *rate*

1. énormément de temps

Olivier : ... doivent être chers. Mais, après tout, c'est une bonne idée.

(Nathalie, une des voisines d'Olivier, l'aperçoit.)

Nathalie : Tiens, Olivier! Qu'est-ce que tu fais par ici? Je rentre à pied dans notre quartier! Tu m'accompagnes?

Olivier : Chouette! J'adore la marche à pied! Merci, Monsieur. Vous êtes très aimable!

Le passant : (à lui-même) Ah, jeunesse![1]

Entraînons-nous!

Que me conseillez-vous?

Mettez-vous à la place des personnages indiqués. Ceux-ci donnent des renseignements à quelqu'un qui ne sait pas comment faire pour se rendre à l'aéroport le plus près de chez vous. Chaque personnage donne son opinion personnelle sur le moyen de transport qui selon lui est l'idéal : métro, bus, hélicoptère, taxi, navette (shuttle)*, à pied, etc. Pour vous aider à parler des avantages et des inconvénients* (disadvantages) *de chaque moyen de transport, vous pouvez choisir parmi les adjectifs ou expressions suivants : économique, pratique, efficace* (efficient)*, bon ou mauvais pour la santé, cher, bon marché, gratuit* (free)*, lent, rapide, sûr, dangereux, passionnant, écologique, polluant (contribuant à la pollution), toujours ou jamais à l'heure, populaire, prestigieux, désagréable, confortable.*

MODELE: Réponse suggérée par un homme à moustache

Par quel moyen? *Mon cher Monsieur, je vous conseille de prendre un taxi.*
Où le prendre? *Vous pouvez en trouver devant le grand hôtel.*
Tarif? *Il faut compter environ 60 Frs.*
Inconvénients? *Evidemment c'est très cher, et même polluant.*
Avantages? *Mais il n'y a rien de plus pratique, le taxi est très confortable et rapide.*

Réponses suggérées par :

1. un agent de police
2. un ami sportif
3. un garçon de café
4. votre secrétaire
5. une vieille dame élégante
6. une jeune fille à bicyclette

1. *youth*

La classe écoute les réponses de tous les personnages et décide, d'après (selon) la valeur des arguments et la précision des renseignements présentés, quel est le personnage qui a donné le meilleur conseil et, par conséquent, quel est le meilleur moyen de transport pour se rendre à l'aéroport!

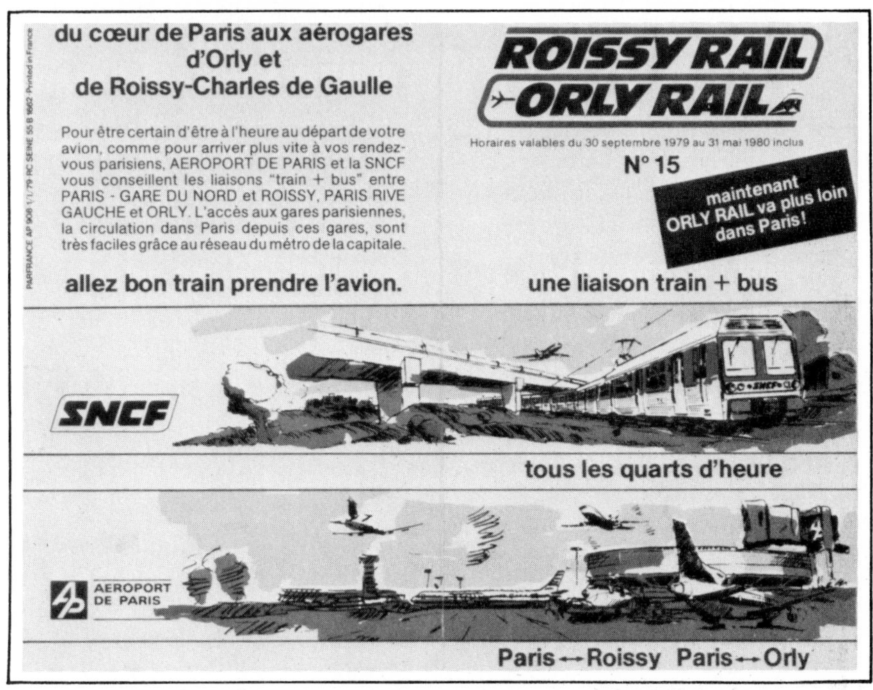

Liaison train et bus. . .un autre moyen pour se rendre à l'aéroport

Paroles en action

1. Comment se déplacer (*How to get around*)

Votre invité(e) ne connaît pas votre ville et veut aller tout(e) seul(e) l'explorer. Vous lui donnez le plus possible d'indications et d'informations sur tous les moyens de transports de votre ville.

MODELE: ***Votre invité(e)** : Est-ce qu'il y a un autobus qui va au centre-ville?*
***Vous** : Oui, tu peux prendre l'autobus, ligne 67, il va directement au centre-ville. Il y a un arrêt d'autobus au coin de la rue.*
***Votre invité(e)** : Quels sont les tarifs?*
***Vous** : Un ticket coûte 50 cents…*
(Continuez!)

2. Débrouillez-vous!

Après un vol (flight) *transatlantique de New York à Bruxelles, vous apprenez à l'aéroport que la voiture que vous avez louée n'est pas disponible* (available). *Vous avez un rendez-vous d'affaires important dans deux heures. Il vous faut trouver un autre moyen de transport pour vous rendre à la destination. Débrouillez-vous!*

Comment se débrouiller en voiture

Un week-end, Olivier emprunte[1] la voiture de Nathalie. Au moment du départ, il se renseigne afin d'obtenir toutes les informations nécessaires pour bien se débrouiller en route.

Olivier : Tu es vraiment chic de me prêter ta voiture. Mais, j'ai peur de ne pas savoir quoi dire à la station-service.

Nathalie : Tu dis simplement au pompiste « Faites le plein de super! » Ma voiture ne marche pas à l'essence ordinaire.

Olivier : Et si la voiture tombe en panne…

Nathalie : Tu téléphones à un poste de secours, à un garagiste, ou à la police.

Olivier : Ah bon! Y a-t-il autre chose d'important à savoir?

Nathalie : Oui, il faut absolument respecter la priorité à droite.[2]

Olivier : C'est tout?

Nathalie : Il est interdit de klaxonner en ville.

Olivier : Et maintenant, c'est tout?

Nathalie : Il est aussi défendu de rouler en ville la nuit avec les phares de route.[3]

Olivier : Et encore?

Nathalie : Et il faut payer un droit de péage sur les autoroutes.

Olivier : Oui… oui, merci…

Nathalie : Et attention, ne brûle pas les feux rouges!

Olivier : Euh… euh…

Nathalie : Et surtout fais attention aux rues à sens unique…

Olivier : Euh… j'ai une idée…

Nathalie : … et aux limitations de vitesse…

Olivier : Ecoute…

EXPRESSIONS EN DIRECT

une station-service *gas station*
un (une) pompiste *gas station attendant*
Faites le plein! *Fill it up!*
le super *high-test gasoline*
l'essence (f) *gasoline*
l'ordinaire (m) *regular gasoline*
tomber en panne *break down*

un poste de secours *emergency road service station*
un (une) garagiste *mechanic*

il faut respecter *you must obey*
la priorité à droite *yield to the right*
(la priorité *right of way*)
il est interdit *it is forbidden*
klaxonner *honk, sound the horn*

il est défendu = il est interdit
rouler *drive*
un phare *headlight*

un droit de péage *toll*
une autoroute *highway*

brûler un feu rouge *run a red light*

à sens unique *one-way*

une limitation de vitesse *speed limit*

1. *borrows*
2. En France, sur des routes de même importance, la priorité est toujours à celui qui vient de droite.
3. Il est interdit de conduire dans les villes avec les phares de route sauf si on veut signaler un danger, par exemple, si on veut avertir un piéton (*warn a pedestrian*).

Nathalie : … et aux camions, et aux chauffards, et aux motards, et aussi aux troupeaux de vaches et…

Olivier : Ecoute, c'est trop compliqué pour moi! Viens donc avec moi!

> un camion *truck*
> un chauffard (fam.) un automobiliste imprudent
> un motard *motorcycle policeman*
> un troupeau = un groupe

La pompiste d'une station-service

Société du Puy de Dôme
9, RUE CHARLES-FOURNIER — 63400 CHAMALIERES
R.C. B 855 201 364 (55 B 136)

ROUTE A PÉAGE

AUTO

8,00 F T.T.C.
ALLER-RETOUR N° 36336
ARRETE PREFECTORAL
DU 30 MAI 1980

Ce ticket doit être présenté à toute réquisition des agents du contrôle

Les panneaux de la route

Acces interdit aux véhicules a moteur
No motor vehicles

Interdiction de dépasser
No overtaking

Vitesse maximum
Maximum speed
60 km/h

Sens interdit
No entry for vehicular traffic

Direction obligatoire
Ahead only

Voie réservée aux autobus
Bus lane

Arrêt et stationnement interdits
No stop and parking

Interdiction de faire demi-tour
No U turns

Arrêt obligatoire à l'intersection
Stop and give way

Fin de toutes les interdictions precedentes
The end of every anterior prohibition

Circulation dans les 2 sens
Two-way traffic

Attention enfants
Children

Succession de virages
Several bends

Chaussée rétrécie
Road narrows on both sides

Dangers particuliers
Special dangers

feux tricolores
Traffic lights

Cédez le passage
Give way

Fin de route prioritaire
End of major road

Virage très dangereux
Very dangerous bend

Entraînons-nous!

1. Les ennuis de la route!

Vous expliquez à quelqu'un ce qu'il faut faire pour se débrouiller dans les situations suivantes. Complétez les phrases en employant le verbe donné et le plus de vocabulaire possible.

MODELE: Si votre voiture tombe en panne... (téléphoner)
téléphonez à un poste de secours, à un garagiste, ou à la police.

1. Si vous êtes à l'entrée de l'autoroute à péage...	(payer)
2. Si vous arrivez à un feu rouge...	(s'arrêter)
3. Si votre réservoir (*gas tank*) est vide...	(aller acheter)
4. Si vous conduisez en ville la nuit...	(rouler)
5. Si vous dépassez (*exceed*) les limitations de vitesse...	(ralentir, *slow down*)
6. Si vous arrivez sans essence à une station-service...	(dire)
7. Si vous rencontrez un troupeau de vaches...	(klaxonner et s'arrêter)
8. Si vous êtes arrêté(e) par un motard...	(faire des excuses)

2. Informations à donner sur le code de la route

*Enumérez pour un camarade étranger ou un conducteur débutant (*beginner*) le plus de conseils possibles concernant la conduite automobile et surtout les interdictions existantes dans votre pays (votre ville? votre état?). Faites chaque phrase en employant une des expressions de chaque colonne.*

MODELE: *Il ne faut pas stationner à un arrêt d'autobus.*

il est interdit de	stationner	un feu rouge
il est défendu de	respecter	un arrêt d'autobus
il est recommandé de	s'arrêter	une limitation de vitesse
il faut	prendre	un sens unique
il ne faut pas	attacher	un car scolaire *school bus*
défense de	dépasser	un parc-mètre *parking meter*
	mettre	une ceinture de sécurité *seat belt*
		un auto-stoppeur *hitchhiker*

Paroles en action

1. Passager nerveux

*Vous conduisez depuis plusieurs heures. Votre compagnon (compagne) de voyage est très nerveux (nerveuse) quand il (elle) n'est pas au volant (*at the wheel*). Au cours de votre voyage il (elle) n'arrête pas de vous donner des conseils et des renseignements sur tout. En vous servant de votre imagination, jouez la scène et employez le vocabulaire que vous venez d'apprendre.*

MODELE: **Votre compagnon (compagne) :** *Fais attention au feu, il va changer! Regarde cette voiture, elle arrive à toute vitesse! Et n'oublie pas de prendre la prochaine rue... ici, tourne à droite. Oh, là, là!... tu as vu?*

Vous : *Quoi encore?!* (Continuez!)

2. Le mauvais chemin

Vous êtes un jeune homme. Vous allez sortir ce soir avec une jolie fille que vous voulez impressionner. Comme vous n'êtes jamais allé chez elle, vous demandez des indications à un ami commun. (Malheureusement, ce que vous ne savez pas, c'est que cet ami s'intéresse également à la jeune fille en question!) Il vous donne de mauvais renseignements, et vous vous perdez en route. Il vous faut alors téléphoner à la jeune fille pour retrouver le chemin de sa maison. Improvisez les deux conversations téléphoniques.

CHAPITRE V

« Moi, je préfère... »

Comment exprimer ses désirs et préférences

Tous les jours, vous avez à prendre des décisions et à exprimer vos désirs et préférences. Hélas, ce chapitre ne peut vous aider à prendre la décision idéale! Mais, nous sommes prêts à partager le travail avec vous : faites votre choix et nous vous donnerons les moyens de le formuler.

Vous trouverez donc dans la première partie de ce chapitre des expressions qui vous seront utiles pour exprimer vos préférences à vos amis. Nous verrons ensuite comment communiquer avec les marchands.

Votre aventure de « shopping » commence...

Partie I

ENTRE AMIS

INSTRUMENTS DE BASE I

Au marché en plein air

Comment exprimer son choix à ses amis

Votre ami(e) vous demande :

Qu'est-ce que tu préfères?
Qu'est-ce que tu voudrais?
Qu'est-ce que tu aimes le plus?
Dis-moi ce que tu préfères : ... ou... ?
Lequel (laquelle)[1] aimes-tu?

1. *which one*

Vous lui répondez :

quand vous aimez bien :
Je préfère...
J'aimerais bien[1]...
J'aimerais mieux[2]...
J'adore...
Je choisis celui-ci (celle-ci)[3]
Je trouve ça très bien!
Ceci me plaît.[4]

quand vous n'aimez pas :
Je n'aime pas ça.
Je déteste...
Oh, là, là! Quelle horreur!
Pouah! (fam.) Je trouve ça affreux!
Ça ne me plaît pas.
Je ne vois rien qui me plaît.

quand vous êtes indécis(e) :
Euh... euh... je ne sais pas.
Ben, je n'en sais rien.
Je ne peux pas me décider.
Je suis indécis(e).
Je n'arrive pas à choisir.[5]
Je ne sais pas lequel prendre.

Entraînons-nous!

1. Au marché en plein air

*Un(e) camarade vous demande votre préférence pour les marchandises suivantes. Vous choisissez selon votre goût (*taste*) personnel. Vous pouvez être indécis(e), ou lui dire ce que vous n'aimez pas, ou bien lui dire ce que vous aimez bien.*

MODELE: Au stand des fromages : du Brie? du Camembert? du Roquefort? du Gruyère? du Pont l'Evêque?
Votre camarade : *Qu'est-ce que tu préfères, du Brie, du Camembert, du Roquefort ou du Pont l'Evêque?*
Vous : *Je n'arrive pas à me décider entre ce Roquefort et ce Pont l'Evêque.*
ou : *Je n'aime pas ce Brie.*
ou : *J'adore ce Camembert!*

1. Au stand des fleurs : un bouquet de violettes? une douzaine de roses? un pot de tulipes? un bouquet de jonquilles? une branche de lilas?
2. Au stand de la boucherie : du lapin (*rabbit*)? du poulet? du veau (*veal*)? du bœuf? du mouton?
3. Au stand des fruits : un kilo de bananes? un kilo d'oranges? une livre (*pound*) de cerises? un demi-kilo de fraises (*strawberries*)? un melon?
4. Au stand des légumes : des carottes? des petits pois? des haricots verts? des asperges? des pommes de terre?
5. Au stand des bijoux : un collier (*necklace*) en ivoire? un bracelet en argent? un faux diamant? une bague (*ring*) en or? une broche en plastique?
6. Au marchand de glace : Une glace au chocolat? à la vanille? au café? au citron (*lemon*)? à la framboise (*raspberry*)?

---

1. *I would like*
2. *I would rather*
3. *this one*
4. *I like this.*
5. *I can't choose.*

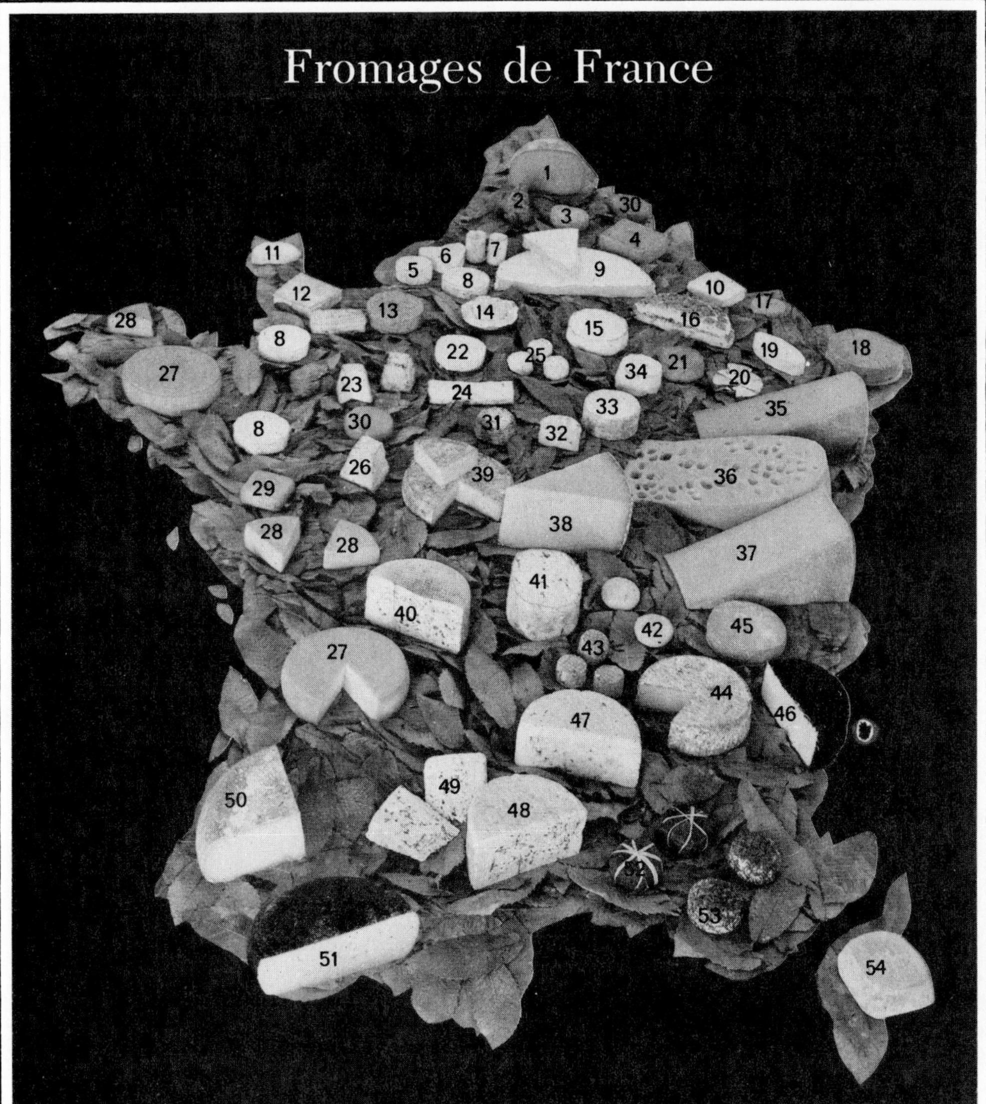

1. Mimolette 2. Boulette d'Avesnes 3. Rollot 4. Maroilles 5. Petit Camembert 6. Cœur de Bray 7. Bondon 8. Camembert 9. Brie de Meaux 10. Carré de l'Est 11. Demi-Camembert 12. Pont-l'Evêque 13. Livarot 14. Fromage frais aromatisé 15. Brie de Coulommiers 16. Fromage fondu aux noix 17. Petit Munster Géromé 18. Munster Géromé 19. Triple Crème à croûte fleurie 20. Fromage fondu en portions 21. Epoisses 22. Fromage frais 23. Valençay 24. Sainte-Maure 25. Crottin de Chavignol 26. Pyramide du Poitou 27. Saint-Paulin 28. Saint-Paulin en portions 29. Curé Nantais 30. Petit Saint-Paulin 31. Selles-sur-Cher 32. Petit Bleu de Bresse 33. Bleu de Bresse 34. Chaource 35. Gruyère de Comté 36. Emmental 37. Beaufort 38. Cantal 39. Saint-Nectaire 40. Bleu d'Auvergne 41. Fourme d'Ambert 42. Saint-Marcellin 43. Rigottes 44. Tomme de Savoie 45. Reblochon 46. Fromage fondu aux raisins 47. Bleu des Causses 48. Roquefort 49. Roquefort en portions 50. Fromage des Pyrénées (au lait de brebis) 51. Fromage des Pyrénées (au lait de vache) 52. Banon de Provence 53. Poivre d'Ane 54. Niolo

2. « Brainstorming » : A quoi rêvez-vous? (*What do you dream about?*)

Bien entendu, vos désirs et préférences ne se limitent pas à ce que vous pouvez acheter dans un marché. Nous avons tous des rêves secrets.

A. *Ensemble, faisons maintenant une liste de tout ce que nous aimerions avoir ou faire, même les choses les plus farfelues (*far-fetched*) : voyages exotiques? articles de luxe? activités intéressantes? changements d'apparence? etc. Annoncez à haute voix (*out loud*) toutes vos idées. L'un d'entre vous peut écrire les rêves de tous au tableau noir.*

MODELE: *Je voudrais vivre en France six mois par an.*
ou : *J'aimerais posséder un tableau de Renoir.*
ou : *Je rêve d'avoir une maison qui se nettoie toute seule.*

B. *Maintenant, après avoir fini votre liste collective, chaque élève prend deux éléments de la liste faite par le groupe, et demande à un(e) camarade d'exprimer sa préférence entre les deux choses proposées.*

MODELE: **Liliane :** *Marlène, dis-moi ce que tu préfères, vivre six mois par an en France ou posséder un tableau de Renoir?*
Marlène : *Je préfère vivre six mois par an en France! Et toi?*

Paroles en action

1. Jeu : « Dating-game »

Qui va gagner le rendez-vous? Vos préférences vont le décider!

*Quelqu'un joue le rôle du meneur de jeu (*game leader*) qui va poser les questions concernant ce que vous préférez faire pendant un premier rendez-vous avec quelqu'un. Trois garçons sortent de la pièce. Puis, une jeune fille répond aux questions suivantes posées par le meneur de jeu, qui écrit ses réponses. Après avoir posé toutes les questions à la jeune fille, le meneur de jeu fait rentrer les trois garçons. Il leur pose les mêmes questions et donne un point à celui qui donne (ou ceux qui donnent) la même réponse que la jeune fille. Celui qui a le plus de points gagne le rendez-vous avec la jeune fille!*

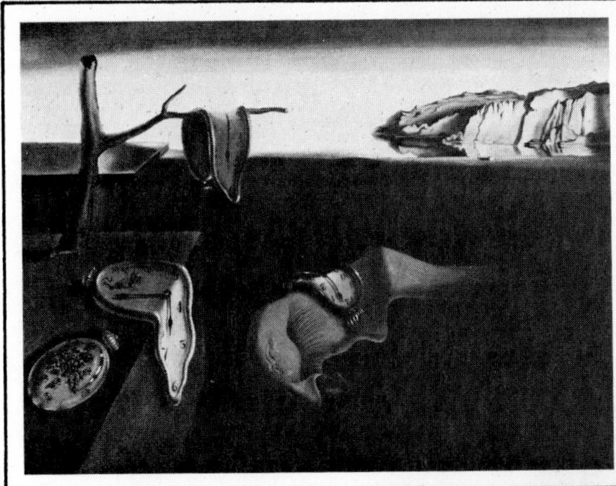

Salvador Dali. La Persistance de la Mémoire, 1931. 9½″ × 13″. Collection, Le Musée d'Art Moderne, New York. Peinture à l'huile.

Photographie par Louis et Auguste Lumière, 1906.

MODELE: aller à une exposition de tableaux de Salvador Dali ou de photographies des Frères Lumière?

Le meneur de jeu : *Pour ton premier rendez-vous, qu'est-ce que tu préfères : aller à une exposition de tableaux de Dali ou de photographies des Frères Lumière?*
La jeune fille : *J'adore les photos des Frères Lumière!*
(Plus tard)
Jeune homme 1 : *Je ne peux pas me décider.*
Jeune homme 2 : *Moi, je déteste Dali. J'aimerais bien voir les photos anciennes.*
Jeune homme 3 : *Dali me plaît beaucoup! Je préfère voir ses tableaux.*
(Jeune homme 2 gagne un point parce qu'il a donné la même réponse que la jeune fille.)

1. conduire en Jaguar ou monter en motocyclette Honda?
2. faire de la plongée sous-marine ou jouer au volley-ball?
3. discuter politique ou sport?
4. assister à un concert de musique classique ou de rock?
5. boire du champagne de Reims ou de la bière alsacienne?
6. conclure la soirée au clair de lune sur la plage ou à la discothèque?
7. ?

Deux pique-niqueurs à l'épicerie

2. Qu'est-ce qui te tente? (*What tempts you?*)

Vous vous promenez avec un(e) partenaire. Chaque paire choisit de jouer l'un des couples suggérés ci-dessous. Discutez vos préférences avec votre partenaire. Si vous voulez, vous pouvez baser votre discussion sur les suggestions données entre parenthèses.

1. Un couple d'amoureux considère acheter des bijoux : un bracelet avec un diamant? un collier en argent? une broche avec des rubis? des boucles d'oreille (*earrings*) avec des perles?
2. A l'épicerie, deux amies font des achats (*purchases*) pour un dîner chez elles : les légumes? la viande? le pain? le fromage? les fruits?
3. Deux étudiants gourmands n'arrivent pas à se décider entre les gourmandises : glaces? crêpes? bonbons? pâtisseries?
4. Deux époux décident de leurs prochaines vacances : safari-photo au Kenya? croisière (*cruise*) en bateau aux Caraïbes? expédition d'alpinisme dans les Alpes? une semaine sur la plage à l'île de Saint-Martin?
5. Deux retraités (*retired people*) décident où ils veulent passer leur retraite : à la montagne? au bord de la mer? à la campagne? chez leurs enfants? dans une grande ville?
6. Un couple décide comment investir son argent : antiquités? objets d'art? actions en bourse (*stocks*)? biens immobiliers (*real estate*)?
7. Vous choisissez la nourriture pour un dîner français pour votre classe.

3. Conversation libre : préférences personnelles

*En groupe de trois à cinq personnes, bavardez de vos goûts et préférences personnels. Vous pouvez parler des sujets qui vous intéressent : vacances, loisirs, best-sellers, films, émissions (*broadcasts*) à la télé, nourriture, voitures, acteurs ou groupes de chanteurs à la mode, hommes et femmes politiques, art, etc.*

AVEC LES INCONNUS

INSTRUMENTS DE BASE II

Comment s'exprimer dans les magasins

Le vendeur offre ses services :

Que désirez-vous?
Puis-je vous être utile?
Vous voulez voir quelque chose?
Vous cherchez quelque chose?
Vous désirez... ?
Quel (quelle)... désirez-vous?

Vous demandez à voir quelque chose :

Avez-vous des... ?
Pourriez-vous me montrer... ?
Veuillez me montrer... ?
Donnez-moi..., s'il vous plaît.
Montrez-moi..., s'il vous plaît.
Je voudrais voir...

Vous préférez regarder seul :

Je regarde seulement.
Je ne fais que regarder.[1]

Quelques minutes plus tard :

Le vendeur vous demande si vous avez choisi :

Avez-vous choisi?
Vous prenez... ?
Vous avez décidé?
Ceci vous convient?[2]

Vous lui répondez

quand vous décidez d'acheter :

Je le prends.
Ceci me convient parfaitement.
Voici exactement ce que je désire.
Oui, je voudrais...

quand vous n'aimez rien :

Non, cela ne me plaît pas.
Je ne vois pas exactement ce que je cherche.
Vous n'avez pas ce qu'il me faut.
Pouvez-vous m'en montrer d'autres?
N'avez-vous pas quelque chose de meilleur marché?[3]

quand vous êtes indécis(e) :

Euh... je reste indécis(e).
Je ne sais que prendre.[4]
Lequel (laquelle) me conseillez-vous?

---

1. *I'm just looking.* 2. *Does this suit you?* 3. moins cher 4. *I don't know what to take.*

Entraînons-nous!

1. Au rayon de sport (*in the sporting goods department*)

Un client veut s'équiper pour sa prochaine expédition dans les Alpes. Complétez sa conversation avec le vendeur en utilisant les expressions données.

Vendeur : Que ________________ ?
Client : ____________ une tente ultra-légère et qui se monte rapidement.
Vendeur : Voilà le dernier modèle. Je vous la conseille fortement.
Client : (après avoir examiné la tente) Non, ________________ .
Vendeur : ____________ autre chose?
Client : Oui, ____________ des chaussures à crampons (*spikes*)
Vendeur : Voici nos deux meilleures marques (*brands*). (Au bout de quelques minutes) ________________ ?
Client : (indécis) ____________ . N'avez-vous rien de moins cher?
Vendeur : Si, mais de qualité inférieure.
Client : ____________ me les montrer?
Vendeur : Oui, tout de suite. Quelle est votre pointure (*size*)?
Client : (après avoir essayé les chaussures) Très bien, ____________ celles-ci.

je reste indécis
désirez-vous?
montrez-moi
je voudrais voir
cherchez-vous?
vous avez décidé?
pourriez-vous
je prends
vous n'avez pas ce qu'il me faut

Une expédition dans les Alpes

2. Au grand magasin : acheter ou ne pas acheter?

Répétez à haute voix les deux conversations suivantes en les complétant avec une marchandise suggérée qui vous intéresse. Ensuite, imaginez deux conversations similaires en variant les structures que vous employez et en choisissant d'autres marchandises proposées.

Au rayon de disques

- un disque de jazz
- une cassette de chansons populaires
- une bande (*tape*) de musique classique
- un magnétophone à cassette (*cassette player*)
- une chaîne (*stereo*)
- un poster de star célèbre

Vous achetez:

Vendeur : Que désirez-vous?
Vous : Avez-vous des… ?

(Quelques instants plus tard)

Vendeur : Avez-vous choisi?
Vous : Voici exactement ce que je cherche. C'est combien?
Vendeur : Cela coûte… francs.
Vous : Très bien. Je le prends.

Au rayon de livres

- un roman d'amour
- un roman policier (*mystery*)
- un guide touristique
- un album de bandes dessinées (*comics*)
- un livre de cuisine
- un livre d'art

Vous n'achetez rien:

Vendeur : Vous cherchez?
Vous : Je ne fais que regarder… Oh si! Monsieur, montrez-moi…

Vendeur : Ceci vous conviendra?
Vous : Non, cela ne me plaît pas. Merci.

Paroles en action

1. Quelle « machine » acheter?

Pour votre anniversaire, votre tante veut vous offrir un beau cadeau. Vous adorez les jeux et les gadgets électroniques. Vous emmenez votre tante dans un magasin spécialisé, dans lequel une vendeuse serviable vous propose les produits ci-dessous. Malheureusement, votre tante déteste « tous ces trucs (contraptions) *modernes » et repousse chaque suggestion de la vendeuse. Jouez la saynète* (skit) *entre vous, votre tante et la vendeuse.*

Un jeu d'échecs qui parle comme vous et moi
C'est le Chess Voice Challenger. Electronique, bien sûr. Et utile pour les non-voyants (et les autres), car il confirme à haute voix le coup joué et annonce les résultats. Une bibliothèque de 46 ouvertures classiques lui permet aussi de réagir quasi instantanément, dans certains cas, jusqu'au 30e coup... 2780 F.

Un jeu vidéo qui donne à réfléchir
Avec ce Videopac Jet 25 Radiola (ou Philips C 52), voici en effet le premier jeu vidéo de la 3e génération. Proposant tous les jeux d'adresse, mais aussi des jeux de stratégie (« othello », etc.) et l'initiation à la programmation informatique... 1490 F.

Un traducteur 4 langues dans votre poche
Français - anglais - allemand - espagnol : il traduit par écrit 1000 mots et en traduit à haute voix 500. Parfait pour étudier une langue ou en voyage à l'étranger... Bientôt disponible : 1500 F environ.

Vidéo-disque... si vous n'êtes pas impatient
Pas d'enregistrement. Mais lecture avec un rayon laser d'un disque vidéo réalisé (comme un « microsillon » actuel) par simple pressage. Ralenti, arrêt sur l'image et recherche ultra-rapide... Disponible seulement en 1982, mais déjà en avant-première à la Fnac.

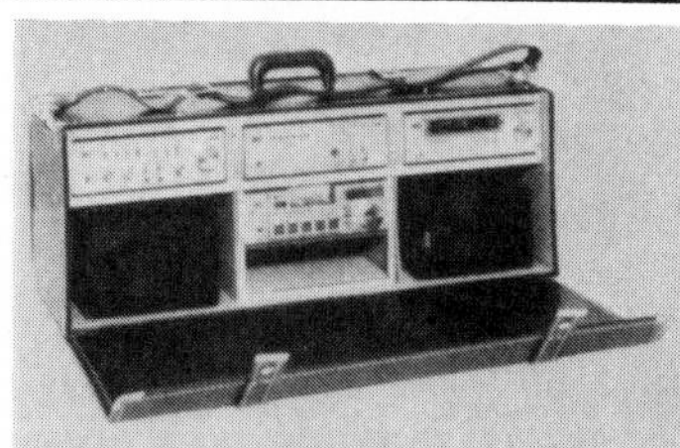

Une chaîne hi-fi dans une valise
C'est « the traveller » de Aïwa. Avec magnéto-cassette, ampli-tuner et 2 enceintes, il fonctionne sur accus 12 volts ou toute batterie de voiture, caravane, bateau, etc. En avant-première à la Fnac.

2. Jeu télévisé : choisissez à vos risques et périls!

Exprimer vos choix et désirs peut avoir des conséquences intéressantes lorsque vous participez à un jeu télévisé! Le « speaker » de ce jeu vous propose de choisir entre un prix visible (une boîte de chocolats, une bicyclette à dix vitesses, etc.) et un prix caché derrière un rideau (curtain) *ou une porte (un oignon, une voiture de sport neuve, etc.). Vous, le joueur, pouvez prendre le prix visible ou courir un risque en choisissant le prix caché. Vous gagnerez ce que vous avez choisi!*

Maintenant, avec un (ou plusieurs) camarade(s) de classe, jouez le rôle du speaker et du joueur. Suivez le modèle.

MODELE: **Le speaker :** *Voici un panier* (basket) *de fraises! Vous prenez ces fraises ou choisissez-vous le prix-mystère? Réfléchissez bien!*

Vous dites : *Euh... euh... je n'arrive pas à me décider. Enfin, je prends le prix-mystère.*
(Le rideau se lève et il y a une chaussette jaune!)

Le speaker : *Je suis désolé, Madame (Monsieur).*

Réfléchissez bien, monsieur Martineau! Réfléchissez bien! Je vous rappelle que vous pouvez arrêter et partir avec les SOIXANTE-QUINZE NOUVEAUX FRANCS que vous venez de gagner. Si vous continuez, vous risquez de tout perdre, mais vous pouvez aussi gagner SOIXANTE-QUINZE AUTRES NOUVEAUX FRANCS, ce qui vous ferait un total de CENT CINQUANTE NOUVEAUX FRANCS! Vous continuez, monsieur Martineau?

Partie II

COMMENT SE DEBROUILLER DANS LES MAGASINS DE VETEMENTS

Choisir que porter est l'expression la plus visible de notre personnalité. Chaque fois que nous sélectionnons un style, une couleur, ou le tissu d'un vêtement, nous exprimons notre goût personnel.

Nous nous trouvons maintenant devant un magasin de vêtements où Jacqueline essaie de convaincre son père de lui acheter un imperméable à la mode. Suivons-les au cours des étapes[1] successives au magasin : le lèche-vitrine[2] et la sélection; l'essayage[3]; et l'achat. Leur expérience vous servira de modèle quand vous, à votre tour, ferez des achats dans les magasins de vêtements.

Première étape : le lèche-vitrine et la sélection

1. *stages* 2. *window-shopping* 3. *trying on*

EXPRESSIONS EN DIRECT

Comment décrire les vêtements :

En quoi?

en coton
en laine *wool*
en soie *silk*
en satin
en polyester
en cuir *leather*
en daim *suede*
en velours côtelé *corduroy*
en fourrure *fur*

De quelle couleur?

vert uni *solid green*
jaune clair *light yellow*
rose foncé *dark pink*

à rayures
à carreaux
à fleurs
à pois

Entraînons-nous!

1. A chacun son goût!

*Répondez aux questions suivantes en utilisant le vocabulaire des vêtements dans la vitrine (*shop window*) et des « Expressions en direct. »*

MODELE: Qu'est-ce que vous achetez le plus souvent?
Le plus souvent, j'achète des chemises unies.

1. Qu'est-ce que vous aimez bien ou n'aimez pas acheter?
2. Préférez-vous les hommes quand ils portent des jeans, des costumes (*suits*) élégants, ou des smokings (*tuxedos*)?
3. Préférez-vous les femmes quand elles portent des mini-jupes, des jupes longues, des tailleurs (*women's suits*), des pantalons habillés (*dressy*), ou des jeans?
4. Aimez-vous mieux voir votre petite amie porter une robe du soir élégante, une robe « bain de soleil, » ou un pantalon et des talons hauts (*high heels*)?
5. Quel accessoire détestez-vous utiliser?
6. En quel habit ne pouvez-vous pas imaginer votre père?
7. Sans quel habit ne pouvez-vous pas imaginer votre mère?

2. Vêtements pour chaque occasion!

Décrivez les vêtements et accessoires que vous désirez porter dans les circonstances suivantes. Puis, refaites l'exercice avec ce que vous détesteriez porter dans les mêmes circonstances! Employez le vocabulaire déjà étudié complété par ce vocabulaire supplémentaire :

un short, un parka, un blazer, un maillot de bain (bathing suit), *des sandales, des chaussures de tennis.*
en classe
à un bal costumé
quand vous sortez avec un garçon (ou une jeune fille) pour la première fois
à un grand mariage
en camping dans le Wyoming
en voyage d'affaires
en voyage autour du monde en bateau
si vous étiez naufragé(e) (*shipwrecked*) sur une île déserte

3. Répondez à la vendeuse

Répondez aux questions du vendeur (de la vendeuse).

MODELE: Vous voulez voir quelque chose?
Avez-vous des chemises en coton? Je cherche une chemise à rayures bleu pâle et blanches.

1. Vous cherchez quelque chose? Une jupe peut-être?
2. Vous désirez voir un costume, Monsieur?
3. Puis-je vous montrer une paire de bottes?
4. Nos pull-overs sont en solde (*on sale*). Est-ce que cela vous intéresse?
5. Aimeriez-vous regarder ces robes d'été? Elles sont adorables cette année!
6. Monsieur, avez-vous besoin d'une ceinture?
7. Je peux vous montrer ces blouses, Mademoiselle?

1. *size*
2. *alterations*

EXPRESSIONS EN DIRECT

Si le vêtement que vous essayez ne vous va pas, il est peut-être	très trop pas assez un peu	court long étroit large serré *tight* lache *loose*
Si le style ne vous va pas, il est peut-être	trop pas assez	chic à la mode habillé *dressy* simple confortable vieux jeu *outdated* ridicule farfelu *way out*

Jacqueline fait (*wears*) un 40.
Quelle taille portez-vous?

FEMMES	
Tailles françaises	Tailles américaines
38	6
40	8
42	10
44	12
46	14

HOMMES	
Tailles françaises	Tailles américaines
36	35
38	36
40	37
42	38
44	39

Jacqueline chausse (*measures*) du 37.
Quelle est votre pointure (*shoe size*)?

POINTURES Hommes et femmes								
françaises	36	37	38	39	40	41	42	43
américaines	5	6	7	8	9	9½	10	10½

Entraînons-nous!

Qu'est-ce qui ne va pas?

Apportez en classe une ou deux photos de magazine representant des personnes mal habillées (trop excentrique, vieux jeu, etc.). Expliquez à la classe ce qui ne va pas.

Variante : Arrivez en classe portant un vêtement (ou même plusieurs) qui ne vous va pas. Vous montrez le vêtement et annoncez à la classe pourquoi votre vêtement ne vous va pas bien!

Troisième étape : l'achat

EXPRESSIONS EN DIRECT

Comment demander le prix :

Quel est le prix?
C'est combien?
Combien coûte... ?
Cet article est-il en solde?

Comment commenter sur le prix :

quand le prix vous convient :
C'est raisonnable.
Quelle occasion! *What a buy!*
C'est une bonne affaire! *That's a good deal!*

quand le prix est trop cher :
C'est trop cher.
Je ne suis pas assez riche.
C'est hors de prix! *It's out of sight!*

Entraînons-nous!

Le prix influence-t-il votre décision?

Vous considérez acheter les vêtements et accessoires suivants. Vous demandez le prix. Un(e) camarade joue le rôle du vendeur (de la vendeuse) qui vous donne le prix, puis vous commentez sur le prix annoncé. Dites votre décision de prendre ou de ne pas prendre le vêtement.

Un hypermarché

MODELE: une veste dans une boutique
Vous : *Combien coûte cette veste à rayures?*
Le vendeur : *400 Frs.*
Vous : *C'est trop cher pour moi. Non merci, je ne la prends pas.*

1. une paire de chaussures en cuir d'Italie dans un grand magasin
2. une robe de mariée (*wedding dress*) dans une boutique de luxe
3. un pullover dans un « Carrefour »[1]
4. un parka dans une boutique de station de ski
5. un manteau de fourrure chez Christian Dior
6. un tee-shirt au marché en plein air
7. un collier en argent au marché aux puces (*flea market*)
8. une cravate à fleurs dans un Monoprix (*dime store*)
9. un parapluie au Drugstore des Champs-Elysées

Paroles en action

1. « Chapeau chipé » (*ripped off*)

Observez bien ce qui se passe, puis imaginez le dialogue entre les personnages de la bande dessinée (cartoon) *ci-dessous.*

1. une chaîne d'hypermarchés (*large discount stores*) en France

2. Une expédition dans les magasins

Jouez le rôle du vendeur (ou de la vendeuse) ou bien l'un des rôles indiqués ci-dessous. Présentez tous les aspects d'une scène d'achat (lèche-vitrine; discussions de préférences; essayage; achat), dans l'un des magasins ou endroits suggérés.

I Vous êtes l'un des personnages suivants :

vous-même
un étudiant fauché (*broke*)
une étudiante qui s'habille pour la rentrée des classes
un voyageur étranger
une femme qui fait des achats pour sa lune de miel (*honeymoon*)
un mari qui achète un cadeau pour sa femme
un acteur de cinéma
une millionnaire très difficile

II Une de ces personnes vous accompagne :

votre mère
un copain du lycée
votre meilleure amie
votre fiancée
votre petit ami
votre époux
votre collègue
un cousin d'un pays étranger

III Vous êtes :

au rayon des tee-shirts aux Galeries Lafayette[1]
dans une boutique de luxe rue Saint-Honoré[2]
au marché aux puces (*flea market*)
dans une bijouterie (*jewelry store*)
à la boutique « au Far-West »
dans un magasin de sport
dans un magasin d'occasion (*second-hand*) qui vend des costumes anciens
aux boutiques hors-taxe (*duty-free*) d'un aéroport

Faire du lèche-vitrine

1. un grand magasin de Paris
2. un quartier très chic à Paris

CHAPITRE VI

« Bon Appétit! »

Chapitre de recyclage

Pensez-vous avoir assimilé le contenu des chapitres précédents? Si vous n'en êtes pas sûr, vous allez pouvoir vérifier vos connaissances dans la deuxième partie de ce chapitre.

Voyons tout d'abord le vocabulaire et certaines traditions culturelles dont vous aurez besoin pour réviser[1] dans un nouveau contexte.

Pour rendre votre travail plus agréable, nous avons choisi un endroit qui va certainement vous plaire... le restaurant. Savez-vous vous débrouiller dans un restaurant français?

1. *review*

Partie I

COMMENT SE DEBROUILLER AU RESTAURANT

Ne mettez pas les pieds
dans le plat!

Pour vous aider à ne pas mettre les pieds dans le plat,[1] voici tout d'abord quelques informations sur le savoir-vivre gastronomique français, extraits de *Gourmand, Revue Internationale du Bon Vivant*.

Où manger?

Il vous faut en premier choisir un restaurant parmi les mille possibilités qui vous attendent :

—un bistrot, c'est-à-dire un petit restaurant de quartier pas cher[2]

—un café-restaurant qui sert uniquement des repas simples

—une brasserie, c'est-à-dire un café se spécialisant dans la bière où l'on peut aussi manger

---

1. faire une erreur d'étiquette
2. En France, un bistrot est le plus souvent un simple café de quartier.

—un restaurant « à étoiles »; par exemple, *Le Guide Michelin* classifie les meilleures tables à l'aide d'étoiles et de fourchettes. Voici sa classification :

Le choix

d'un restaurant

LA TABLE

Les étoiles : voir les cartes p. 54 à 61.

En France, de nombreux hôtels et restaurants offrent de bons repas et de bons vins.

Certains établissements méritent toutefois d'être signalés à votre attention pour la qualité de leur cuisine. C'est le but des étoiles de bonne table.

Nous indiquons pour ces établissements trois spécialités culinaires et des vins locaux. Essayez-les, à la fois pour votre satisfaction et pour encourager le chef dans son effort.

✻ 523 — **Une bonne table dans sa catégorie.**
L'étoile marque une bonne étape sur votre itinéraire.
Mais ne comparez pas l'étoile d'un établissement de luxe à prix élevés avec celle d'une petite maison où à prix raisonnables, on sert également une cuisine de qualité.

✻✻ 65 — **Table excellente, mérite un détour.**
Menus et vins de choix, ... Attendez-vous à une dépense en rapport.

✻✻✻ 18 — **Une des meilleures tables de France, vaut le voyage.**
Tables merveilleuses, gloire de la cuisine française.
Grands vins, service impeccable, cadre soigné, ...
Prix en conséquence.

CLASSE ET CONFORT

XXXXX	**Restaurant** de grand luxe
XXXX	Restaurant de luxe
XXX	Restaurant très confortable
XX	Restaurant de bon confort
X	Restaurant simple, convenable
✻✻✻	La table vaut le voyage
✻✻	La table mérite un détour
✻	Une bonne table
R 16	Repas soigné à prix modérés
☕	Petit déjeuner
sc	Service compris
	Menu à moins de 15 F

Les bonnes tables... à étoiles

✻✻✻ **3 étoiles**

		Arr.	Page
XXXXX	Lasserre	8e	25
XXXXX	Taillevent	8e	25
XXXXX	Tour d'Argent	5e	20
XXXX	Grand Vefour	1er	16
XXX	Archestrate	7e	22
XXX	Vivarois	16e	32

Guide France du Pneu Michelin, Edition 1978

Votre décision dépend, bien sûr, de vos goûts, mais hélas, encore plus de votre porte-monnaie![1] Menus et prix sont presque toujours à l'entrée des restaurants.

1. *wallet*

Que manger?

Une fois assis à votre table, vous avez une autre décision à prendre : soit prendre un menu à prix fixe (choix limité de plats dans une série de catégories, normalement un hors d'œuvre, une entrée,[1] un plat de viande, et un fromage ou un dessert), soit manger à la carte (choix beaucoup plus vaste mais qui coûte plus cher).

Dans les grands repas traditionnels, l'ordre est le suivant :

Plats	*Boissons* (beverages)	
	Apéritif	Boisson alcoolisée servie avant le dîner : Kir, Martini, Ricard, etc.
Hors d'œuvre		
Potages (*soups*)		
Poissons	Vins et eau naturelle et minérale	Il est à remarquer que ni le café ni le coca-cola, ni le thé glacé ne sont servis avec le repas. Eaux naturelles : Evian, Vittel, etc. Eaux gazeuses : Perrier, Vichy, etc.
Entrées		
Viandes ou Volaille (*poultry*)		
Légumes		
Salade verte		Servie uniquement avec sauce vinaigrette maison.
Fromages		Il y a plus de 400 sortes de fromages français!
Desserts		
	Café	Café noir servi uniquement après le repas.
	Digestif	Liqueur servie après le café : Cognac, Grand Marnier, Cointreau, etc.

1. *course after the appetizer and soup, preceding the main course*

	Dénomination des plats (en français)	Dénomination des plats (en anglais)
HORS-D'ŒUVRE	TERRINE DU CHEF	chef's special pâté
	CRUDITES	chopped raw vegetables in vinaigrette sauce
	HUITRES (LA DOUZAINE)	oysters on the half shell
	OEUF A LA GELEE AU JAMBON	hard-boiled eggs in aspic with ham
	CHAMPIGNONS A LA GRECQUE	mushrooms in oil and spices
	FONDS D'ARTICHAUTS	artichoke hearts
	FOIE GRAS DE CANARD TRUFFE	liver pâté with truffles
	ESCARGOTS DE BOURGOGNE	snails with butter and garlic
	QUICHE LORRAINE	open-faced pie with ham
	OMELETTE AUX FINES HERBES	omelette with spices
POTAGES	POTAGE CULTIVATEUR	vegetable soup
	SOUPE A L'OIGNON GRATINEE	onion soup with cheese
	BOUILLABAISSE MARSEILLAISE	Marseille-style fish soup
	VICHYSSOISE	potato and leek soup
	BISQUE DE HOMARD	cream soup with lobster
POISSONS	MOULES A LA MARÍNIERE	steamed mussels
	COQUILLES SAINT-JACQUES	scallops
	SOLE MEUNIERE	sole in butter and lemon
	TRUITE AUX AMANDES	trout with almonds
	ESCALOPE DE LOTTE PANEE	pan-fried angler fish
	SAUMON FUME	smoked salmon
VOLAILLES	POULET ROTI	roast chicken
	COQ AU VIN	stewed chicken in wine
	CANARD A L'ORANGE	duck in orange sauce
VIANDES ET GARNITURES	BLANQUETTE DE VEAU	veal stew
	CHOUCROUTE	sauerkraut
	ENTRECOTE GRILLEE	thin grilled steak
	GIGOT D'AGNEAU	leg of lamb
	ROGNONS DE VEAU	veal kidneys
	ESCALOPE DE VEAU A LA CREME	veal cutlets in cream sauce
	COTELETTE DE PORC	pork chops
	RIS DE VEAU	veal sweetbreads
	GRILLADES AU FEU DE BOIS	charcoal-grilled meats
	CUISSES DE GRENOUILLE	frog legs
	TOURNEDOS MAITRE D'HOTEL	beef filet grilled with butter
ENTREMETS ET PATISSERIES	CREME CARAMEL	custard in caramel sauce
	TARTE AUX POMMES	open-faced apple pie
	MOUSSE AU CHOCOLAT	chocolate pudding
	SORBET MAISON	homemade sherbet
	POIRE BELLE HELENE	pear with vanilla ice cream in chocolate sauce
	PECHE MELBA	peach with vanilla ice cream in raspberry sauce
	BABA AU RHUM	spongecake in rum sauce
	CHOUX CHANTILLY	cream puffs with whipped cream
	SOUFFLE AU GRAND MARNIER	soufflé with Grand Marnier liqueur
	OMELETTE NORVEGIENNE	baked Alaska

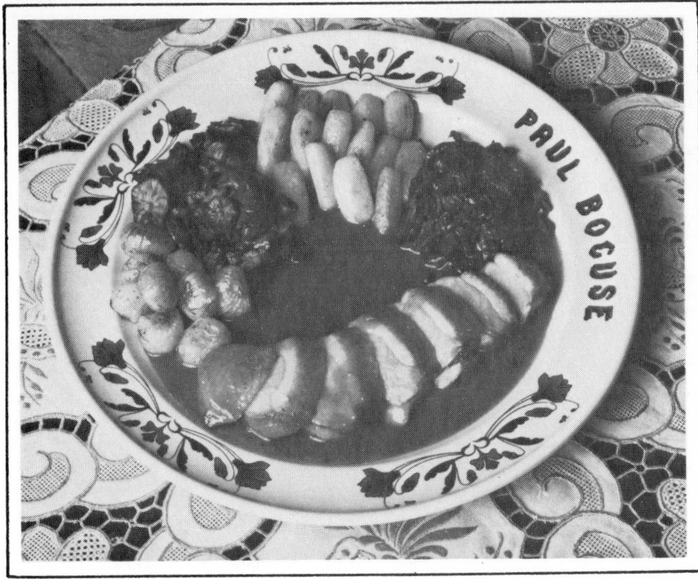

Une assiette typique chez Paul Bocuse

Comment commander?

Le serveur : Qu'est-ce que vous prenez?

Vous : Pour commencer, je prendrai la terrine du chef. Ensuite, je voudrais l'entrecôte, à point,[1] s'il vous plaît.

Le serveur : Et comme boisson?

Vous : Une carafe de vin rouge et une bouteille de Vittel, s'il vous plaît.

(A la fin du repas)

Le serveur : Prendrez-vous un dessert?

Vous : J'aimerais une tarte aux pommes, et ensuite un café, s'il vous plaît.

menu

Le Menu touristique

Assiette de crudités
ou
Terrine du chef
ou
Oeuf en gelée

Coq au vin
ou
Entrecôte grillée
ou
Blanquette de veau

Salade Verte

Plateau de fromages
ou
Crème Caramel
ou
Tarte aux pommes

---

1. La viande est servie « bleu » (*very rare*), « saignant » (*rare*), « à point » (*medium rare*), ou « bien cuit » (*well done*).

RESTAURANT

au COCHON d'OR

René AYRAL - 192, av. Jean-Jaurès 75019 PARIS

R.C. SEINE 69B030604 B PARIS ☎ 607 23-13 208 39-81

Hors-d'œuvre . . .	60
Huîtres et Coquillages .	
Poissons	
Entrées	
Spécialités	
Viandes	116
Légumes et Salades .	
Fromages	15
Desserts	
Cafés	6
Apéritifs Jus de fruits Eaux minérales . . .	25
Cave Brouilly ½	25
TOTAL . . .	224,50
Service . . .	33,50
Divers . . .	
TOTAL . . .	258,00

Une note de restaurant

Comment demander l'addition?

Après le repas, la serveuse (ou le garçon) ne vous apporte l'addition[1] que sur votre demande. Et surtout, n'oubliez pas de vérifier si le service est compris (indiqué souvent par **prix net**). En cas de service non-compris, laisser en supplément un pourboire[2] de 15% (quinze pour cent).

Vous : Garçon, l'addition s'il vous plaît.

Le serveur : Oui, tout de suite, Monsieur (Madame).

(Au bout de quelques minutes)

Vous : Le service est compris, n'est-ce pas?

Le serveur : Oui, Monsieur (Madame).

Entraînons-nous!

1. **Jeu de mots**

Essayez de trouver les mots qui manquent. Ecrivez ces mots en mettant une lettre par case (per box).

1. En France la boisson alcoolisée que l'on boit avant le dîner s'appelle un ☐☐☐☐☐☐☐☐☐.

1. Addition = *check*. On l'appelle quelquefois en plaisantant (pour rire) « la douloureuse. »
2. *tip*

2. Pour manger de la cuisine familiale dans un petit restaurant, on va dans un ☐☐☐☐☐☐☐ de quartier.
3. A la fin du repas, on demande l'☐☐☐☐☐☐☐☐ au garçon.
4. Pendant le repas on boit souvent du vin et de l'eau ☐☐☐☐☐☐☐☐.
5. En cas de service non-compris, on laisse un ☐☐☐☐☐☐☐☐☐ de 15%.
6. Un Cognac se boit comme ☐☐☐☐☐☐☐☐.
7. Quand on veut choisir des plats de chaque catégorie, on prend le menu à ☐☐☐☐ fixe.
8. Le pâté est servi comme ☐☐☐☐-☐’☐☐☐☐☐☐.
9. L'endroit qui se spécialise dans la bière s'appelle une ☐☐☐☐☐☐☐☐☐.

2. Feriez-vous un bon espion?

*Vous êtes candidat(e) pour devenir espion (espionne) en France. Votre gouvernement vous fait passer (*take*) le test suivant pour voir si vous pouvez passer pour un(e) « vrai(e) Français(e). » Dites **vrai** ou **faux** aux déclarations suivantes. Si la réponse est fausse, corrigez-la!*

MODELE: Vous buvez fréquemment du café pendant le dîner.
Faux! On ne boit le café en France qu'à la fin du repas.
Examen pour devenir espion (espionne) :

1. Dans les repas traditionnels, vous mangez la salade verte avant la viande.
2. Les meilleures tables sont indiquées par des étoiles.
3. On a plus de choix en prenant un menu qu'en mangeant à la carte.
4. S'il est marqué « prix net » sur la carte, il faut que vous laissiez un pourboire de 15% en supplément.
5. Le fromage est toujours servi entre le plat principal et le dessert.
6. Le café ordinaire est servi habituellement sans crème.
7. Vous commandez une pêche melba comme poisson.
8. Quand vous commandez de la salade, vous avez le choix entre plusieurs sortes de sauces : française, italienne, russe, « mille îles. »
9. Vous commandez un Grand Marnier comme digestif.
10. Vous demandez un plateau de fromages pour accompagner votre apéritif.

3. Composez vous-même un menu!

En vous servant des plats indiqués dans Gourmand *à la page 110, créez vos propres* (own) *menus. Dites ce que vous choisiriez pour le dîner dans les cas suivants :*

1. Si vous pouviez commander votre repas favori sans grossir?
2. Si vous étiez un P.D.G. (Président-directeur général) et commandiez pour un(e) client(e) très important(e)?
3. Si vous composiez un menu pour représenter la cuisine française dans un concours (*contest*) culinaire?
4. Si vous étiez un gourmet de première classe dans un restaurant à deux étoiles?
5. Si vous alliez recevoir le premier ministre?
6. Si vos amis étaient végétariens?
7. Si votre famille était au régime (*on a diet*)?
8. Si votre époux (épouse) avait eu une indigestion?

4. Savez-vous répondre au serveur?

Voici un menu. Donnez les réponses convenables (suitable) *au garçon (ou à la serveuse) qui vous pose les questions suivantes.*

1. Une table pour combien?
2. Voulez-vous voir la carte ou le menu à prix fixe?
3. Qu'est-ce que vous désirez comme hors-d'œuvre?
4. Et ensuite, Monsieur (Madame)?
5. Désolé, nous n'en avons plus.
6. Comment voulez-vous votre entrecôte?
7. Prendrez-vous un dessert?
8. Voulez-vous autre chose?

— ... et ensuite...

Partie II

POT-POURRI AU RESTAURANT
REVISION DES CHAPITRES I, II, III, IV et V

Dans le contexte du restaurant que vous connaissez maintenant, nous allons réviser les « actes de paroles » que vous avez étudiés jusqu'ici : salutations, présentations, invitations, demandes de renseignements, réponses, préférences, désirs. Nous vous suggérons les « Paroles en action » qui suivent. Amusez-vous bien!

Paroles en action de révision

1. Où dînons-nous ce soir?

*(Révision des chapitres III, IV et V : Demandes de renseignements, réponses, préférences; employer **tu** et **vous**)*

Un jeune couple de touristes vient d'arriver en ville et demande au chef de réception de l'hôtel de leur recommander un bon restaurant. Le chef de réception leur suggère le choix de restaurants suivants. Le couple discute où ils préfèrent manger.

2. Trop tard!

(Révision des chapitres II et V : Invitations, préférences; employer ***tu***

Stéphanie invite son amie Marie à dîner au restaurant. Elles hésitent entre un repas de grande cuisine au « Pré aux Clercs—Trois Faisans » et la « cuisine minceur »[1] *de Paul Bocuse. La discussion dure* (lasts) *si longtemps qu'elles n'arrivent au restaurant qu'à 13 h 30, quand il n'y a plus rien à manger. Elles sont obligées de manger dans un café, « La Madeleine. »*

Menus

Le Pré aux Clercs
Trois Faisans

LE RENDEZ-VOUS GASTRONOMIQUE DES GENS DE BONNE COMPAGNIE

Mme HENRI COLIN

13, PLACE DE LA LIBÉRATION . 21. DIJON . TÉL. (80) 32.02.21

- 84 FRS taxes et service 13 % inclus -

Le Jambon Persillé Dijonnais
ou La Salade Grand'Mère
Les six escargots à la Bourguignonne

L'Escalope de Lotte Panée à l'Anglaise Sauce Tartare
ou La Matelotte de Rouget Grondin au Curry

La Noisette d'Agneau sautée à l'échalotte
L'Entrecôte " Amoureuse "
ou Le Médaillon de Veau des Gourmets

Les Fromages

Les Desserts Maison

A toute heure :

Croque-Monsieur 4,50
Assiette Crudités 5,00
Salade de Tomate 4,50

Salade Niçoise 8,00
crudites, tomate, œuf dur, poivrons, thon, anchois — fresh vegetables, tomatoe, chilli, eggs, tunny fish, anchovies

Salade Exotique 8,00
laitue, tomate, cœur de palmier, pomme, noix, ananas — lettuce, tomatoes, palmtree heart, apple, nut pineapple

Salade « Basses Calories » 8,00
laitue tomate, œufs dur, gruyere, poulet froid — lettuce, tomatoes, eggs, swiss cheese, cold chicken

Jambon de Paris 8,50
Jambon de Parme 12,00
Viandes froides assorties 12,00
Charcuteries variées 12,00

SANDWICHES

Jambon, Fromage, Ail, Pâté de foie, Salami 3,00
Jambon et Gruyère 4,00
Terrine du Chef 5,00
Rosbeef 6,00
Jambon de Parme 7,50

Menu du café « La Madeleine »

Menu

Terrine de foie gras frais du périgord dans sa gelée au Xérès
ou
Saumon frais sauvage à l'aneth, sauce aux câpres, pain de campagne grillé

Loup en croûte de la Méditerranée farci mousse de homard sauce choron
ou
Filet de carpe de la Dombes en meurette

Sauté de ris de veau et poulet de Bresse aux champignons des bois
ou
Émincé de veau blanc et rognons sur un coulis de tomates

Plateau de fromages sélectionnés par la Mère Richard

Délices et gourmandises, petits fours
Corbeille de fruits

220.

Menu chez Paul Bocuse

1. Une nouvelle cuisine développée il y a quelques années qui essaie d'alléger (*lighten*) la grande cuisine française tout en conservant un goût délicat et une présentation esthétique.

3. A la Rôtisserie Tourangelle

(Révision des chapitres I, III, et IV : Salutations, présentations, renseignements, directions; employer **vous***)*

Vous avez consulté Le Guide Michelin, *et vous avez choisi « La Rôtisserie Tourangelle, » 23 rue du Commerce, Tours. Vous êtes maintenant à la gare de Tours, et vous téléphonez à la Rôtisserie Tourangelle pour faire des réservations pour un déjeuner d'affaires, et pour demander les indications pour vous rendre au restaurant.*

*Arrivé au restaurant, surprise! Vos amis espagnols, les Martinez, que vous n'avez pas vus depuis votre lune de miel (*honeymoon*) sur la Costa Brava, sont assis à la table à côté!*

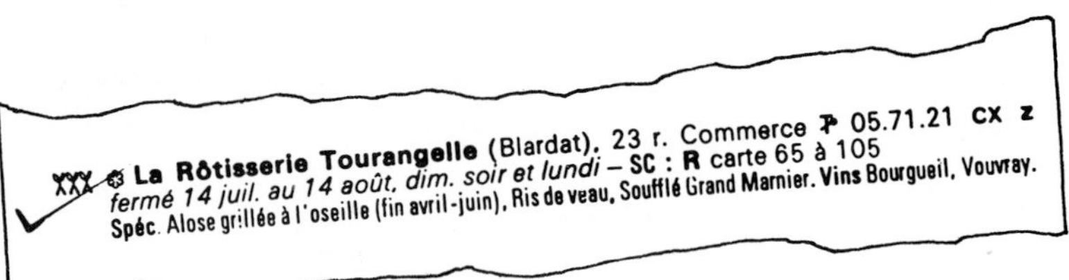

XXX **La Rôtisserie Tourangelle** (Blardat), 23 r. Commerce ☎ 05.71.21 **CX z**
fermé 14 juil. au 14 août, dim. soir et lundi – **SC : R** carte 65 à 105
Spéc. Alose grillée à l'oseille (fin avril-juin), Ris de veau, Soufflé Grand Marnier. **Vins** Bourgueil, Vouvray.

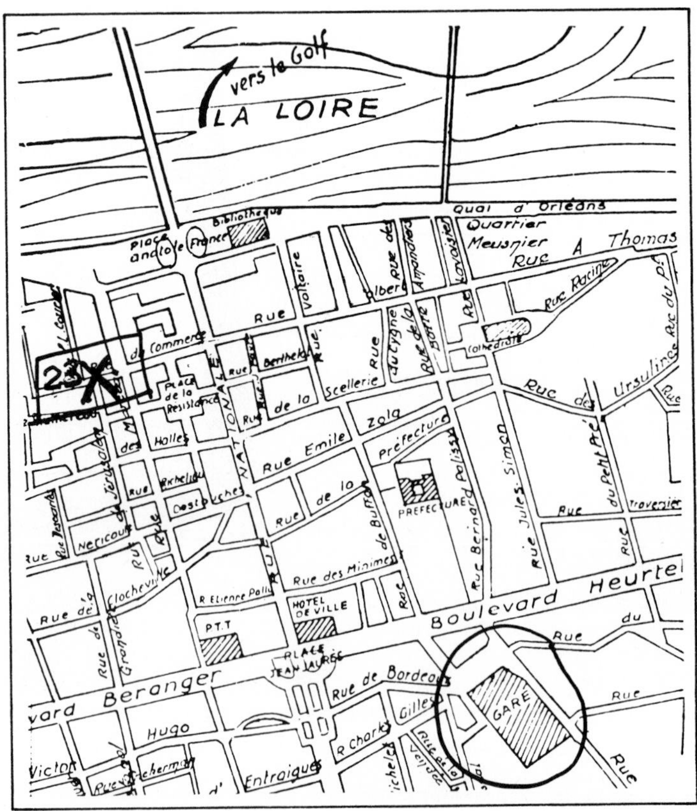

Plan de la ville de Tours

4. L'amour de ma vie?

(Révision des chapitres I, II, III, IV, et V : Discussion sur soi-même, invitations, demandes de renseignements, réponses aux demandes de renseignements, préférences, désirs; employer ***tu*** *et* ***vous****)*

A. Au téléphone

Un couple d'amis voudrait que vous fassiez la connaissance d'un jeune homme (d'une jeune femme) charmant(e), et vous téléphone pour vous inviter à venir dîner tous ensemble au restaurant. Un peu nerveux (nerveuse), vous voulez savoir les renseignements suivants :

Sur le jeune homme (la jeune femme) : son nom, sa profession, ses loisirs préférés, ce qu'il (elle) aime et déteste manger, comment vous devez vous habiller pour lui plaire.

Sur le restaurant où vous allez : le nom, l'adresse, les indications pour s'y rendre, l'heure de la réservation, les spécialités du restaurant.

B. Au restaurant

Le soir du rendez-vous, imaginez la rencontre, les commandes faites au garçon, et votre conversation pendant le repas.

5. Bon appétit!

*Divisez-vous en petits groupes. Choisissez un type de restaurant différent et préparez une « Paroles en action » originale (tragique? comique? dramatique?) en illustrant au moins trois des « actes de parole » que vous avez étudiés au cours des chapitres précédents (présentations, salutations, invitations, questions, réponses, préférences). Présentez votre production aux autres groupes. Si vous avez l'esprit de compétition, votez pour décider quelle est la meilleure représentation et cotisez-vous (*chip in*) pour offrir à ses acteurs un repas français!*

Variante : Vous pouvez aussi cuisiner vous-même des plats français et les servir au cours de votre « Paroles en action. » Et bon appétit!

Maintenant il faut régler la douloureuse

VII. De « Ah ... à Zut! »

Comment exprimer ses émotions

VIII. « Voilà ce qui s'est passé ... »

Comment raconter et décrire

IX. Pour ou contre?

Comment exprimer son opinion

X. Autour du monde en français!

Chapitre de recyclage

NIVEAU II

CHAPITRE VII

De « Ah … à Zut! »[1]

Comment exprimer ses émotions

Vous apprenez qu'un ami va se marier! Votre petit ami vous surprend avec un gros bouquet de fleurs! Vous avez fait la queue[2] pendant une demi-heure quand quelqu'un vous passe devant! Dans un tel cas, il ne suffit pas de faire des phrases inexpressives mais plutôt d'utiliser des expressions qui traduisent bien vos sentiments du moment. Mais quels éléments contribuent à rendre votre conversation expressive… ?

l'expression du visage?

le geste?

le choix des mots?

Ou bien, est-ce l'effet total?

© 1967 United Feature Syndicate, Inc.

1. titre d'une rubrique (*heading*) du journal satirique *Le Canard enchaîné*

2. *stood in line*

Partie I

REACTIONS SPONTANEES

Il s'agit dans cette première partie de réactions immédiates qui seront les vôtres quand vous apprendrez une nouvelle ou quand vous voudrez commenter sur une expérience vécue. Vous serez ainsi capable d'exprimer toute une gamme[1] d'émotions telles que l'enthousiasme, l'indifférence, le mécontentement, etc.

INSTRUMENTS DE BASE I

Que dire quand vous apprenez une nouvelle

1. *range*

Cas 1 : Vous êtes enthousiaste, indifférent(e), ou mécontent(e)

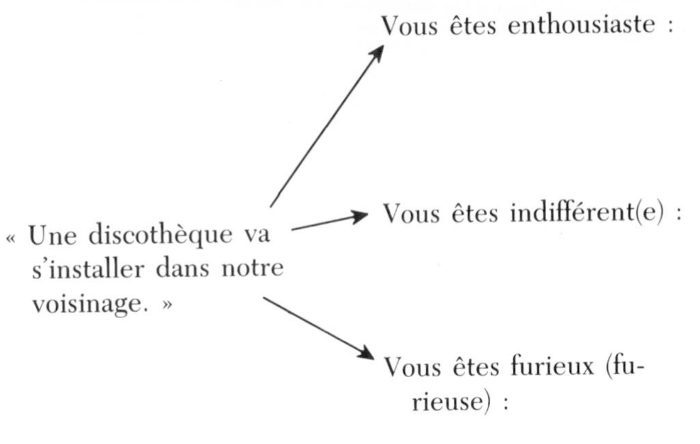

Vous êtes enthousiaste :
- Quelle bonne nouvelle!
- Sensationnel!
- J'en suis très heureux (heureuse).
- Formidable!

Vous êtes indifférent(e) :
- C'est sans importance.
- Ça me laisse froid.
- Bof… ça m'est égal.[1]
- Je m'en fiche. (fam.)[2]

Vous êtes furieux (furieuse) :
- Quel scandale!
- C'est dégoûtant!
- Oh non, alors! C'est inadmissible!
- Ça me rend malade!

Entraînons-nous!

1. Les manchettes de journaux (*headlines*)

Votre camarade lit pour vous à haute voix les manchettes suivantes. Réagissez (react) *d'une façon appropriée à chaque annonce.*

MODELE: On vous lit : GREVE D'ENSEIGNANTS AU CENTRE DE FORMATION D'APPRENTIS DE LA RÉGION PARISIENNE

Vous réagissez : *Oh non, alors! C'est inadmissible!*

1. *It's all the same to me.*
2. *I don't care.*

2. Quoi de neuf?

Vous annoncez à votre camarade une nouvelle personnelle ou d'actualités qui le rend enthousiaste, indifférent ou mécontent. Puis, votre camarade exprime sa réaction. A son tour, votre camarade vous annonce une nouvelle et vous réagissez.

MODELE: **Vous :** *Mon amie vient d'avoir un bébé!*
Votre camarade : *Formidable!*
Votre camarade : *Sais-tu que le coût de nos études va augmenter de 10% l'année prochaine?*
Vous : *Cette nouvelle me rend malade!*

Cas 2 : Vous êtes surpris(e)

Vous êtes agréablement surpris(e) :	Ça alors! Chic alors! Quelle bonne surprise! Je suis vraiment étonné(e). Quelle chance! Je n'en reviens pas![1]
Vous êtes désagréablement surpris(e) :	Zut alors! Ah non, ce n'est pas possible! Je n'arrive pas à le croire... quelle catastrophe!
Vous êtes déçu(e)[2] :	Je suis vraiment déçu(e). Quel dommage... je suis très désappointé(e). C'est très décevant.[3]

Entraînons-nous!

Double surprise!

Chacune des nouvelles suivantes a deux parties : une bonne surprise suivie d'une surprise désagréable. D'abord, vous apprenez la bonne nouvelle et y réagissez; ensuite, vous apprenez la mauvaise nouvelle et y réagissez aussi.

MODELE: **On vous annonce :** Voici une robe que ta tante t'envoie pour ton anniversaire...
Vous dites : *Chic alors! Quelle bonne surprise!*
Puis, on vous annonce : ... mais c'est une 48 et toi, tu fais 40!
Vous dites : *Oh non, je suis vraiment déçue.*

---

1. *I can't get over it!* 2. *disappointed* 3. *disappointing*

Voici la bonne nouvelle... :	puis, la mauvaise nouvelle... :
1. Je t'invite! J'ai deux billets pour la compétition de parachutisme aujourd'hui...	... mais malheureusement, la météo (*weather report*) annonce une grande tempête!
2. Chérie, je t'emmène à mon congrès (*convention*) de médecine à Buenos Aires la semaine prochaine...	... à condition qu'on emmène ma mère, le bébé, et le chien.
3. Dis, ton chanteur favori chante à « L'Olympia »[1] cette semaine...	... mais, malheureusement, il ne reste plus de places!
4. Notre examen n'aura pas lieu à cause de la neige...	... mais il est remis (*rescheduled*) à samedi matin à 8 h.!
5. Madame, je suis très heureux de vous apprendre que vous avez gagné le gros lot (*first prize*) à la loterie...	... mais je dois vous dire que le gouvernement fédéral va en prendre 90% en taxes.
6. Allô? Bonjour, ma vieille. C'est moi, Yvette, ton ancienne amie d'Alaska. Je viens d'arriver à l'aéroport de ta ville...	... mais mon avion part dans dix minutes et je ne peux pas passer te voir.
7. Allô? Papa? Ça y est! Je l'ai—ce fameux poste (travail) dont je t'ai tant parlé...	... mais il faut que je te dise aussi que, malheureusement, Gérard a perdu son travail à la banque aujourd'hui.

Cas 3 : Vous félicitez ou consolez votre ami(e)

« Sophie Aubert voit son nom sur la liste. Quelle joie! Elle peut entrer à l'université. »

1. scène où passent les grands chanteurs français

Vous félicitez un(e) ami(e) qui est reçu(e)[1] :

Félicitations!
Bravo!
Je suis ravi(e) pour toi!
Chapeau! (fam.)

Vous consolez un(e) ami(e) qui a échoué[2] :

Quelle malchance!
C'est vraiment dommage... je te plains.
Ne t'inquiète pas, ce n'est pas la fin du monde.
Ecoute, ne t'en fais pas,[3] ça peut arriver à tout le monde.

Entraînons-nous!

Tant mieux, tant pis!

Félicitez ou consolez votre interlocuteur quand il (elle) vous apprend les nouvelles suivantes :

MODELE : **Votre copine :** J'ai perdu au tournoi de tennis.
Vous : *Ecoute, ne t'en fais pas, ça peut arriver à tout le monde.*

1. **Votre cousin dit :** Devine (*guess*) quoi! J'ai gagné un voyage à Tahiti!
2. **Votre père vous dit :** Ma demande d'admission a été refusée au club de yachting.
3. **Votre frère vous dit :** Grâce à moi (*thanks to me*), mon équipe de basket a gagné le grand match!
4. **Votre sœur et son mari vous annoncent :** Nous avons acheté une jolie petite maison à la campagne!
5. **Une de vos camarades de classe vous dit :** Je suis tombée sur la glace pendant l'entraînement, et je me suis cassé la jambe et je ne peux pas participer au championnat de hockey sur glace.
6. **Votre grand ami vous dit :** Tu sais, j'ai été choisi pour le rôle principal dans la pièce que nous montons pour le festival.
7. **Votre meilleure amie vous annonce en pleurant :** Je me suis disputée avec Clément.

Révision des Instruments de base I

1. Le malheur des uns fait le bonheur des autres! (*What's bad for some is good for others!*)

Groupez-vous par cinq. Une personne de chaque groupe apprend aux autres la nouvelle indiquée. Les autres participants prennent chacun l'un des quatre rôles proposés et réagissent différemment selon leur rôle.

---

1. *who passed his (her) exams*
2. qui n'a pas réussi à l'examen
3. ne t'inquiète pas

MODELE: Notre école doit fermer ses portes deux mois avant la fin de l'année scolaire parce que nous n'avons plus d'argent!

Vous êtes un professeur.	Vous êtes un cancre (étudiant paresseux).	Vous êtes un parent d'élèves.	Vous êtes un retraité sans enfants.
« On non, alors! C'est inadmissible! »	*« Formidable! »*	*« Je n'arrive pas à y croire... quelle catastrophe! »*	*« Bof... ça me laisse froid. »*

1. Raymond vient d'être mis à la porte (expulsé) de l'école!

Raymond est votre meilleur ami.	Raymond est votre plus grand rival au hockey.	Raymond est votre élève favori.	Vous êtes le père de Raymond.

2. Geneviève va se marier avec Jacques Bernard!

Vous êtes l'ancien petit ami de Geneviève et vous l'aimez toujours.	Vous êtes la meilleure amie de Geneviève et vous trouvez Jacques Bernard très sympathique.	Vous êtes la mère de Geneviève et vous vouliez qu'elle fasse un meilleur mariage.	Vous êtes un voisin qui ne connaît très bien ni Geneviève ni Jacques Bernard.

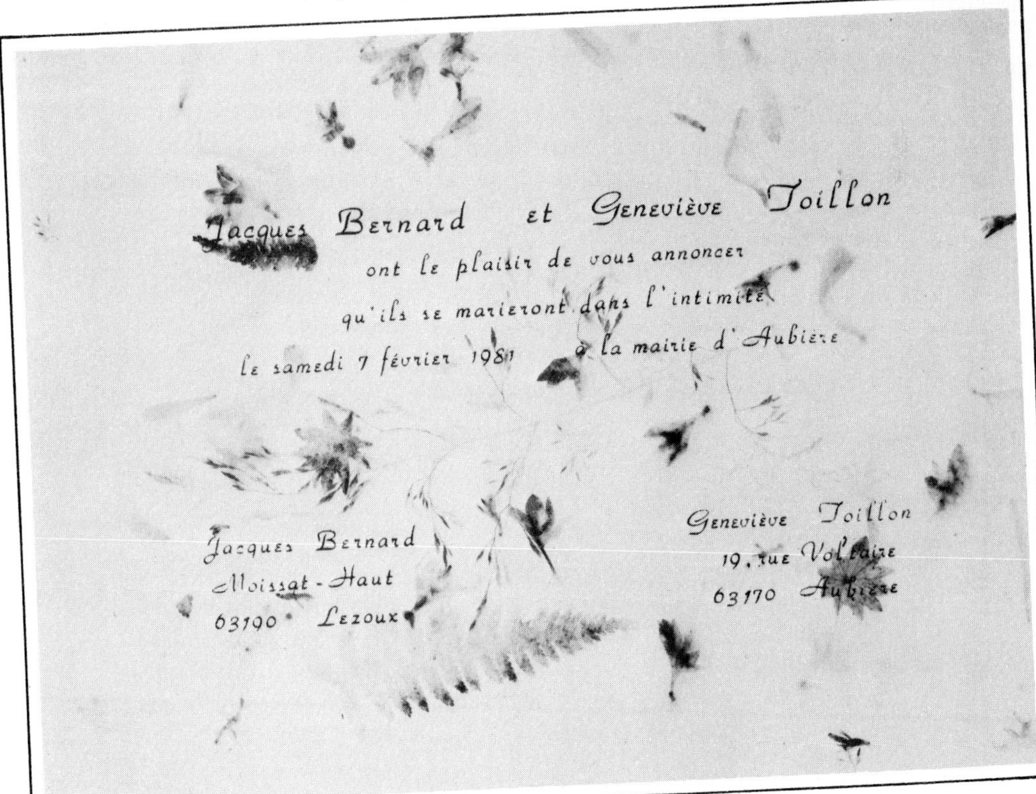

Jacques Bernard et Geneviève Toillon
ont le plaisir de vous annoncer
qu'ils se marieront dans l'intimité
le samedi 7 février 1981 à la mairie d'Aubière

Jacques Bernard
Moissat-Haut
63190 Lezoux

Geneviève Toillon
19, rue Voltaire
63170 Aubière

Le faire-part de mariage de Geneviève

3. Le prix de l'essence va augmenter de 20%.

Vous êtes un ouvrier qui fait une heure de voiture par jour pour aller à l'usine.	Vous êtes propriétaire de 500 actions en bourse (*shares of stock*) de la société Exxon.	Vous êtes un cheik au Kuwait.	Vous êtes propriétaire d'une petite station-service.

4. Votre ville vient d'être choisie comme site pour les prochains jeux Olympiques.

Vous êtes un fanatique du sport.	Vous êtes le patron d'un restaurant.	Vous êtes le chef de la police.	Vous habitez loin de la ville et ne savez pas grand'chose au sujet des sports.

5. Marie-Françoise Marchand fait un héritage inattendu (*unexpected*).

Vous êtes son mari.	Vous êtes un cousin qui comptiez recevoir cet héritage.	Vous êtes une excellente amie de Marie-Françoise.	Vous êtes la présidente d'une fondation charitable qui connaît très bien Mme Marchand.

2. Qu'est-ce qui t'est arrivé cette semaine?

Au cours d'une semaine, il nous arrive toujours des incidents heureux ou malheureux. Essayez de les exprimer et entraînez-vous à donner une réaction appropriée en utilisant toutes les expressions déjà apprises dans ce chapitre.

MODELE: ***Votre ami(e) :*** *Qu'est-ce qui t'est arrivé cette semaine?*
Vous : *J'ai perdu toutes mes clefs hier!*
Votre ami(e) : *Quelle malchance!*

Paroles en action

La « Transat »[1] en bateau à voiles

Vous n'avez lu aucun journal pendant que vous participiez à cette course en bateau. Peu de temps après votre arrivée aux Caraïbes, vous demandez à un(e) ami(e) ce qui s'est passé dans le monde pendant les trois semaines qu'a duré le voyage. Votre ami(e) vous annonce les grandes nouvelles mondiales (élections? coups d'état?

1. la traversée de l'océan Atlantique en solitaire

guerres?) aussi bien que les nouvelles de votre région : ouverture d'un grand magasin? une grande réception? panne d'électricité (black-out) *pendant 12 heures? etc. Vous réagissez à chaque nouvelle annoncée.*

En différé... — ***NAUTISME*** — **...de Portsmouth**

La « Transat » en double

DÉPART

A l'heure du déjeuner, 115 bateaux (dont 35 multicoques) devaient prendre le départ de la 2e course transatlantique en double. La première avait été remportée, à l'issue d'un final de toute beauté, par Eugène Riguidel et Gilles Gahinet, victorieux « au sprint » du bateau d'Eric Tabarly. Comme dans l'édition précédente, les bateaux admis au départ sont équipés de balises Argos permettant de connaître à tout moment la position des concurrents. Des bateaux inscrits, le plus grand est le « Jacques Ribourel » d'**Olivier de Kersauzon** et le plus impressionnant le « Kriter VIII » (un monocoque) où sont associés **Michel Malinovsky** et **Joël Charpentier.** Parmi les candidats les plus sérieux à la victoire, il faut citer « Télé Sept Jours » de **Michael Birch**, « Chaussettes Kindy » de **Philippe Poupon,** « Paul Ricard » d'**Eric Tabarly,** « Elf Aquitaine » de **Marc Pajot,** « Gauloises IV » d'**Eric Loizeau,** « Lesieur Tournesol » d'**Eugène Riguidel,** « Gautier IV » de **Jean-Yves Terlain** et « Royale » de **Loïc Caradec.**

115 bateaux au départ de la 2e course transatlantique

On parle de la « Transat » dans le journal.

INSTRUMENTS DE BASE II
Que dire quand vous portez un jugement

Souvent quand nous parlons d'une expérience qui nous est arrivée, ou commentons un spectacle que nous avons vu, nous exprimons nos sentiments : par exemple, le plaisir, le mécontentement, l'appréciation, l'admiration, etc. En France, d'ailleurs, l'individu est souvent jugé d'après son « esprit critique, » qui est considéré comme une qualité. Vous allez maintenant avoir l'occasion de développer votre propre esprit critique.

Cas 1 : Vous commentez un spectacle que vous avez vu

Vous sortez du cinéma. →

- Vous avez apprécié :
  - C'était génial![1]
  - Je n'ai jamais rien vu de si beau!
  - Je trouve ce film remarquable!
- Vous avez bien ri :
  - C'était drôle comme tout!
  - C'était à mourir de rire!
  - C'était très marrant! (fam.)[2]
- Vous n'avez pas aimé :
  - Je n'ai pas apprécié du tout!
  - C'était vraiment moche. (fam.)[3]
  - Quelle médiocrité!
  - Quel navet! (fam.)[4]

EXPRESSIONS EN DIRECT

pour commenter un film :

l'actrice principale : l'acteur principal : l'actrice secondaire : l'acteur secondaire :	très expressif(ive) très bon(ne) émouvant(e) *moving* attachant(e) *fascinating* drôle sans vie médiocre

pour commenter une pièce :

l'action :	rapide exaltante *exciting* lente ennuyeuse *boring*

1. formidable!
2. amusant
3. affreux
4. *What a lemon!*

la mise en scène :	splendide laisse à désirer *leaves something to be desired*	le décor *scenery* :	bien fait grandiose affreux sombre
le scénario *script* :	stimulant touchant banal	les costumes :	soignés *carefully done* originaux laids
la photographie :	spectaculaire minable *poor*		
la musique :	sublime irritante		

Entraînons-nous!

1. A l'entracte (*at intermission*)

Pouvez-vous donner les commentaires des spectateurs?

L'acteur principal est très attachant, n'est-ce pas?
Je le trouve remarquable.
Quel navet!
Oui, tu as raison, le décor est trop sombre.
THE ELEPHANT MAN

2. A vous de juger!

On vous demande votre opinion sur un film (une pièce de théâtre, une émission de télévision, etc.) que vous avez vu récemment. Votre réponse doit comprendre trois éléments : le titre, votre jugement général sur l'ensemble, et un commentaire sur un aspect spécifique du film (de la pièce, de l'émission, etc.). Vous pouvez utiliser le vocabulaire suggéré, dans vos réponses.

MODELE: **On vous demande :** *Qu'est-ce que tu as vu récemment?*
Vous répondez : *J'ai vu* Le Bourgeois Gentilhomme *de Molière. C'était à mourir de rire! L'acteur principal était particulièrement drôle!*
ou : *J'ai vu le dernier épisode de la série « General Hospital » à la télé. L'action était très lente et leurs costumes,... pouah! Comme ils étaient moches!*

Cas 2 : Vous commentez une expérience vécue

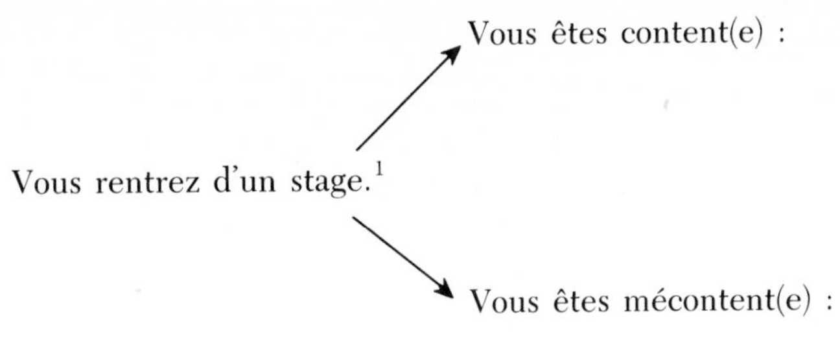

Vous rentrez d'un stage.[1]

Vous êtes content(e) :

Je me suis bien amusé(e)!
Ce week-end était vraiment agréable!
Ça m'a beaucoup plu!
C'était passionnant!

Vous êtes mécontent(e) :

Je me suis tellement ennuyé(e)!
Quelle barbe! (fam.)[2] Ce n'était pas intéressant du tout!
Quelle perte de temps!
C'était affreux! C'est la dernière fois que j'y vais.

Entraînons-nous!

1. Comment ça s'est passé?

Imaginez que vous rentrez d'un des stages suivants. Commentez chaque expérience :

1. un stage de tennis à Wimbledon, en Angleterre
2. un stage de connaissance de soi en Californie
3. un séminaire de poésie dans le Vermont
4. un camp de survie (*survival training*) dans le Colorado
5. un stage de planche à voile (*wind-surfing*) en Hawaï
6. un stage de céramique à Moustiers-Sainte-Marie en Provence
7. un stage de photographie à Chinon
8. cinq jours de mécanique auto pour femmes à Avignon
9. un week-end intensif de français au Québec

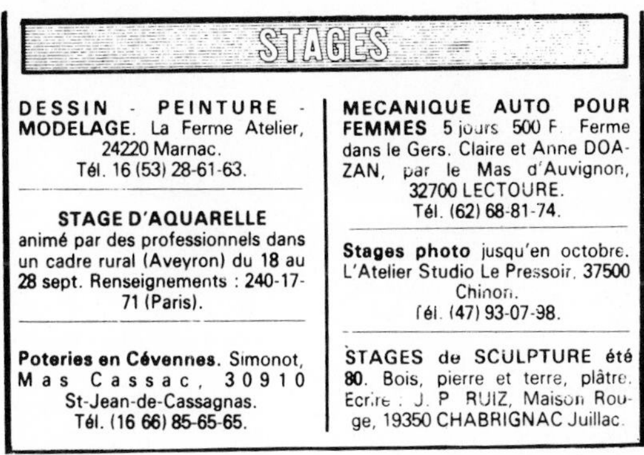

STAGES

DESSIN - PEINTURE - MODELAGE. La Ferme Atelier, 24220 Marnac. Tél. 16 (53) 28-61-63.

STAGE D'AQUARELLE animé par des professionnels dans un cadre rural (Aveyron) du 18 au 28 sept. Renseignements : 240-17-71 (Paris).

Poteries en Cévennes. Simonot, Mas Cassac, 30910 St-Jean-de-Cassagnas. Tél. (16 66) 85-65-65.

MECANIQUE AUTO POUR FEMMES 5 jours 500 F. Ferme dans le Gers. Claire et Anne DOAZAN, par le Mas d'Auvignon, 32700 LECTOURE. Tél. (62) 68-81-74.

Stages photo jusqu'en octobre. L'Atelier Studio Le Pressoir, 37500 Chinon. Tél. (47) 93-07-98.

STAGES de SCULPTURE été 80. Bois, pierre et terre, plâtre. Ecrire : J. P RUIZ, Maison Rouge, 19350 CHABRIGNAC Juillac.

1. *workshop, training course*
2. *What a bore!*

2. Expériences récentes

Faites une liste d'événements récents que vous avez vécus (une sortie avec un garçon ou une jeune fille? le dernier match de l'équipe de votre université? la dernière réunion de votre club? un week-end de ski nautique?). Puis, exprimez votre réaction à chaque expérience.

Cas 3 : Vous commentez une attitude morale ou la conduite d'une personne ou d'une organisation

Vous venez de lire un article de presse qui décrit les dernières actions d'un chef d'état.

Vous admirez :

J'admire...
Je suis vraiment impressionné(e) par...
J'ai beaucoup d'estime pour...
J'approuve les idées de...

Vous méprisez[1] *:*

Je trouve déplorable...
Je n'ai que mépris pour...
Je ne peux pas supporter ce genre de[2]...

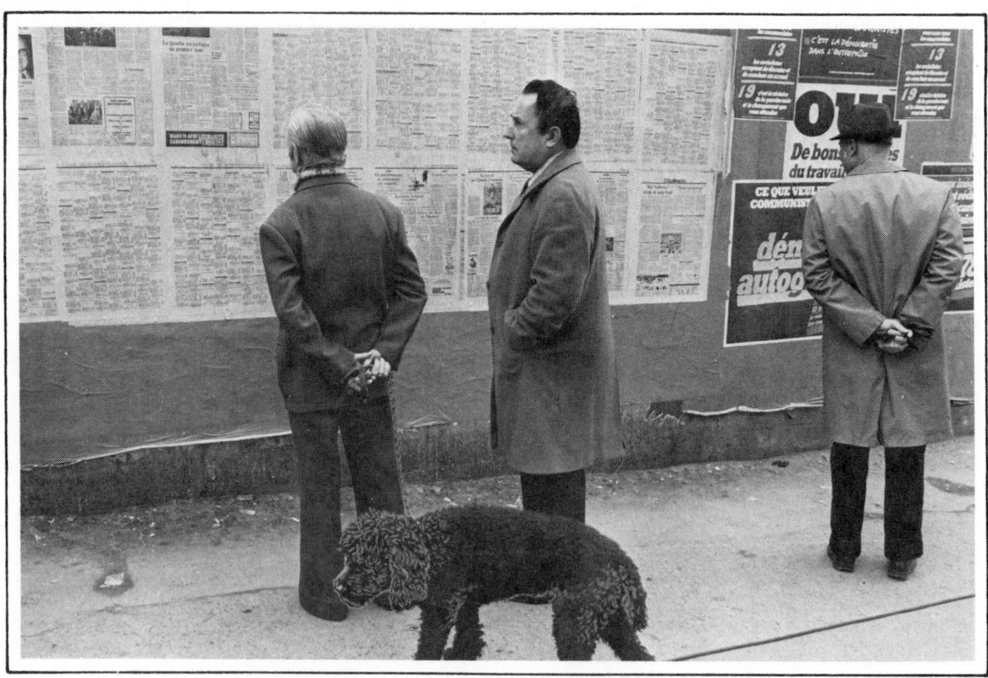

Les passants lisent les nouvelles et font des commentaires.

1. *despise, scorn*
2. *I can't stand this kind of...*

Entraînons-nous!

1. **Regarde-moi ça! (*Get a load of that!*)**

Réagissez aux tracts (flyers) que l'on vous a distribués dans la rue :

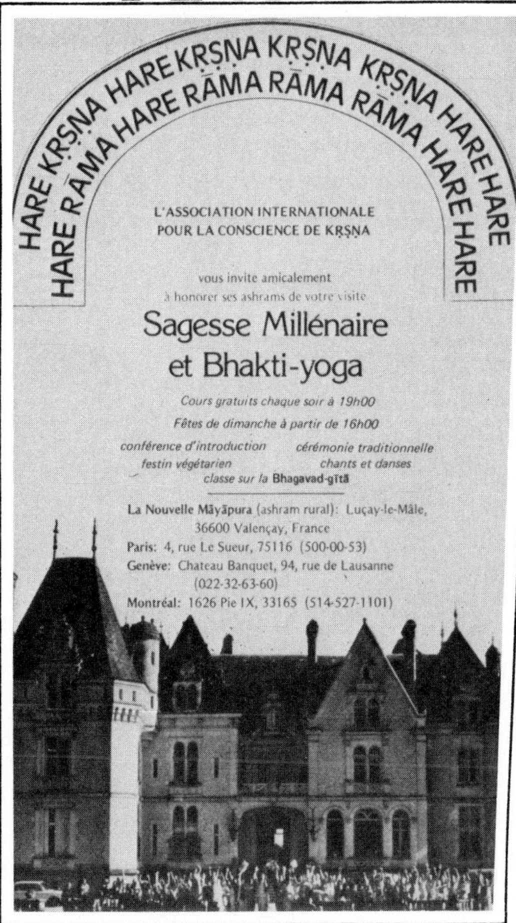

HARE KṚṢṆA HARE KṚṢṆA KṚṢṆA KṚṢṆA HARE HARE
HARE RĀMA HARE RĀMA RĀMA RĀMA HARE HARE
L'ASSOCIATION INTERNATIONALE
POUR LA CONSCIENCE DE KṚṢṆA
vous invite amicalement
à honorer ses ashrams de votre visite
Sagesse Millénaire
et Bhakti-yoga
Cours gratuits chaque soir à 19h00
Fêtes de dimanche à partir de 16h00
conférence d'introduction
cérémonie traditionnelle
festin végétarien
chants et danses
classe sur la Bhagavad-gītā
La Nouvelle Māyāpura (ashram rural): Luçay-le-Mâle,
36600 Valençay, France
Paris: 4, rue Le Sueur, 75116 (500-00-53)
Genève: Chateau Banquet, 94, rue de Lausanne
(022-32-63-60)
Montréal: 1626 Pie IX, 33165 (514-527-1101)

SON CRIME: PENSER. SI ON L'OUBLIE, IL MOURRA.

A chaque minute et dans le monde entier, des hommes persécutent d'autres hommes à cause de leurs opinions. Tous les jours dans la solitude de leur prison les prisonniers d'opinion subissent la privation, l'humiliation, la torture ; pour eux l'oubli c'est déjà la mort. Tous les jours, certains perdent l'espoir, d'autres perdent la vie. Un homme assassiné, c'est un peu d'humanité tuée en chacun de nous. La liberté d'opinion dans le monde, c'est votre affaire à vous. Abonnez-vous à la "chronique", bulletin mensuel d'information (120 F ou plus), adressez vos dons (Amnesty International, 18, rue Théodore-Deck, 75015 Paris, CCP 30.160.16 U La Source). C'est un peu de liberté gagnée.

AMNESTY INTERNATIONAL

un espoir pour les prisonniers d'opinion dans le monde

2. Exercez votre esprit critique!

Vous avez des opinions très marquées sur les personnes suivantes : vous les admirez beaucoup ou bien vous les méprisez. Faites des commentaires pour chaque cas en choisissant dans la liste donnée les adjectifs suggérés.

1. une célébrité locale : le maire (*mayor*), le gouverneur de l'état, votre sénateur
2. les féministes du M.L.F. (Mouvement de Libération de la Femme)
3. la famille Kennedy
4. le général de Gaulle, premier président de la Cinquième République Française de 1959 à 1969
5. l'ex-président Nixon
6. un élu du Prix Nobel de la Paix
7. Neil Armstrong, le premier homme sur la lune
8. Fidel Castro, dictateur de Cuba
9. la première dame des Etats-Unis
10. le Révérent Moon et les « Moonies »
11. Yasser Arafat, chef de l'O.L.P. (Organisation de Libération de la Palestine)
12. les Brigades rouges d'Italie

(trop) libéral(e)
(trop) conservateur (conservatrice)
anarchiste
raciste
chauvin(e) *very nationalistic*
dogmatique
charismatique
ambitieux (ambitieuse)
aggressif (aggressive)
courageux (courageuse)
tolérant(e)
honnête
malhonnête
ouvert(e) aux idées nouvelles
manipulateur (manipulatrice)
généreux (généreuse)
hypocrite
borné(e) *narrow-minded*
humain(e)
dangereux (dangereuse)

MODELE: Martin Luther King, Jr., champion des droits civils
Vous dites : *J'ai beaucoup d'admiration pour M. King parce qu'il était tellement humain, courageux, et généreux.*

Paroles en action

Sur le chemin du retour

Imaginez que vous et votre ami(e) rentrez d'un week-end. Vous commentez ce qui s'est passé : le pique-nique à la plage, le concert que vous avez entendu, la discussion politique que vous avez eue avec vos amis, etc.

Partie II
EMOTIONS PLUS FORTES

Vous avez sans doute remarqué que quand tout va bien vous trouvez plus facilement vos mots et la conversation n'est pas difficile. Par contre, savoir quoi dire pour consoler un ami déprimé est plus délicat, et la conversation peut demander un plus grand effort. Ce qui est encore plus difficile, c'est de savoir vous exprimer quand vous êtes en conflit avec quelqu'un. Dans cette deuxième partie vous allez apprendre à vous débrouiller dans ces situations plus complexes.

INSTRUMENTS DE BASE III

Comment encourager un ami déprimé

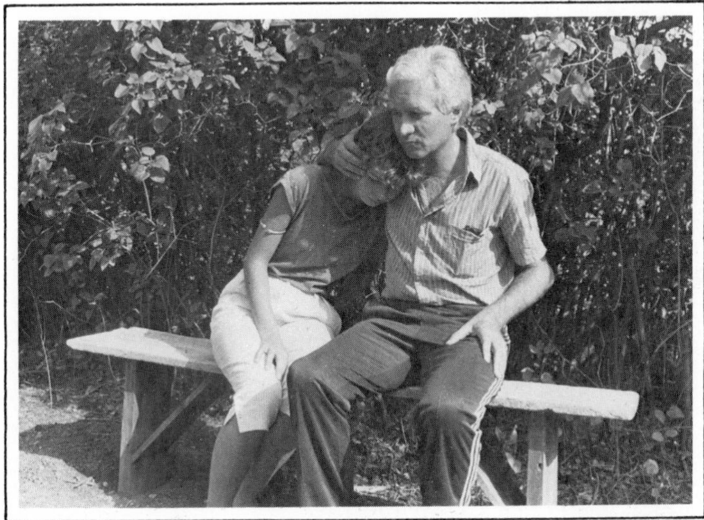

Henri console sa fille.

Vous demandez à votre ami ce qui ne va pas :

Ça ne va pas?
Qu'est-ce que tu as?[1]
Qu'est-ce qu'il y a ?[2]

Votre ami vous répond :

Tout va mal.
Je suis très déprimé(e).[3]
J'ai le cafard. (fam.)[4]

1. *What's wrong with you?*
2. *What's the matter?*
3. *I'm depressed.*
4. *I'm down in the dumps.*

Vous lui offrez votre aide :

Je peux t'aider?
Qu'est-ce que je peux faire pour toi?
Laisse-moi t'aider.

Votre ami décline votre aide :

Non merci, tu es très aimable.
Merci, je me débrouillerai tout(e) seul(e).[1]
Non, non, il n'y a rien que tu puisses faire.

Votre ami accepte votre aide :

Oui, merci bien, je dois te parler.
Oh oui, j'ai besoin de ton aide.
Tu es très gentil (gentille), j'ai besoin de tes conseils.

Après avoir parlé un peu du problème, vous lui dites :

Je te conseille de...
Tu ne dois pas te laisser décourager.
Ecoute, tu exagères, ça pourrait être pire.[2]

Entraînons-nous!

Un gros nuage passe

Jean-Marc est déprimé. Sa petite amie Agnès essaie de le consoler. Complétez les phrases cachées par les nuages.

Paroles en action

Confidences

Choisissez un(e) partenaire. Parlez-lui de quelques uns de vos problèmes. Employez les structures apprises, puis précisez vos problèmes. Votre partenaire essayera de vous réconforter, et suggérera des solutions possibles.

---

1. *Thanks, but I can manage alone.*
2. *it could be much worse*

MODELE : **Votre partenaire :** *Qu'est-ce que tu as?*
Vous : *Je suis très déprimé(e)...*
Votre partenaire : *Je peux t'aider?*
Vous : *Oui, j'ai besoin de te parler. J'ai plusieurs problèmes. Je suis fauché(e) et il faut que je paye une note importante.*
Votre partenaire : *Tu ne dois pas te laisser décourager. As-tu pensé à demander à tes parents de t'aider?*

INSTRUMENTS DE BASE IV

Que dire quand vous êtes en conflit

Savoir aider les copains, c'est bien beau, dites-vous? Mais, vous voudriez aussi savoir vous débrouiller dans les situations désagréables : peut-être, êtes-vous fatigué de ne savoir que dire quand on vous marche sur les pieds dans le métro ou quand on vous accuse à tort? Qu'à cela ne tienne![1] Nous vous invitons à participer à un stage d'expression de soi[2] préparé spécialement à l'intention des étrangers. L'entraînement commence...

Vous avez peur d'être
AGRESSE
donnez-vous les moyens pour vous et ceux que vous aimez de vous défendre
EFFICACEMENT EN 10 LEÇONS
par professeurs diplômés
apprenez les mouvements essentiels à votre tranquillité
pas de condition physique spéciale
cours adaptés
Uniquement sur R.V.
23, rue des Mathurins, 8e
Tél. 780-18-10
vous et votre professeur en cours particuliers
Discrétion assurée.

Quelqu'un est irrité, mais reste poli. Il vous dit :

Excusez-moi, mais je pense que vous...
Pardon, je crois qu'il y a une erreur...
Pardon, mais vous n'avez pas le droit...
Savez-vous qu'il est défendu de...

Quelqu'un est si furieux qu'il en oublie d'être poli. Il vous dit :

Eh dites, vous ne pourriez pas faire attention?
Vous n'êtes pas fou, non?
Ça ne va pas, non?
Vous vous moquez du monde?[3]

---

1. *But don't let that stand in your way!*
2. *personal growth training*
3. *You have some nerve!*

Vous êtes coupable et vous faites vos excuses :	*Vous protestez calmement :*	*Vous protestez énergiquement :*
Oh, excusez-moi, je n'ai pas fait attention! Oh, je suis vraiment désolé(e). Pardon, je suis confus(e).[1] Je regrette, je ne l'ai pas fait exprès.[2]	Excusez-moi, mais je pense que... Je crois qu'il y a une erreur. Ecoutez, ce n'est pas de ma faute. Vous m'accusez à tort!	Qu'est-ce que vous voulez que j'y fasse? Mais au contraire, c'est vous qui... Laissez-moi tranquille! Ah non, désolé(e), vous vous trompez!

Entraînons-nous!

1. Réflexes I

*L'animateur (*group leader*) vous montre ces illustrations. Il vous dit : « Sans trop réfléchir, réagissez immédiatement et verbalement comme si vous étiez dans chacune de ces situations. »*

MODELE: **Vous voyez :**
Vous dites : *Pardon, je crois qu'il y a une erreur.*

1. embarrassé(e)
2. *on purpose*

2. Réflexes II

Ensuite, l'animateur dit : « Choisissez un(e) partenaire et répétez chaque situation deux fois : (a) La première fois, vous resterez poli(e), mais ferez comprendre à votre partenaire votre irritation. Votre partenaire devra vous présenter ses excuses. (b) Vous reprendrez la même situation, mais cette fois vous serez furieux (furieuse) et votre partenaire protestera calmement ou énergiquement selon ses sentiments du moment.

Réagissez-vous comme Marie-Bernadette dans de telles circonstances?

MODELE: Vous remarquez que le chauffeur de taxi prend la route la plus longue pour aller à l'aéroport.

(*a*) **Vous lui dites :** *Il me semble que vous prenez la route la plus longue.*

Il vous répond : *Excusez-moi, je n'ai pas fait attention.*

(*b*) **Vous lui dites :** *Eh dites, vous vous moquez du monde? Vous prenez la route la plus longue!*

Il vous répond : *Qu'est-ce que vous voulez que j'y fasse? Il y a des travaux* (construction zones) *partout!*

1. Vous faites du camping et il est deux heures du matin. L'occupant de la tente voisine joue de la guitare et chante (mal) depuis dix heures du soir.
2. La cigarette du voyageur assis à côté de vous dans le train, brûle votre veste.
3. Votre frère vous accuse à tort d'avoir pris ses gants de ski qu'il ne trouve plus.
4. Pendant une partie de tennis à quatre, votre partenaire vous accuse de ne pas avoir fait attention.

5. Vous avez commandé une entrecôte saignante, mais le garçon vous en apporte une bien cuite.
6. Le feu est au vert. Un automobiliste klaxonne parce que vous n'avancez pas immédiatement.

Paroles en action

La vie en images

Regardez bien ce dessin humoristique. En vous inspirant de cette situation, imaginez la conversation entre les deux automobilistes.

REVISION DU CHAPITRE

Paroles en action

1. Cher journal

Voici une page du journal intime de Thomas. Lisez-le. Puis, organisez-vous en petits groupes. Chaque groupe choisit un incident raconté dans le journal et le présente devant toute la classe.

Mardi, le 27 Juin

Cher journal,

La journée a vraiment mal commencé, mais certains événements que je vais te raconter, cher journal, en font l'une des meilleures de ma vie !

Je m'étais couché à 2 h du matin pour bosser pour mon examen de chimie d'aujourd'hui, alors, tu te rends compte que quand mon réveil a sonné à 6 h, je n'étais pas très frais ! Je lisais tranquillement le Monde quand tout à coup j'ai renversé mon bol de café au lait sur le nouveau tailleur en daim de Maman ! Tu aurais dû la voir ! Je ne l'ai jamais vue crier aussi fort. Elle était drôlement fâchée ! Elle avait un rendez-vous d'affaires important. Je me suis excusé plusieurs fois, mais Maman était d'autant plus furieuse que la veille j'avais perdu sa carte de crédit qu'elle m'avait prêtée....

Quelques instants plus tard, Marguerite est descendue de sa chambre. Elle avait un air d'enterrement si tragique que je lui ai demandé ce qu'elle avait. Elle s'est mise à pleurer en me disant que son petit ami et elle venaient de se brouiller. Touché de voir ma soeur si triste, j'ai fait de mon mieux pour la consoler.

A 7 heures, j'ai entendu Pierre qui klaxonnait plus énergiquement que d'habitude — et tu sais pourquoi, mon vieux journal ? parcequ'il avait une nouvelle à m'annoncer : il avait entendu dire que j'étais reçu major au concours d'entrée de l'Ecole Polytechnique et que lui aussi était reçu !!

Plus tard, j'ai téléphoné à Sabrine pour lui annoncer mon exploit et pour l'inviter à célébrer l'événement avec moi. Nous avons décidé d'aller voir le dernier film de Lelouche et de le discuter, après, autour d'une bouteille de champagne chez Fouquet's. Quel film génial ! On en a parlé pendant une bonne demi-heure tout en buvant notre champagne (qui était excellent.)

Il est maintenant onze heures du soir et je tombe de sommeil.

2. Mélodrame (*soap opera*)

Divisez-vous en groupes de 4 à 8 personnes. Chaque groupe crée et présente un mélodrame (de 10 à 15 minutes) qui illustre les émotions étudiées dans ce chapitre. Vous pouvez vous inspirer des mélodrames qui passent à la télévision ou bien inventez vous-même une scène. Evoquez des événements catastrophiques, de bonnes nouvelles, des coups de théâtre, etc.

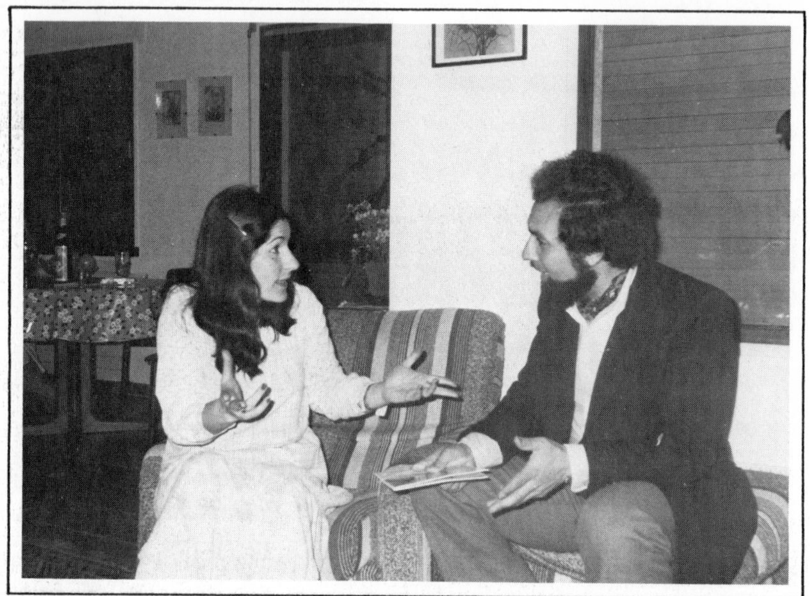

« Qu'est-ce que tu veux que j'y fasse? »

CHAPITRE VIII

« Voilà ce qui s'est passé ... »

Comment raconter et décrire

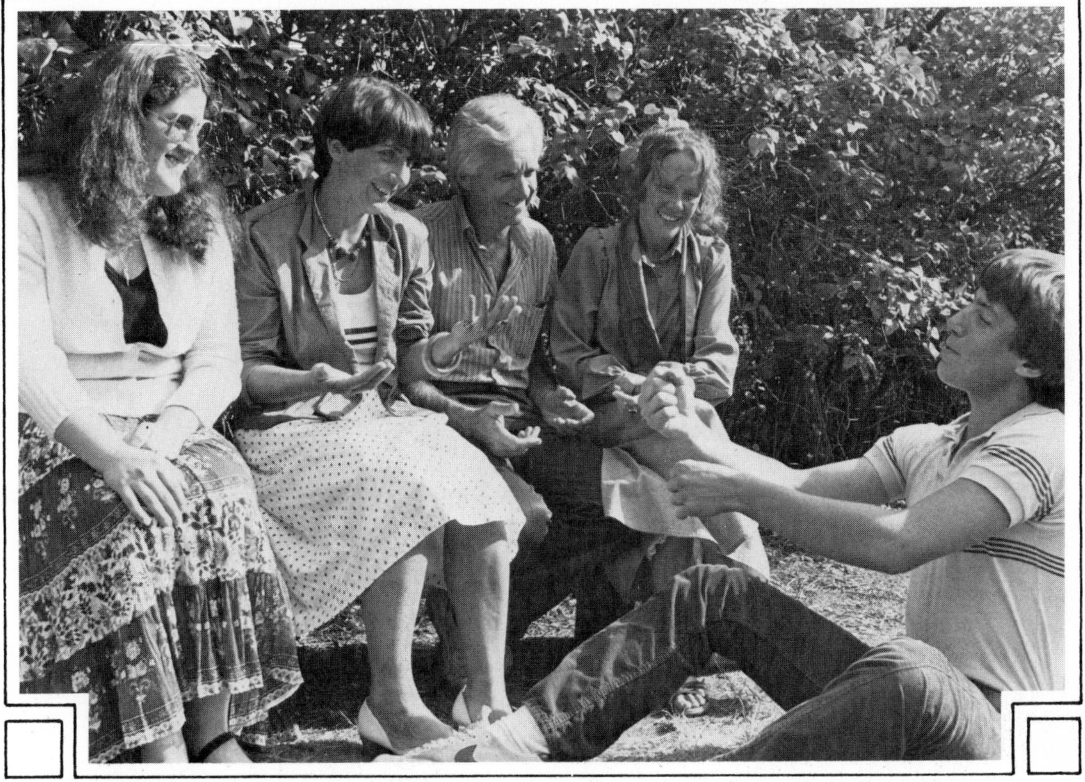

Vous avez probablement déjà raconté par écrit un événement ou une histoire. Mais, bien plus souvent dans la vie, il nous arrive de raconter oralement une expérience vécue. Afin de[1] vous familiariser avec l'art du récit[2] oral, ce chapitre va mettre à votre disposition quelques principes et beaucoup de vocabulaire très utiles. Vous apprendrez aussi à organiser vos idées et à les présenter clairement.

Ecoutons donc Gabrielle dont le récit va vous servir d'exemple.

1. pour
2. narration

Partie I

ESSENTIELS DU RECIT ORAL

INSTRUMENTS DE BASE I

Comment engager le récit

Gabrielle : **Tu ne croiras jamais ce qui m'est arrivé!**
Nadine : **Dis-moi vite!**
Gabrielle : Eh bien, voilà...

Gabrielle vient d'attirer[1] avec succès l'attention de Nadine qui lui cède volontiers la parole.[2] Voici d'autres expressions qu'elles auraient pu employer :

Comment prendre la parole :

Ecoute, il faut que je te raconte...
Devine[3] ce que j'ai fait!
Un instant, j'ai quelque chose à te dire.
Tu sais ce qui s'est passé?

Comment céder la parole :

Je t'écoute.
Raconte vite!
Dis-moi tout.
Qu'est-ce qui t'est arrivé?

---

1. *attract*
2. qui veut bien lui permettre de parler
3. *guess*

Entraînons-nous!

1. Prenez la parole!

Vous avez quelque chose de très intéressant à raconter à un(e) ami(e). (Si vous voulez, vous pouvez annoncer l'un des événements suggérés ci-dessous.)
(a) Prenez la parole.
(b) Votre ami(e) vous cède la parole.
(c) Annoncez le sujet de votre récit.

MODELE: Vous avez reçu une lettre très importante.
Vous : *J'ai quelque chose à te dire!*
Votre ami(e) : *Je t'écoute.*
Vous : *J'ai reçu une lettre importante. C'est une offre d'emploi exceptionnelle pour l'année prochaine.*

1. Un prof très sévère vous a fait un compliment.
2. Le jeune homme (la jeune femme) que vous avez trouvé(e) si intéressant(e) chez votre ami vous a téléphoné.
3. Dans l'avion, vous étiez assis(e) à côté d'une personnalité célèbre avec qui vous avez bavardé.
4. Vous avez dépensé toutes vos économies pour acheter une voiture antique.
5. Vous avez vu votre meilleur(e) ami(e) à la télé.
6. ?

2. Les images parlent!

Travaillez avec un(e) partenaire. Votre partenaire engage la conversation. Vous lui cédez la parole. Puis, s'inspirant des images données et du vocabulaire suggéré, il vous annonce ce qui s'est passé.

MODELE:

Mon oncle a épousé une jeune femme arménienne.

Votre partenaire : *Ecoute, il faut que je te raconte...*
Vous : *Raconte vite!*
Votre partenaire : *Mon oncle, qui était parti depuis un an, a épousé une jeune femme arménienne.*

1.

Mon amie a perdu 50 kilos (23 *pounds*).

2.

J'ai fait un mauvais voyage.

3.

On m'a proposé de faire une annonce publicitaire.

4.

J'ai acheté un chien de garde féroce.

INSTRUMENTS DE BASE II
Comment préciser le lieu et le temps

Nadine :	Mais où étais-tu... dans une station de ski snob?
Gabrielle :	Non, j'étais **à Chamonix en** Haute-Savoie.
Nadine :	Quand es-tu partie?
Gabrielle :	**Il y a trois jours.** Le slalom[1] géant se passait samedi et le slalom spécial avait eu lieu **la veille.**[2]

Comme Gabrielle, vous aurez certainement à préciser l'endroit où se déroule[3] votre histoire.

1. une descente à ski en zigzag
2. le jour avant
3. se passe

Où?

Le lieu géographique :

Je suis allé(e)	à Chamonix, en France en ville à la campagne dans le désert algérien, au Sahara en montagne, dans les Rocheuses au bord de la mer Méditerranée

La rue :

Ils se sont rendus	boulevard Saint-Michel allée des Roses impasse des Thermes

Les bâtiments :

Il a couru vers	l'hôtel de ville (*town hall*) la cathédrale le gratte-ciel (*skyscraper*)

Quand?

Il faut aussi savoir bien préciser le moment où les événements ont eu lieu.

C'est arrivé	il y a trois jours (*3 days ago*) le 3 janvier récemment par une belle journée d'été
L'événement a eu lieu	l'après-midi (le matin, le soir) au milieu de... pendant... au cours de... (*during*) au moment de...
Cela s'est passé	la veille de... (*the day before, the eve of*) le lendemain (*the next day*) la semaine précédente le mois suivant

Entraînons-nous!

1. Les actualités (*current events*)

Choisissez dans la presse cinq événements d'actualité récents que vous pouvez dire facilement en français. Pour chaque événement, précisez le lieu et le temps.

MODELE: le mariage princier
Le mariage princier a eu lieu par une belle journée d'été, le 29 juillet, à la cathédrale Saint Paul.

2. Situez la scène!

Si vous étiez metteur-en scène (director), *où situeriez-vous les scènes principales des films suivants?*

MODELE: un film d'amour
Je tournerais la scène principale de mon film d'amour par une belle journée d'été au bord de la mer Méditerranée.

1. un film de guerre
2. un film historique
3. un film d'espionnage
4. un film de super-héros
5. un western
6. un film d'horreur
7. un film de science-fiction
8. un film autobiographique

INSTRUMENTS DE BASE III

Comment décrire les gens dans un récit

Gabrielle : Tu ne peux pas imaginer le contraste qu'il y avait entre les autres filles et moi.

Nadine : Non, comment étaient-elles?

Gabrielle : Tu aurais dû les voir! Elles **avaient** toutes **l'air** sûr d'elles avec leur équipement d'avant-garde et leurs **vêtements à la mode,** et elles étaient toutes si **sveltes,** tu sais, comme de vraies championnes de ski.

Gabrielle décrit bien les personnages de son récit. Voici quelques expressions que vous pouvez employer pour décrire les personnages dans vos récits :

L'aspect physique :

Voici une femme

jeune
de taille moyenne (*average height*)
svelte
au visage carré

Regardez-la maintenant :

de grande taille
au visage oval
mince

de petite taille
grosse
au visage rond

Voici un acteur

grand
musclé
aux cheveux courts, noirs et bouclés (*curly*)
au teint foncé (*a dark complexion*)
aux vêtements à la mode

Regardez-le maintenant :

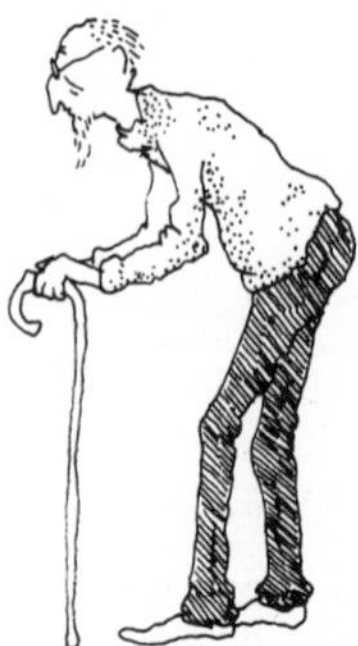

maigre
barbu (*bearded*)
aux cheveux courts, gris et raides (*straight*)
au teint pâle
aux vêtements désordonnés (*disheveled*)

L'impression donnée :

Le clown **a l'air** joyeux.
Le criminel **a l'apparence** méchante.
L'enfant **paraît** maladif.
La jeune femme **donne l'impression d'être** sûre d'elle-même.
Le vieillard **donne une impression de** calme.

Entraînons-nous!

1. A la recherche du suspect

*Un vol (*theft*) a été commis sur le campus. Les étudiants décrivent les inconnu(e)s qu'ils ont remarqué(e)s sur le campus pendant la semaine. D'après leurs descriptions, un dessinateur (*artist*) de la police fait les portraits suivants. Pour chaque inconnu, imaginez les descriptions faites par les élèves.*

Il était grand, maigre et barbu. Il avait les cheveux gris et bouclés. Ses vêtements étaient désordonnés, et il donnait l'impression d'être nerveux.

3

2. Stéréotypes

Comment imaginez-vous le portrait typique des personnes suivantes? Décrivez aussi complètement que possible chaque personnage de la liste qui suit.

MODELE: un entraîneur de karaté
Il est mince, de taille petite ou moyenne, il a le teint foncé et les cheveux bruns et courts. Il donne une impression de calme et d'assurance.

1. un gangster
2. un champion de basketball
3. une femme-avocat
4. un jockey
5. un mannequin (*model*)
6. un P.D.G. âgé
7. une orpheline
8. un routier (*truck driver*)
9. une chanteuse d'opéra
10. ?

3. Qui suis-je?

Incarnez un personnage connu de tout le groupe (une célébrité, un membre du groupe, etc.). Faites oralement votre «auto-portrait.» Le groupe doit deviner qui vous êtes.

MODELE: *Je suis une star du cinéma muet (*silent film*). De petite taille, ayant une grosse moustache et des cheveux courts et bruns, je fais penser à une victime de la société. Malgré (*in spite of*) mon air toujours un peu triste, on me considère comme un grand comique. Qui suis-je?*

Réponse : Charlot (*Charlie Chaplin*)

INSTRUMENTS DE BASE IV

Comment raconter des faits successifs

Gabrielle : Tu sais, c'était la première fois que je courais en compétition. **Au début,** pendant l'entraînement, je n'arrivais même pas à passer les portes.

Nadine : **Et ensuite?**

Gabrielle : **Alors,** je suis tombée une dizaine de fois pendant le premier slalom, mais je n'ai pas abandonné. **Un peu plus tard,** pendant le slalom spécial, je ne suis tombée que deux fois.

Nadine : **Et alors,** tu as donc perdu?

Gabrielle : Attends, laisse-moi te raconter. Soudain, j'ai entendu le haut-parleur[1] qui annonçait les gagnantes. Et tu sais quoi? J'ai gagné un prix! J'étais la dernière classée parce que je n'avais pas abandonné comme la majorité des autres candidates!

Nadine : **En un mot,** tu es revenue championne! Bravo!

Comme on le voit dans le récit de Gabrielle, il est important que l'action soit facile à suivre et que la présentation en soit logique. Voici une liste d'expressions qui vous aidera à lier[2] entre eux les faits de votre histoire.

Pour commencer :	D'abord... Au début... Au commencement... Dès le début... *From the very beginning* J'ai commencé par...
Pour lier les événements :	Puis... *Then* Et puis... Ensuite... *Next* Alors... *Then* Après... Un peu plus tard...
Pour résumer :	En somme... *To sum up* En un mot... *In a word* Bref... *To make a long story short*
ou Pour terminer :	J'ai fini par... Ainsi... *Thus* Donc... *Therefore* Enfin... Finalement...

1. *loudspeaker*
2. *link*

Entraînons-nous!

1. Une journée bien remplie

Voici la journée d'une femme très occupée! Vous trouverez la description de ses nombreuses activités ci-dessous. Remplissez les tirets (blanks) *par des expressions comme* **d'abord, puis, enfin,** *pour lier la succession d'actions accomplies pour pouvoir raconter sa journée à la classe.*

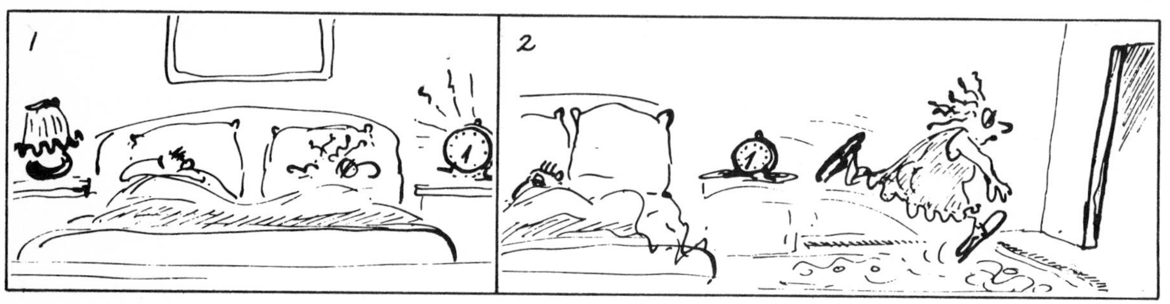

_____________, le réveille-matin sonne,

_____________, elle se lève en vitesse.

_____________, elle prépare le petit déjeuner,

_____________, elle nourrit sa famille,

_____________, elle fait le ménage,

_____________, elle fait sa toilette,

_____________, elle habille sa fille;

______________, elle dépose les enfants à la crèche (*day-care center*) et à l'école,

______________, elle se précipite pour attraper l'autobus,

______________,elle court toute la journée au bureau,

______________, elle tape à la machine à toute vitesse;

______________, elle va chercher ses enfants,

______________, elle fait ses courses,

______________, elle fait la cuisine,

______________, elle se dépêche de servir le dîner.

Pendant que son mari regarde les nouvelles à la télé, elle nourrit les enfants,

______________, elle lave le bébé,

______________, elle fait la vaisselle,

______________, son mari lui déclare : « Moi, c'est simple : si tu me trompes (*cheat on me*), je te tue! »

2. Quel est votre emploi du temps? (*What's your schedule?*)

Remplissez cet agenda avec vos activités d'hier. Puis, racontez à un(e) ami(e) ce que vous avez fait en employant les expressions comme ***d'abord, après, finalement,*** *etc.*

8 heures______
9 heures______
10 heures______
11 heures______
midi______
13 heures______
14 heures______

15 heures______
16 heures______
17 heures______
18 heures______
19 heures______
20 heures______
21 heures______
22 heures______
23 heures______
minuit______

3. Jeu de révision : Histoires « abracadabrantes »

Organisez-vous en 5 groupes. Les groupes ont 3 minutes pour écrire sur une feuille de papier une liste de réponses spécifiques correspondant à chacune des catégories de questions : **qui? a fait quoi? où? quand? conclusion?** *En répondant, employez le vocabulaire appris récemment et, bien sûr, votre imagination. A tour de rôle, un représentant de chaque groupe lit le premier élément sur sa liste. Vous obtiendrez ainsi une « histoire » originale et souvent bizarre.*

MODELE: *Groupe A : Un mannequin* (model) *aux cheveux bouclés*
Groupe B : a couru
Groupe C : vers le gratte-ciel
Groupe D : la veille des élections
Groupe E : Elle a fini par tomber amoureuse.

Résultat : *Un mannequin aux cheveux bouclés a couru vers le gratte-ciel la veille des élections. Elle a fini par tomber amoureuse.*

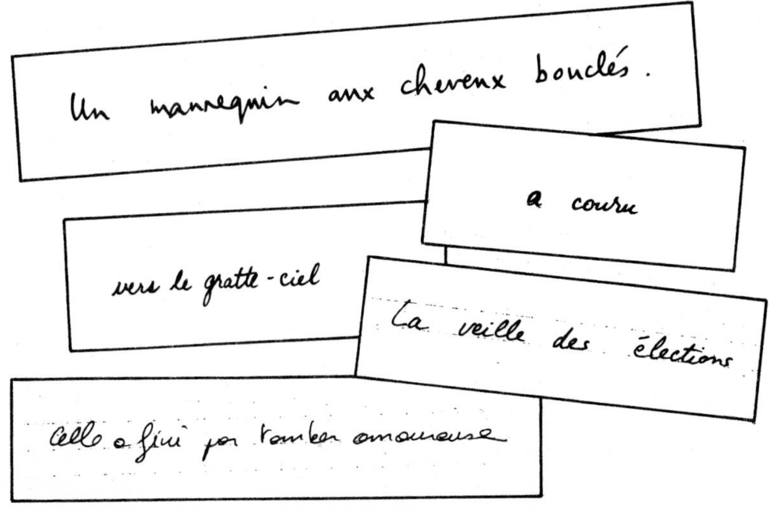

Partie II

L'ORGANISATION DU RECIT

Maintenant que vous connaissez certains éléments du récit, vous allez apprendre à les organiser d'une façon logique et facile à suivre. Voici un format qui vous y aidera. Employez-le pour raconter des événements que vous avez lus, vus ou vécus.

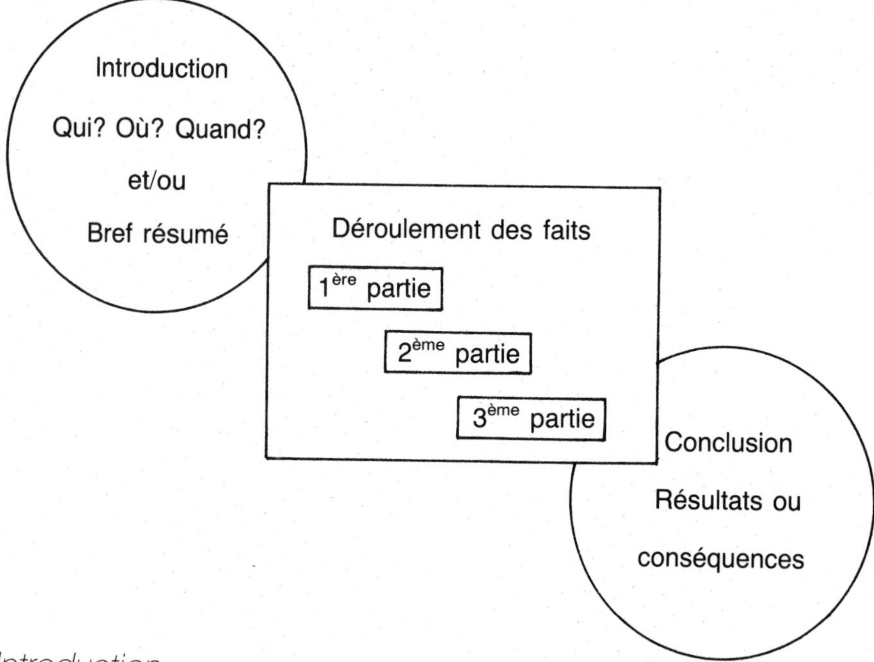

L'Introduction

Dans le récit verbal, le narrateur commence généralement par donner soit un bref résumé de l'événement, soit le résultat ultime de l'incident. Il y introduit également les personnages principaux et le cadre (lieu et temps).

Le Déroulement

Ensuite, le narrateur choisit les actions essentielles et les classe dans un ordre spécifique, par exemple, chronologique, événements principaux suivis de détails secondaires, etc.

La Conclusion

Très souvent, il explique les résultats, expose les conséquences, ou fait certaines observations personnelles.

RECIT-MODELE : L'anniversaire des jumeaux[1]
Un ami de Charles et de Thérèse Pontet raconte cette histoire à un autre camarade :

Anne : Devine ce qui est arrivé aux jumeaux, tu sais, Thérèse et Charles Pontet qui habitent à Genève!

Bernard : Non, quoi? Dis-moi tout!

Anne : Une semaine avant leur anniversaire, ni l'un ni l'autre n'avaient d'argent et ne savaient comment faire pour acheter un cadeau à l'autre. — Introduction

Bernard : Continue...

Anne : Charles voulait acheter quelque chose qui ferait vraiment plaisir à sa sœur. Alors, il a décidé de vendre son magnétophone à cassettes[2] à son copain pour pouvoir acheter quelque chose à Thérèse. Thérèse, elle, est allée vendre son appareil de photo pour pouvoir offrir un joli cadeau à son frère. — Déroulement

Bernard : Et alors, qu'est-ce qui s'est passé?

---

1. *twins*
2. *cassette player*

Anne : Enfin, le jour de leur anniversaire, chacun a ouvert son cadeau. Et devine ce qui est arrivé! Charles a donné à sa sœur une dizaine de pellicules[1] couleur pour son appareil et elle, elle lui a offert plein de[2] cassettes de jazz. Quelle ironie du sort![3] — Conclusion

Entraînons-nous!

Voici des activités dans lesquelles vous pourrez exercer, d'une façon limitée, vos nouvelles connaissances.

1. Histoires fantastiques[4]

En suivant le plan suggéré et en vous inspirant des listes proposées, inventez et racontez une petite histoire fantastique.

Introduction :

I. Décrivez le héros ou l'héroïne de votre histoire :
- vous-même
- un explorateur
- une pauvre paysanne
- un robot
- ?

II. Imaginez le lieu où se déroule le récit :
- au festival de rock
- dans une fusée (*rocket*)
- dans une jungle
- dans un château médiéval
- ?

III. Situez le récit dans le temps :
- la veille de Noël
- au cours de la saison des pluies
- dans l'an 2000
- pendant le carnaval
- ?

Déroulement :

IV. Dites pourquoi ou comment votre héros ou votre héroïne part à l'aventure :
- à la recherche d'un temple perdu
- dans une expédition secrète
- il (elle) est poursuivi(e) (*chased*) par un ennemi
- il (elle) cherche à se libérer
- ?

---

1. *rolls of camera film*
2. plein de (fam.) = beaucoup de
3. *twist of fate*
4. Pour créer cet exercice, les auteurs se sont inspirés de l'article « Le tarot des mille et un contes » dans « Jeu, langage et créativité, » J. M. Caré et F. Debyser.

V. Décrivez un obstacle qu'il (elle) rencontre au cours de son aventure

- un embouteillage
- un monstre ou un animal féroce
- une éruption volcanique
- une panne mécanique
- ?

VI. Faites intervenir un deuxième personnage, ami ou ennemi, et décrivez-le.

- des pirates
- un sage
- un(e) camarade d'enfance
- un magicien
- ?

Conclusion :

VII. Inventez une conclusion intéressante—réussite ou échec (*success or failure*). Il (elle)

- découvre le secret de...
- est métamorphosé(e) en...
- devient esclave (*slave*)
- est sauvé(e) par...
- ?

2. Histoires collectives

Cette image illustre une scène qui arrive au cours d'une histoire. C'est à vous de recréer logiquement toute l'histoire du commencement à la fin. Un premier étudiant invente le début de l'histoire (2 ou 3 phrases), un autre continue, etc., de manière à ce que tout le monde contribue à la création de l'histoire entière.

« Il s'est mis à ramper vers moi. »

Faites la même chose avec cette séquence de la bande dessinée « Astérix » :

Paroles en action

Tout l'entraînement précédent va maintenant vous servir à raconter des histoires d'une façon plus complète. Dans les « Paroles en action » suivantes, appliquez tout ce que vous avez appris pour raconter des événements lus, vus et vécus.

A. Evénement lu

Fait divers (*news items*)

Lisez ce fait divers. Racontez-le à un(e) camarade qui n'a pas lu le journal.

UNE CHEVILLE FRACTURÉE

Un saut de 7,500 pieds et le parachute ne s'ouvre pas

MOBILE, Alabama (UPI) — Une jeune parachutiste a survécu à une chute de 7,500 pieds en atterrissant dans un boisé de pins. Elle a été hospitalisée, mais ne souffre que d'une fracture à la cheville.

Ila Zan Taylor, âgée de 20 ans, a déclaré qu'elle se sentait très bien et qu'elle recommencerait à sauter dès qu'elle le pourrait. La jeune fille qui est originaire de Gulfport, dans l'État du Mississippi, travaille comme commis à la base aérienne militaire de Kessler.

Mlle Taylor dit avoir déjà été victime d'un accident d'auto pire que ce qu'elle vient de connaître et attribue sa survie au fait d'avoir pu éviter la panique. «J'ai gardé mon calme a-t-elle dit, et cherché à me rappeler ce qu'il fallait faire dans pareille circonstance.

J'ai sauté de l'avion alors que nous étions à 7,500 pieds d'altitude. À 3,000 pieds, j'ai voulu ouvrir le parachute principal, mais le parachute pilote s'est enroulé autour de mon bras, ce qui a empêché l'ouverture du grand parachute. J'essayais de me rappeler ce qu'on nous avait enseigné de faire dans un tel cas et comment le faire. Finalement, le parachute de réserve s'est ouvert un peu, alors que la chute était presque terminée et c'est ce qui m'a sauvé la vie. La chute ralentie, j'ai pu me diriger vers un boisé pour amortir le choc.

une cheville *ankle*
un saut *a jump*
une chute *a fall*
en atterrissant = en arrivant à terre
un boisé = un petit bois
commis = employé
a empêché *prevented*
ralentie = devenue plus lente
amortir = diminuer

B. Evénements vus

1. L'événement du jour!

Après avoir bien regardé la bande dessinée ci-dessous, reconstituez la conversation des deux dames sur la dernière image.

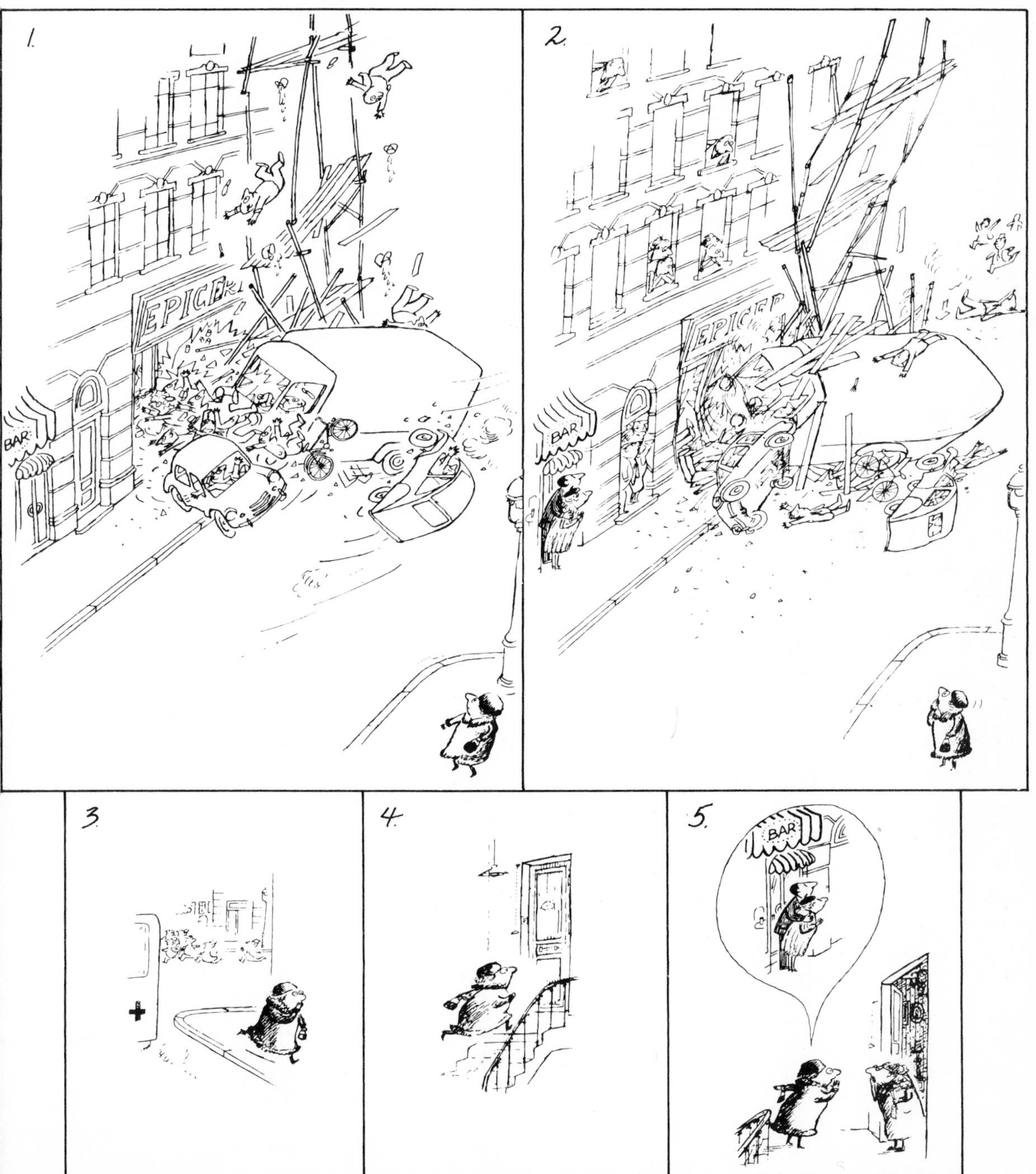

2. Histoires de France

Grâce à votre machine à voyager à travers le temps, vous êtes témoin des grands événements historiques français illustrés sur la carte. Racontez un de ces événements.

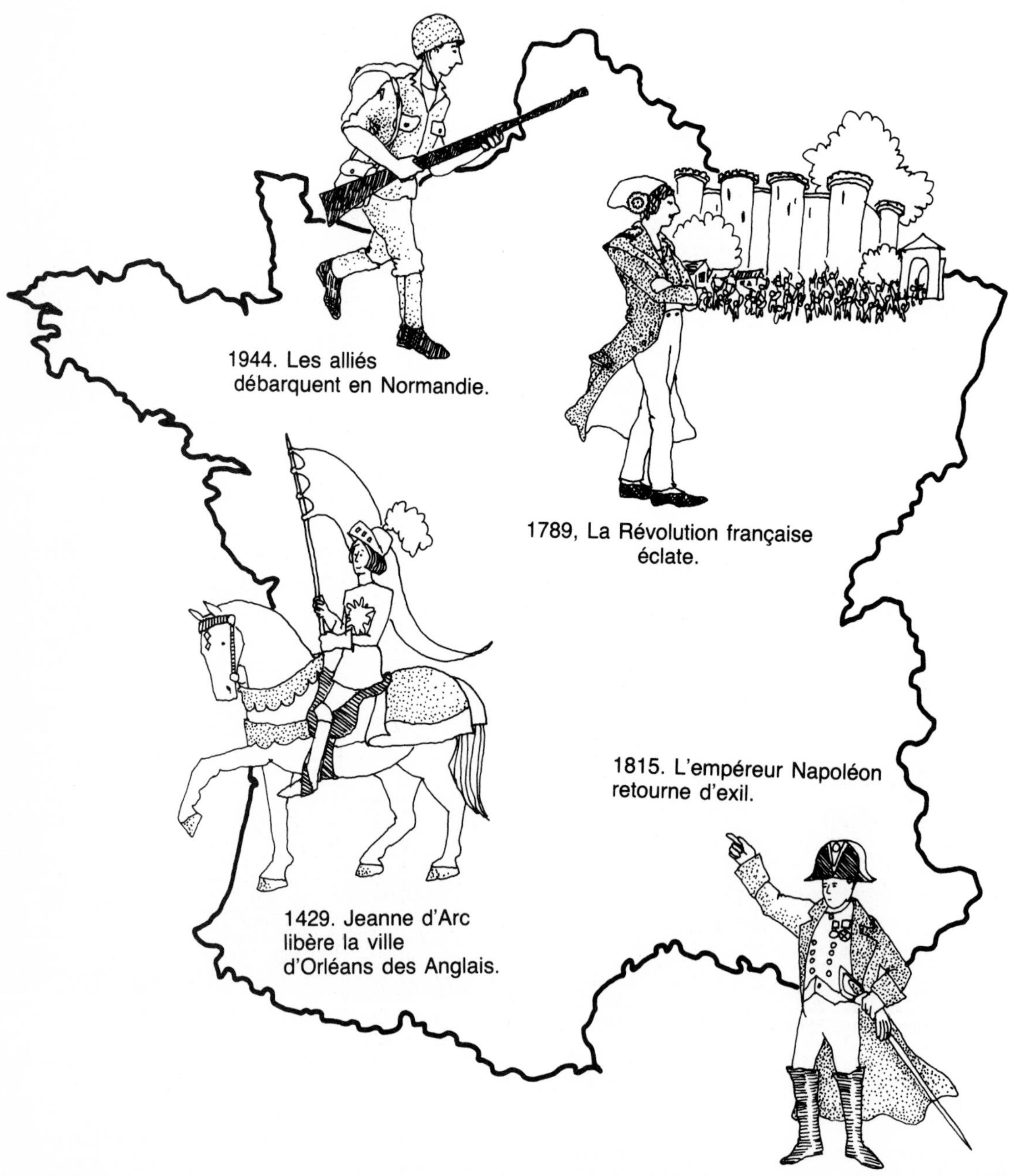

1944. Les alliés débarquent en Normandie.
1789, La Révolution française éclate.
1815. L'empéreur Napoléon retourne d'exil.
1429. Jeanne d'Arc libère la ville d'Orléans des Anglais.

C. Evénements vécus

1. Histoire véridique (*true-life story*)

*Divisez-vous en petits groupes de 3 à 6 personnes. Chaque personne raconte à son groupe une histoire personnelle qui a marqué ou changé sa vie. Puis, le groupe choisit l'une de ces histoires et se prépare pour la raconter aux autres groupes. Chacun doit choisir une partie de l'histoire (introduction, différentes parties du déroulement, conclusion) et ensuite la raconter aux autres groupes comme si l'histoire était la sienne. Ceux qui écoutent doivent deviner à qui appartient (*belongs*) vraiment l'histoire!*

2. Concours (*contest*) de récits

Choisissez 3 juges parmi vous. Les autres membres du groupe racontent à tour de rôle l'histoire la plus terrifiante de leur vie. Les juges choisiront l'histoire la mieux racontée. (Vous n'êtes pas obligé de vous limiter à la réalité!)

Autres possibilités de compétition :

l'histoire la plus bizarre
l'histoire du meilleur exploit sportif
l'histoire la plus ironique

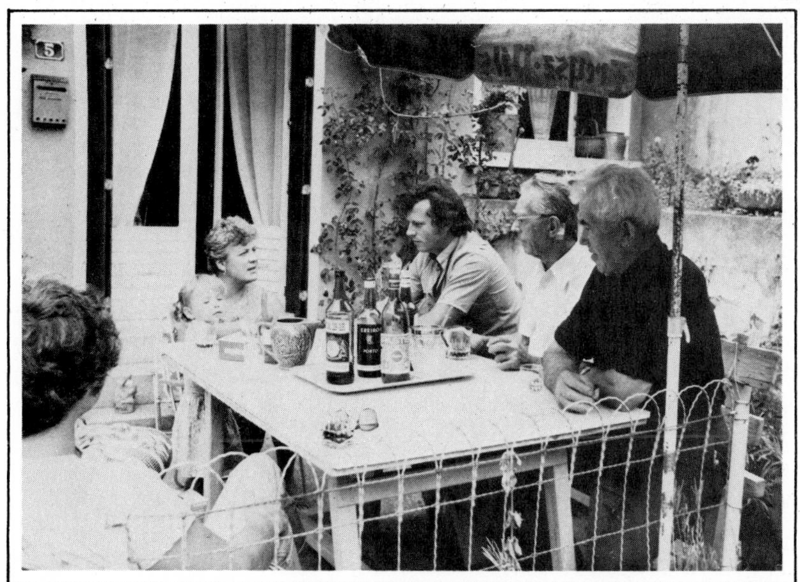

« Voilà ce qui s'est passé... »

CHAPITRE IX

Pour ou contre?

Comment exprimer son opinion

Dans ce monde de débats continuels, il est presque impossible de rester neutre devant les grands problèmes de notre temps. Au cours de nos conversations de tous les jours, il nous faut souvent prendre parti[1] à propos d'articles que nous avons lus et de reportages télévisés que nous avons suivis. Ou encore, il nous faut réagir aux opinions exprimées par ceux avec qui nous sommes habituellement en contact.

Bien des fois, cependant, donner son propre avis peut être très délicat et savoir s'exprimer avec précision et clarté devient tout un art. C'est un art qui peut aussi nous permettre de persuader ou d'influencer les autres, ainsi que nous engager dans des conversations stimulantes.

1. *take a stand*

Partie I

DIVERS MOYENS D'EXPRIMER SON OPINION

INSTRUMENTS DE BASE I

Comment prendre position

Bonsoir! Les membres de notre table ronde[1] vont tout d'abord préciser leur position à propos du sujet de notre débat : un étudiant devrait-il prendre un an de congé[2] au cours de ses études supérieures?
M. Breteuil
Maryline
Christophe
Michel
Caroline
Alexandra

Maryline : **Mon point de vue est le suivant :** il vaut mieux finir ses études avant d'explorer le monde.

Christophe : **Pour moi,** une année d'interruption des études est absolument indispensable.

Michel : **Selon moi,** il est préférable de finir ses études le plus vite possible.

Caroline : **Pour ma part,** j'ai besoin de travailler pour payer le reste de mes études.

Alexandra : **A mon avis,** l'expérience pratique constitue la meilleure école de la vie.

EXPRESSIONS EN DIRECT

A mon avis…
Pour moi…
Selon moi…

Pour ma part…
Mon point de vue est le suivant…
Personnellement, je suis pour…

1. *panel discussion*
2. *a year off, a one-year leave of absence*

Entraînons-nous!

1. *La Voix du Campus*

Un reporter du journal La Voix du Campus *vous demande votre opinion à propos de la qualité de l'enseignement* (teaching) *et des conditions de vie sur le campus. Prenez position et répondez en employant les expressions étudiées.*

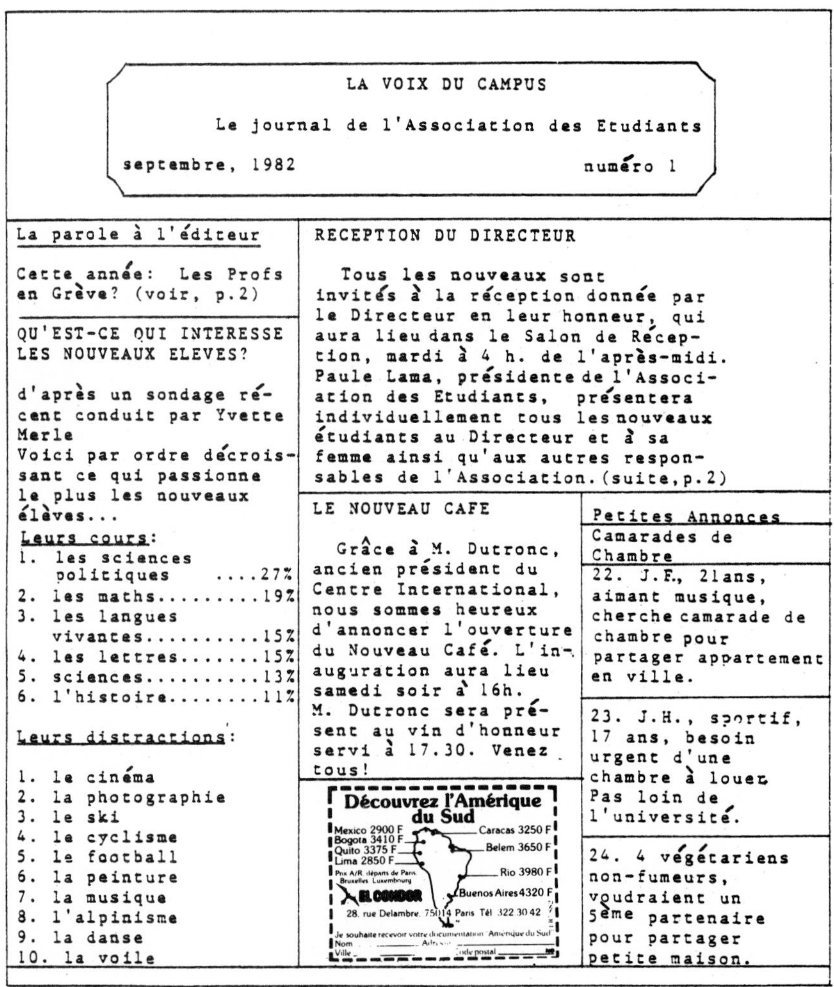

LA VOIX DU CAMPUS

Le journal de l'Association des Etudiants

septembre, 1982 — numéro 1

La parole à l'éditeur

Cette année: Les Profs en Grève? (voir, p.2)

QU'EST-CE QUI INTERESSE LES NOUVEAUX ELEVES?

d'après un sondage récent conduit par Yvette Merle
Voici par ordre décroissant ce qui passionne le plus les nouveaux élèves...

Leurs cours:

1. les sciences politiques 27%
2. les maths.........19%
3. les langues vivantes..........15%
4. les lettres.......15%
5. sciences..........13%
6. l'histoire........11%

Leurs distractions:

1. le cinéma
2. la photographie
3. le ski
4. le cyclisme
5. le football
6. la peinture
7. la musique
8. l'alpinisme
9. la danse
10. la voile

RECEPTION DU DIRECTEUR

Tous les nouveaux sont invités à la réception donnée par le Directeur en leur honneur, qui aura lieu dans le Salon de Réception, mardi à 4 h. de l'après-midi. Paule Lama, présidente de l'Association des Etudiants, présentera individuellement tous les nouveaux étudiants au Directeur et à sa femme ainsi qu'aux autres responsables de l'Association. (suite, p.2)

LE NOUVEAU CAFE

Grâce à M. Dutronc, ancien président du Centre International, nous sommes heureux d'annoncer l'ouverture du Nouveau Café. L'inauguration aura lieu samedi soir à 16h. M. Dutronc sera présent au vin d'honneur servi à 17.30. Venez tous!

Découvrez l'Amérique du Sud

Mexico 2900 F
Bogota 3410 F
Quito 3375 F
Lima 2850 F
Caracas 3250 F
Belem 3650 F
Rio 3980 F
Buenos Aires 4320 F
Prix A/R départs de Paris Bruxelles Luxembourg
EL CONDOR
28, rue Delambre, 75014 Paris Tél 322 30 42
Je souhaite recevoir votre documentation "Amérique du Sud"
Nom — Adresse —
Ville — Code postal —

Petites Annonces

Camarades de Chambre

22. J.F., 21ans, aimant musique, cherche camarade de chambre pour partager appartement en ville.

23. J.H., sportif, 17 ans, besoin urgent d'une chambre à louer. Pas loin de l'université.

24. 4 végétariens non-fumeurs, voudraient un 5ème partenaire pour partager petite maison.

MODELE: Faudrait-il interdire aux étudiants de fumer dans les dortoirs?
A mon avis, il faut interdire aux étudiants de fumer dans les dortoirs.

1. A votre avis, l'étude d'une langue étrangère doit-elle être obligatoire à l'université?
2. Selon vous, faut-il supprimer (*do away with*) les examens?

3. En général, est-ce qu'il est trop facile d'obtenir de bonnes notes dans les écoles secondaires?
4. Les élèves devraient-ils avoir l'occasion d'évaluer la qualité de l'enseignement de tous leurs professeurs?
5. Que pensez-vous des dortoirs mixtes?
6. L'éducation sexuelle devrait-elle être imposée aux enfants des écoles secondaires?
7. Les réductions budgétaires devraient-elles affecter les bourses (*scholarships*) des étudiants ou bien les salaires des professeurs?
8. Considérez-vous que l'utilisation de l'ordinateur (*computer*) soit une bonne chose pour l'enseignement?

2. « **Le meilleur!** »

En employant les « Expressions en direct » apprises, demandez à un(e) camarade quel(le) est, selon lui, le (la) meilleur(e)...

MODELE: station de ski du monde?
Vous : *A ton avis, quelle est la meilleure station de ski du monde?*
Votre camarade : *Selon moi, la meilleure station de ski est Zermatt, en Suisse.*

1. film de l'année passée?
2. programme à la télé?
3. bande dessinée de journal?
4. groupe de chanteurs de rock?
5. marque (*make*) d'automobile?
6. chef d'état contemporain?
7. joueur de tennis?
8. invention moderne?
9. activité quand il pleut le dimanche?

INSTRUMENTS DE BASE II

Comment expliquer ou justifier sa position

Chaque membre de la table ronde s'explique :

Maryline : **Il me semble que** si l'on arrête ses études, on court le risque de ne plus jamais revenir à l'université.

Christophe : **En effet, je pense qu**'un étudiant doit être très fatigué après plusieurs années d'études, et qu'il apprend moins bien qu'avant.

Michel : **J'estime que** s'arrêter est un manque de volonté![1]

Caroline : **Je considère qu**'il vaut mieux payer ses études soi-même que d'emprunter[2] à la banque.

Alexandra : **Je suis convaincue que** les études sont souvent trop abstraites et font perdre de vue[3] le monde réel.

---

1. *lack of will power* 2. *borrow* 3. *make one lose sight of*

EXPRESSIONS EN DIRECT

en effet,
eh bien,
quant à... (*concerning*)

je trouve que...
je pense que...
je crois que...
je considère que...
je suis convaincu(e) que...
je suis persuadé(e) que...
il me semble que...

Entraînons-nous!

1. Question de famille!

Répondez aux questions suivantes et justifiez votre opinion. Vous pouvez vous inspirer de la liste des réponses données ci-dessous :

Une majorité de Françaises estime que les droits des femmes sont mal appliqués

L'égalité des salaires et l'égalité des chances professionnelles entre les femmes et les hommes apparaissent comme les deux droits les moins respectés.

"Estimez-vous qu'au cours du septennat de V.G.E....?"	%
Le droit à l'avortement a été...	
Bien appliqué	24
Mal appliqué	**39**
Ne se prononcent pas	37
Le droit au travail a été...	
Bien appliqué	25
Mal appliqué	**40**
Ne se prononcent pas	35
L'égalité des salaires entre les femmes et les hommes a été...	
Bien appliquée	16
Mal appliquée	**58**
Ne se prononcent pas	26
L'égalité des chances entre les femmes et les hommes (à l'embauche) a été...	
Bien appliquée	14
Mal appliquée	**59**
Ne se prononcent pas	27
La protection des mères de famille a été...	
Bien appliquée	**44**
Mal appliquée	28
Ne se prononcent pas	28

Résultats d'un sondage d'opinion parmi les Françaises

le septennat de V.G.E. = le terme de 7 ans du président Valéry Giscard d'Estaing de 1974 à 1981

l'avortement *abortion*
ne se prononcent pas = sans opinion
à l'embauche = à propos du travail

MODELE: Quel est l'âge idéal pour se marier?

Après avoir fini ses études.
Quand on est amoureux.
Lorsqu'on est bien établi dans sa profession.

Je considère que l'âge idéal pour se marier arrive après que l'on a bien établi sa carrière.

1. Un futur ménage (*married couple*) doit-il faire l'expérience de la vie commune avant de se marier?

   Oui, pour apprendre à se connaître.
   Oui, pour être sûr d'avoir des caractères compatibles.
   Non, le mariage est sacré.

2. Quand est-il préférable de créer une famille?

   Pas avant 30 ans.
   Après avoir assuré sa situation financière.
   Tout de suite après le mariage.

3. Selon vous, quel est le nombre d'enfants idéal?

   0, car le monde est déjà surpeuplé (*overpopulated*).
   1, parce qu'il peut recevoir plus d'attention.
   2 ou 3 enfants, pour qu'ils apprennent à partager.
   4 ou plus, parce que les grandes familles sont les plus heureuses.

4. Les lois sur l'adoption doivent-elles être modifiées?

   Oui, plus d'orphelins pourraient être adoptés.
   Non, il faut s'assurer que les familles adoptives soient qualifiées.
   Oui, les agences pour l'adoption exploitent les ménages sans enfants.

5. L'avortement (*abortion*) doit-il être légalisé?

   Oui, c'est le droit de toute femme.
   Non, l'avortement est un meurtre.
   Oui, un enfant non-désiré sera malheureux toute sa vie.
   Non, excepté dans les cas de danger pour la mère.

6. Qu'est-ce qui doit compter le plus pour une femme, sa carrière ou ses enfants?

Les enfants avant tout!
D'abord commencer sa carrière, puis l'interrompre quand les enfants sont petits.
Une carrière est trop précieuse pour l'abandonner.
Les deux sont tout aussi importants.

2. Sondage d'opinion

Vous avez été choisi par le magazine Vous *pour donner votre avis sur chacune des propositions suivantes. Prenez parti (*take a stand*) dans chaque cas et justifiez votre position. Variez votre réponse, en vous servant des expressions apprises.*

MODELE: Que diriez-vous si l'on voulait construire une usine (*factory*) de produits chimiques près de chez vous?

Je considère que ces usines créent beaucoup trop de pollution dangereuse.

Que diriez-vous si

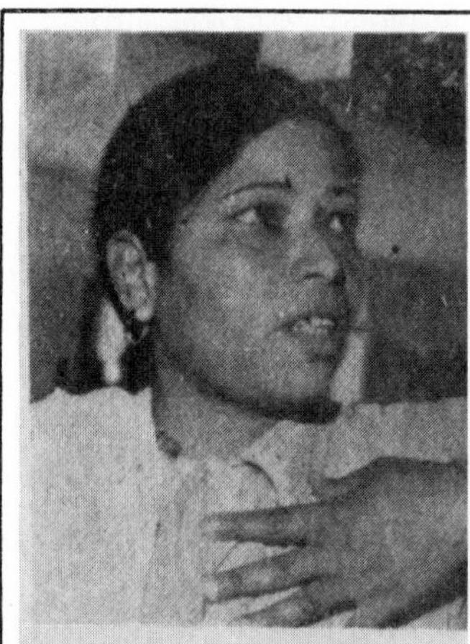

« J'amène ma fillette pour la faire vacciner. Mes enfants et moi venons à la polyclinique. On nous explique tout. Je pense qu'on devrait prendre en considération les cas urgents et prioritaires sans rendez-vous ».

« Voilà ce qu'elle pense de la nouvelle Polyclinique d'El Omrane, en Tunisie. »

1. le gouvernement instituait le service militaire obligatoire pour les femmes?
2. votre patron vous offrait un plus grand nombre de jours de vacances au lieu d'une augmentation de salaire?
3. l'on instituait la peine de mort (*capital punishment*) pour combattre la délinquence juvénile?
4. votre patron vous imposait la semaine de quatre jours?[1]
5. votre mari (ou femme) voulait participer à une grève (*strike*) controversée?
6. vous entendiez dire que, pour l'usage de la marijuana, vous pourriez être condamné(e) à 20 ans de prison?
7. les taxes sur votre propriété étaient augmentées afin d'aider les chômeurs (*unemployed*)?
8. l'on annonçait qu'un centre commercial (*shopping center*) allait être construit tout près de votre maison?

1. Quatre jours par semaine de 10 heures de travail et trois jours sans travail.

INSTRUMENTS DE BASE III

Comment approuver ou réfuter un argument

Tous les anciens élèves de cette université qui ont fait des études ininterrompues, ont bien réussi dans la vie!
Maryline
Christophe
Michel
Caroline
M. Breteuil
Alexandra

Maryline : **Je suis entièrement de votre avis. C'est tout à fait vrai** pour tous les anciens que je connais.

Christophe : **Absolument pas!** Moi, je connais pas mal[1] d'hommes et de femmes d'affaires qui ont commencé leur « business » au cours de leurs études.

Michel : **Je suis d'accord avec** Maryline. Elle **a tout à fait raison.**

Caroline : **Pas du tout!** C'est toi qui **as tort,** comme d'habitude!

Alexandra : Moi, **je suis contre** ces généralisations!

EXPRESSIONS EN DIRECT

Pour :

Je suis entièrement de votre avis.
C'est tout à fait vrai.
C'est juste. (*right, correct*)
Je suis d'accord.
Vous avez raison.
Rien de plus vrai!

Contre :

Absolument pas!
Pas du tout!
Vous avez tort!
Je suis contre.
Je m'oppose à...
Jamais de la vie!
Je ne suis pas du tout d'accord!

1. un grand nombre.

Entraînons-nous!

1. Opinions sur la société française

Voici l'opinion de certaines personnalités françaises. Ces gens approuvent-ils ou réfutent-ils l'argument exprimé? Selon vous, qu'en disent-ils?

MODELE:

Je suis contre le service militaire en France!

Un général de l'armée française :
« Je ne suis pas du tout d'accord avec Mlle Laguiller. Le service militaire est indispensable à la sécurité nationale! »
Un jeune homme :
« Mlle Laguiller a raison. Le service militaire est une perte de temps quand il n'y a pas de guerre. »
Vous :
« Je suis entièrement de l'avis de ce jeune homme. »

Arlette Laguiller, femme politique

1.

Je voudrais nationaliser les entreprises qui jouent un rôle fondamental dans l'économie française.

M. Reagan : . . . .
M. Andropov : . . . .
Vous : . . . .

François Mitterand, président de la République

2.

Un chef de cuisine chinois : ....
Un grand voyageur : ....
Vous : ....

Paul Bocuse, chef de cuisine célèbre

3.

Un vieux monsieur : ....
Un jeune homme : ....
Vous : ....

Michel Debré, homme politique

4.

Un jeune mannequin : ....
Une femme-avocat de 50 ans : ......
Vous : ....

Catherine Deneuve, actrice

5.

Je crois que le congé
de maternité doit être
partagé entre le père
et la mère.

Un P.D.G. : ....

Un jeune père : ....

Vous : ....

Simone Veil, présidente du Parlement européen de 1979 à 1981

2. Comment améliorer (*improve*) la société américaine?

Au cours d'une discussion, certaines personnes proposent les idées suivantes pour améliorer la qualité de la vie aux Etats-Unis. Approuvez ou réfutez leurs idées et justifiez votre opinion.

MODELE: Aucun Américain ne doit posséder un revolver.
Je suis entièrement de votre avis parce qu'il y a beaucoup trop d'homicides et d'accidents causés par des revolvers.

1. Il faut interdire aux jeunes de moins de 21 ans de boire de l'alcool.
2. Il faut exploiter davantage (*more*) l'énergie solaire.
3. Je crois que les juges devraient être beaucoup plus sévères avec les criminels.
4. J'estime qu'il faudrait augmenter les impôts (les taxes) payés par les riches.
5. Il faut éliminer tous les règlements qui protègent la nature.
6. Aucun programme violent ne devrait être autorisé à la télévision.
7. Le budget de la défense doit être augmenté.
8. Selon moi, il faudrait suivre le système d'enseignement français et nationaliser l'éducation américaine.
9. Je crois que la médecine sociale, payée entièrement par le gouvernement, est indispensable.
10. Les écoles bilingues devraient toutes être supprimées (*eliminated*).

INSTRUMENTS DE BASE IV

Comment ajouter un argument pour ou contre

Maryline : **De plus,** certaines universités refusent de laisser partir les étudiants pendant un an.

Christophe : **Pourtant,** la plupart des universités comprennent très bien les avantages d'une année de liberté.

Michel : **Je vois les choses différemment :** traditionnellement, on a toujours fini ses études sans une année de liberté.

Caroline : Tu as une opinion bien superficielle sur la jeunesse moderne! **J'ai un autre point de vue :** les jeunes d'aujourd'hui prennent cette année-là au sérieux.

Alexandra : **Et d'ailleurs,** ce n'est pas une année de liberté, mais une année très importante si l'on veut décider ce que l'on va faire plus tard.

EXPRESSIONS EN DIRECT

Pour ajouter un argument :

En plus,...
De plus,...
Et d'ailleurs,... (*And besides*)
Et aussi,...
Une autre raison,...
Prenons aussi le cas de...

Pour donner un argument opposé :

Par contre,... (*On the other hand*)
Oui, mais...
J'ai un autre point de vue.
Je vois les choses différemment.
Pourtant,... (*However*)
Cependant,... (*However*)

Entraînons-nous!

1. Ajoutez un argument

a. Lisez attentivement le premier argument.
b. Introduisez le deuxième argument par une des expressions étudiées.
c. Ajoutez un troisième argument.

MODELE: a. Acheter une maison le plus tôt possible permet de mieux loger sa famille.
b. ______________, une maison est un bon investissement.
c. ?
b. De plus, une maison est un bon investissement.
c. D'ailleurs, on se sent bien chez soi.

1. a. Faire de l'exercice physique empêche les crises cardiaques (*heart attacks*).
   b. ______________, l'exercice est bon pour la santé en général.
   c. ?
2. a. Les petites boutiques ont des produits de meilleure qualité.
   b. ______________, le service y est plus personnel.
   c. ?
3. a. Apprendre une deuxième langue ouvre des horizons nouveaux.
   b. ______________, cela permet de communiquer avec les étrangers.
   c. ?
4. a. Le salaire d'une femme doit être égal à celui d'un homme si elle fait le même travail.
   b. ______________, de nombreuses femmes sont chefs de famille.
   c. ?

2. Donnez un argument opposé

a. Lisez attentivement le premier argument.
b. Introduisez le deuxième argument avec une expression d'opposition

MODELE: a. Réparer vous-même la maison, c'est une bonne idée parce que vous faites des économies.
b. ______________ le travail n'est jamais aussi bien fait que lorsqu'il est fait par des professionnels.
b. Oui, mais le travail n'est jamais aussi bien fait que lorsqu'il est fait par des professionnels.

1. a. Etudier l'informatique est indispensable pour tous les enfants d'aujourd'hui.
   b. ______________ on peut très bien vivre sans aucune connaissance technique.

2. a. La retraite doit être obligatoire pour tous à 65 ans de façon à laisser la place aux jeunes.
   b. _______________ quel gaspillage (*waste*) d'expérience!
3. a. Il n'est jamais trop tôt pour se spécialiser.
   b. _______________ une éducation générale est très importante pour être bien adapté à la vie moderne.
4. a. Les meubles modernes sont plus pratiques.
   b. _______________ les antiquités prennent de la valeur avec le temps.

3. Pour et contre

Groupez-vous par trois. Voici une série de sujets controversés. Tout d'abord, vous formulez un argument pour ou contre un des sujets suivants. Puis, un(e) camarade trouve un argument pour renforcer votre position. Enfin, un(e) deuxième camarade donne un argument opposé.

MODELE: le droit de grève (*the right to strike*)
Vous : *Les employés du gouvernement n'ont pas le droit de faire grève.*
Premier camarade : *D'ailleurs, c'est le cas dans de nombreux pays.*
Deuxième camarade : *Oui, mais faire la grève est le droit de tout travailleur.*

1. les prières dans les écoles
2. le budget des recherches spaciales
3. la limitation de vitesse à 80 km (*50 miles*) par heure

4. la boxe professionnelle
5. les réclames (annonces publicitaires) de cigarettes
6. la censure de la presse
7. les monopoles
8. l'extinction des baleines (*whales*)
9. le terrorisme politique
10. ?

Paroles en action

1. Se marier ou ne pas se marier?

Une femme hésite à se marier. Elle demande conseil à deux amies : la première, divorcée, essaie de la dissuader de se marier. L'autre, heureuse en mariage, veut la convaincre d'accepter l'offre de mariage. Les deux « conseillères » présentent leurs arguments, en alternant leurs remarques. Après avoir écouté le pour et le contre, la fiancée annonce sa décision basée sur la validité des arguments qui viennent d'être exposés.

2. Publicité

L'un d'entre vous va jouer le rôle du reporter qui, micro en main, veut avoir l'opinion de chacun, sur un groupe de produits commerciaux très connus. Certains donnent leur avis et expliquent pourquoi ils aiment ou n'aiment pas les produits. D'autres peuvent ajouter un argument ou réfuter ce qui a été dit.

1.

2. 
3 rouges à lèvres
4 vernis à ongles
2 brillants colorés
6 duo - 2 ombres Dior
4 palettes - 4 ombres Dior
Christian Dior

3. 
Kellogg's
KRISPI DE KELLOGG'S.
LE LAIT LES FAIT CHANTER.
SNAP!
CRACKLE!
POP!
Kellogg's
KRISPI
riz soufflé et grillé
prêt à consommer
250g
Krispi de Kellogg's, ce sont des grains de riz soufflés et grillés... et chaque fois que l'on verse du lait dessus ils font Snap, Crackle, Pop. Une musique qui amuse les enfants et permet aux mamans de faire du petit déjeuner un repas complet riche en vitamines, sels minéraux et protéines. Krispi de Kellogg's, du lait froid ou tiède, un peu de sucre et c'est prêt... et croustillant.

3. Graffiti

Vous et votre ami vous promenez dans la rue. Vous remarquez des graffiti sur les murs. Discutez, entre vous, de chacun des graffiti illustrés ci-dessous. Dites si vous êtes d'accord ou non avec ce qu'ils disent. N'ayez pas peur d'avoir des opinions opposées!

1.

2.

3.

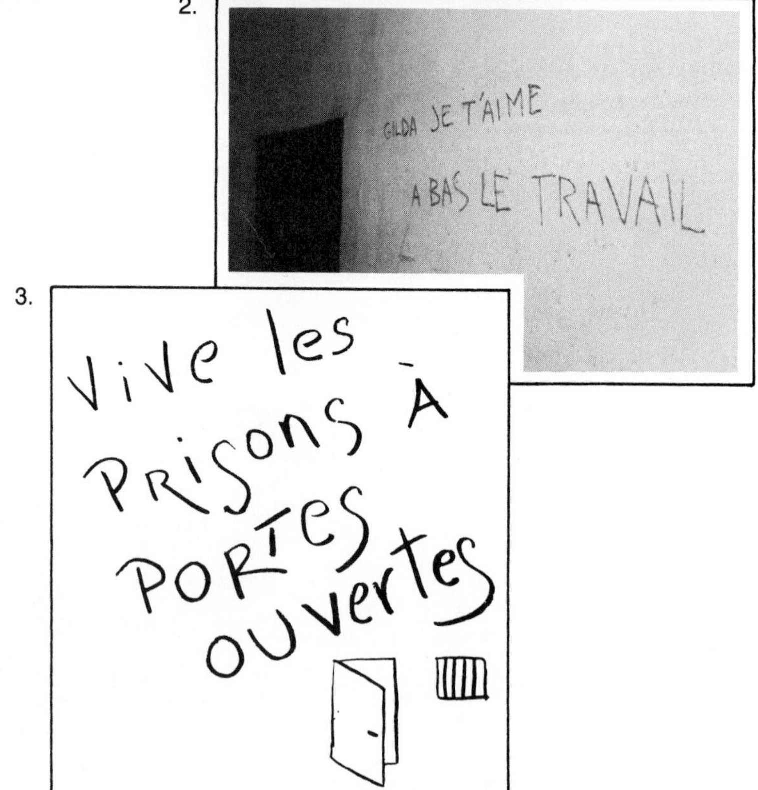

EDF = Electricité de France

Partie II

UNE METHODE DE DEBAT

COURS JEAN-FRANÇOIS MOULIN
2, montée Saint-Barthélemy - 69005 LYON
TÉL. 839.12.00

Parler en Public
Persuader
Convaincre
Négocier

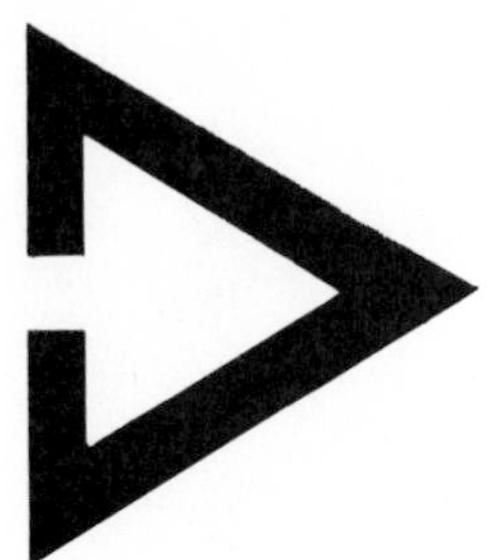

Cours d'expression orale.-

— méthode audio-visuelle
— technique allant de la voix à l'argumentation.
— pratique par différents exercices et situations

Travaillent au cours Jean-François Moulin : étudiants, professeurs, ingénieurs, avocats et toutes personnes amenées à prendre la parole en réunion, face à un interlocuteur ou à un groupe.

Conscient de l'intérêt d'un 1er contact, Jean-François Moulin vous propose un rendez-vous. ***Tél. 839.12.00***

Maintenant que vous connaissez les différentes façons d'exprimer vos opinions, vous désirez probablement avoir une plus longue discussion sur des sujets qui vous intéressent. Nous vous suggérons un procédé[1] de cinq étapes[2] que vous pouvez utiliser pour vous préparer à vos débats :

I. **D'abord,** choisissez un sujet à débattre, par exemple, « pour ou contre l'homme de demain? »

II. **Ensuite,** préparez bien votre sujet : lisez des articles de presse, cherchez et étudiez le vocabulaire nécessaire, interviewez des personnes compétentes, etc. L'article suivant décrit la possibilité d'une transformation dans la vie familiale traditionnelle. Lisez-le attentivement.

Avant, c'était simple : les rôles étaient distribués d'avance. Insidieusement, les femmes ont brouillé[3] les cartes. Face à cette nouvelle donne, que deviennent les hommes?

Joseph fait souvent la cuisine et la vaisselle. Comme sa femme, ni plus ni moins, il nettoie l'appartement, il range,[4] il lave le linge,[5] il repasse.[6] Il a l'air de trouver ça normal. Pourtant, Joseph, 39 ans, n'est pas révolutionnaire : c'est un cadre[7] moyen qui porte les mêmes costumes et les mêmes cheveux courts que ses voisins de banlieue.[8]

---

1. *process*
2. *stages*
3. *mixed up*
4. met en ordre
5. *laundry*
6. *irons*
7. *executive*
8. les environs d'une grande ville

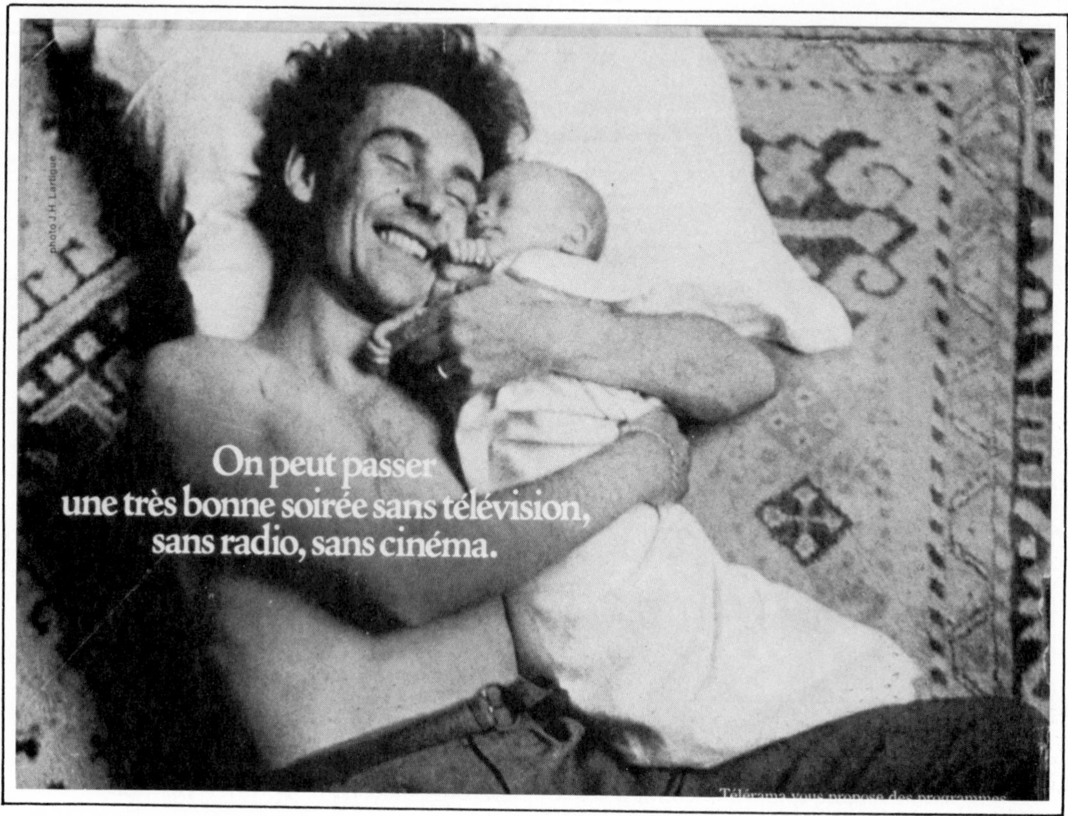

photo J.H. Lartigue
On peut passer
une très bonne soirée sans télévision,
sans radio, sans cinéma.

« On ne voulait pas vivre comme nos parents. On ne voulait pas non plus se quitter, » dit Joseph. « C'était simple : il fallait inventer autre chose. Comme on ne peut pas vivre pendant cinquante ans les mêmes expériences exactement au même moment, nous avons décidé de prendre des risques. » De temps en temps, Joseph et sa femme Danièle sortent chacun de son côté. Pour un soir, pour une nuit. Parfois, pour un week-end. Ils croient dur comme fer[1] au couple qu'ils construisent.

Certains hommes voudraient bien, comme Joseph, se montrer « compréhensifs, » mais ils guettent[2] leur femme d'un oeil rond et disent : « Jusqu'où[3] veut-elle aller? Où va-t-elle s'arrêter? »

Joseph est jeune, beau, plein d'avenir, et désarmant de tendresse—il résume : « Elle veut vraiment tout. Elle va avoir un bébé. Elle ne veut pas s'arrêter de travailler. Elle veut—en plus—suivre des cours. Elle veut que je m'occupe du bébé quand il naîtra. Et elle veut que ce soit moi qui prenne un congé de maternité… non, de paternité. »

« On me traite parfois de pédé, »[4] raconte Joseph, parce que je ne me comporte pas en macho. La compétition ne m'intéresse plus. Je

1. fermement (fer = *iron*)
2. *watch, spy on*
3. jusqu'à quel point
4. argot pour « pédéraste » (homosexuel)

ne me vante[1] pas de mes conquêtes féminines. Je ne considère pas les femmes comme des objets. Danièle ne m'appartient[2] pas, ni moi à elle. Mais, quand je pleure, elle me console. Et j'aime ça. »

—Extrait d'un article de *L'Express*

III. **Et puis,** faites la liste de vos arguments pour et/ou contre. Voici un début de liste d'arguments sur le sujet précédent :

Pour l'homme de demain :

1. Pas de rôles dits « masculins » et «féminins »: mythe de la tradition.
2. Il vaut mieux pour les enfants être aimés également par le père et la mère et être exposés ainsi aux points de vue masculins et féminins; excellente préparation pour l'avenir.
3. ....
4. .... etc.

Contre l'homme de demain :

1. C'est le rôle naturel de la femme de faire le ménage et d'élever les enfants.
2. Qu'est-ce que les amis vont dire?
3. ....
4. .... etc.

IV. **Enfin,** organisez votre discussion selon le schéma suivant :

le premier interlocuteur
a. donne son avis
b. s'explique ou fournit des exemples

→

le deuxième interlocuteur
a. répond aux arguments du premier en
1. concédant un point
ou
2. réfutant l'argument du premier interlocuteur
b. présente l'avis opposé
c. s'explique

→

le premier interlocuteur
a. répond aux arguments du deuxième
b. ajoute un deuxième argument
c. s'explique, illustre ou fournit des exemples

1. *brag*
2. *belong*

V. Voici le résultat. Continuez la discussion.

arguments présentés	***discussion***	***actes de paroles***
mythe des rôles traditionnels	***Monsieur Pour :*** **Moi, personnellement, je pense que** les rôles, dits « masculins » et « féminins » ne devraient plus exister. **J'estime** tout à fait normal de faire n'importe quel travail à la maison. J'en reçois même une certaine satisfaction.	donner son avis s'expliquer
la nature des choses	***Monsieur Contre :*** **Pour ma part, je suis entièrement opposé** à l'idée que les hommes doivent faire le travail de la femme. **En effet,** dans toute société animale, c'est la femelle qui, instinctivement, s'occupe de la famille. **A mon avis,** l'enfant a besoin de la mère. Pourquoi aller contre la nature?	réfuter s'expliquer donner son avis
égalité des responsabilités des deux parents	***Monsieur Pour :*** Il est certain que l'enfant a besoin de sa mère. Je l'admets volontiers. **Cependant,** vous ne pouvez pas nier[1] que l'enfant a tout à gagner si les deux parents s'occupent de lui. Cela expose l'enfant à deux façons de voir la vie. Par conséquent, **je suis convaincu que** cela le prépare mieux pour l'avenir.	concéder réfuter avec un 2ème argument s'expliquer
?	***Monsieur Contre :*** ...	?
?	***Monsieur Pour :*** ...	?

A vous la parole!

En suivant la méthode de débat précédente, préparez des discussions sur les sujets proposés de la page 190 à la page 195.

1. contester, contredire

L'AGONIE !

1968 MEXICO

Sur le podium du 200 m plat, John Carlos et Tommy Smith brandissent un point ganté de noir pendant l'hymne américain afin de protester contre la politique raciale des Etats-Unis.

1972 MUNICH

La plus grande tragédie des Jeux Olympiques. La tragédie fera 16 victimes : 11 athlètes israéliens, 4 terroristes et un policier.

1980 MOSCOU

L'armée russe entre à Kaboul. Les Etats-Unis décident immédiatement le boycott des Jeux de Moscou. L'Angleterre leur emboîte le pas. On est loin de la philosophie de Coubertin.

Sujet 1 : L'Olympisme et la politique

Exemple d'article pour vous aider à préparer votre discussion :

Il est difficile, pour ne pas dire impossible, de trouver un pays modèle en matière de droits[1] de l'homme.

Indéniablement, les jeux Olympiques jouent un rôle politique de première importance, surtout dans une période de tension où certains n'hésitent pas à parler de « guerre froide. » Les jeux Olympiques, avec leurs millions de spectateurs et son milliard de téléspectateurs sont, tous les quatre ans, un moment important de connaissance des autres. Ils représentent un moment privilégié dans le combat que mènent[2] quelques organisations et plusieurs millions d'hommes pour les droits de l'homme. Ils sont le seul moment où l'oppresseur se retrouve sur le même plan[3] que l'opprimé,[4] l'ancien colonisé sur le même plan que l'ancien colonisateur.

Les jeux Olympiques sont un événement non seulement sportif, mais aussi un événement culturel et politique. La seule règle[5] qui doit être admise est : la possibilité pour tous ceux qui veulent y participer de pouvoir le faire, sans distinction de race, de sexe, de religion, de classe sociale.

—Extrait d'un article de *Nous*

---

1. *rights*
2. *wage*
3. *level*
4. *oppressed*
5. principe

Coubertin = Pierre de Coubertin, le rénovateur des jeux Olympiques (en 1896.)

Préparez vos arguments. Vous pouvez vous documenter en cherchant dans la presse des informations telles que statistiques, faits, exemples, pour renforcer vos arguments.

Les jeux Olympiques doivent être dépolitisés :	La politique dans les jeux est inévitable :
1.	1. ....
2.	2. ....
3.	3. ....
Etc.	Etc.

Et maintenant, à vous la parole!

Arguments présentés	***Votre discussion***	***Actes de paroles***

Sujet 2 : Pour ou contre l'énergie nucléaire?

Après une grande manifestation[1] *anti-nucléaire, vous débattez la question avec un groupe d'amis. Voici une liste de termes qui sera utile à votre discussion. (Vous pouvez, bien entendu, vous documenter avant de commencer votre débat.)*

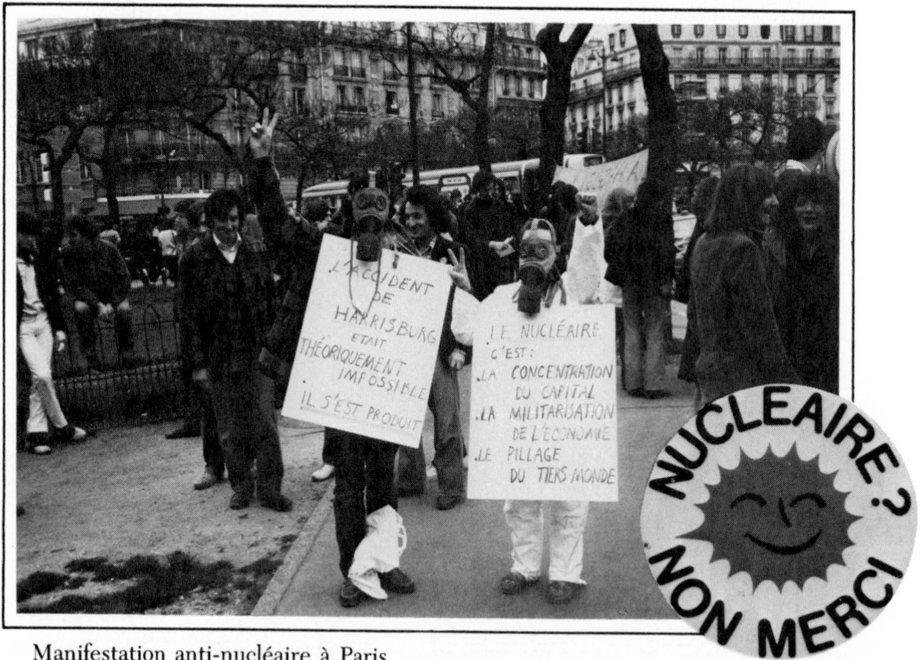

Manifestation anti-nucléaire à Paris

1. *demonstration*

une centrale nucléaire *nuclear plant*
un(e) écologiste
un réacteur
la pollution radioactive
la pollution chimique et thermique (*chemical and thermal pollution*)
l'effet (m) de serre *greenhouse effect*
courir un risque
un accident nucléaire
le déchet radioactif *nuclear waste*
une menace *threat*
une guerre nucléaire
la destruction totale
un danger
une bombe atomique
le « club nucléaire » : pays ayant une capacité nucléaire
se protéger *protect oneself*
le besoin de sources d'énergie nouvelles
le coût de l'énergie
le prix du pétrole augmente
le chauffage *heating*
l'électricité (f)
l'énergie (f) solaire

Sujet 3 : Pour ou contre la peine de mort? (*capital punishment*)

Vous participez à un débat sur la peine de mort au Congrès International des Droits de l'Homme. Nous vous fournissons à la page 194 une liste de mots dont vous aurez probablement besoin :

La dernière exécution publique: celle de Weidman, à Versailles en 1939

un procès *trial*
un tribunal *court*
un procureur *prosecutor*
un avocat de la défense
un juge
un témoin *witness*
accuser ≠ défendre
un droit
innocent ≠ coupable
une prison
les travaux forcés *forced labor, chain gang*
un meurtrier = un assassin = un criminel
un récidiviste *repeater*
tuer
un meurtre = un assassinat = un crime
un viol *rape*
un kidnapping
prémédité
la chaise électrique
la guillotine
la pendaison *hanging*
être fusillé *to be shot by a firing squad*
exécuter
punir
barbare ≠ civilisé
incompréhensible
nécessaire ≠ inutile
juste ≠ injuste
diminuer ≠ augmenter
abolir ≠ instituer
accomplir
améliorer *improve*
empêcher

Sujet 4 : Pour ou contre l'euthanasie?[1]

Imaginez que vous avez été choisi pour débattre la question de l'euthanasie pour le fameux programme télévisé « Les Grandes Questions de notre temps. » En présence seront un médecin, un vieillard, la mère d'un grand malade, une infirmière qui travaille dans un hospice et un avocat. Chaque membre de la classe joue un rôle différent. Voici les termes que vous allez sans doute employer dans votre discussion :

« En attendant la mort... »

1. Théorie selon laquelle il serait légal d'abréger la vie d'un malade incurable.

la maladie
le cancer
être dans le coma
un grand malade
un vieillard
un mourant
la mort naturelle
la mort légale
la souffrance = la douleur
incurable
intolérable
abréger les souffrances *put an end to suffering*
un hôpital
un médecin
un infirmier (une infirmière) *nurse*
un médicament *medicine*
une maison de retraite *retirement home*
un hospice = un hôpital réservé aux vieillards
une maison de santé *nursing home*
les frais (m) *expenses*
ruiner la famille
maintenir en vie *keep alive*
tuer illégalement
arrêter les machines
un meurtre
se suicider
l'espoir (m) ≠ le désespoir
le désir = la volonté
un testament *will*
un héritage *inheritance*
les bénéfices (m) de l'assurance-vie *life insurance benefits*
les bénéfices (m) de l'assurance-maladie *health insurance benefits*
une chance de guérir *chance to be cured*
la survie *survival*
à la merci de *at the mercy of*

CHAPITRE X

Autour du monde en français!

Chapitre de recyclage

Voici enfin l'occasion d'utiliser tout ce que vous avez appris dans ce livre! Imaginez que vous avez été employé par une société privée, le Centre de Culture Francophone. Ce centre fournit des renseignements éducatifs et culturels sur les pays de langue française. Votre travail consiste à rassembler des informations sur la population, les moeurs,[1] les traditions et la vie quotidienne de différents pays francophones du globe. Vous partez donc à la découverte de trois pays fascinants : la Principauté de Monaco sur la Côte d'Azur[2]; la Guadeloupe dans la mer des Caraïbes; le Québec au Canada. Quel bon prétexte pour exercer votre français! Amusez-vous bien!

1. *ways, mores*
2. *French Riviera*

PREMIERE ESCALE:[1] la Principauté de Monaco

Afin de vous préparer à la première escale de votre voyage, le spécialiste du Centre de Culture Francophone vous montre quelques diapositives[2] et vous parle de la Principauté et de sa ville principale Monte-Carlo.

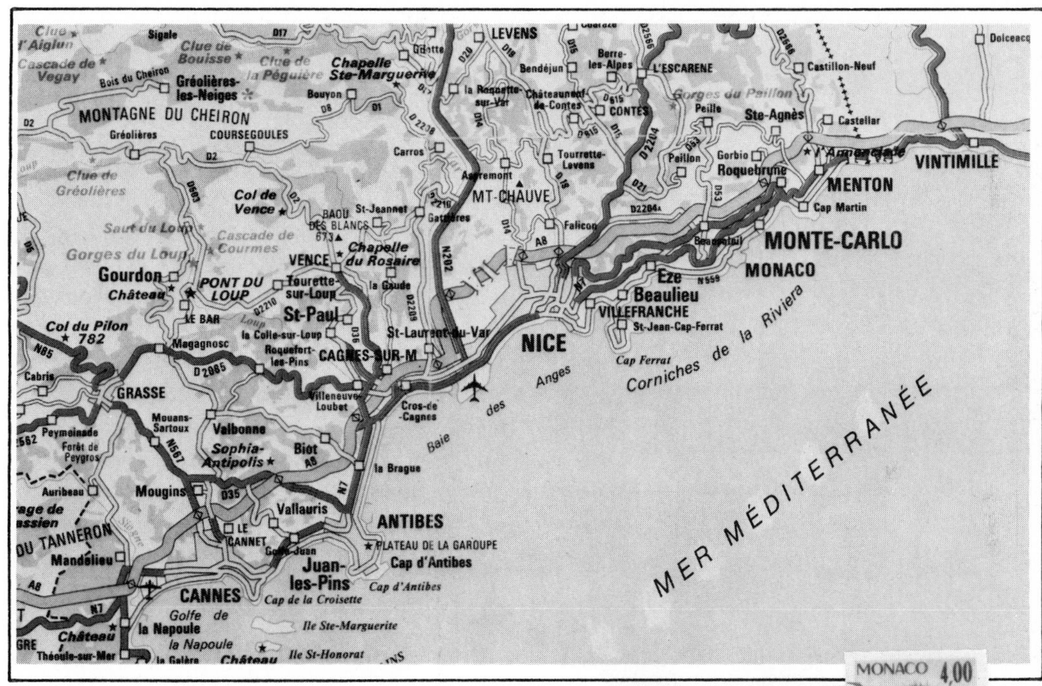

Climat : méditerranéen (chaud et sec)
Température : 12°,[3] moyenne[4] de janvier
24°,[5] moyenne de juillet
Devise[6] : franc français et monégasque
Population : 25,000 habitants
Capitale : ville de Monaco
Ville principale : Monte-Carlo
Langue officielle : le français
Gouvernement : principauté indépendante
Principales industries : tourisme, parfums, casinos
Principales attractions touristiques : le Palais Princier, le Jardin Exotique; le Musée Océanographique; le Casino de Monte-Carlo

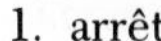

1. arrêt
2. *slides*
3. = 54°F.
4. *average*
5. = 75°F.
6. unité monétaire

Monaco! Qu'est-ce que ce nom célèbre évoque pour vous? Des plages? La mer sous un soleil brillant? Des villas? Des yachts? Des casinos? Fascinant, n'est-ce pas, surtout si l'on considère que, avec ses 1,8 kilomètres carrés,[1] c'est l'un des plus petits pays du monde? La Principauté entière est én effet plus petite que le parc central de New York. On peut traverser le pays à pied en une heure ou deux. Eh bien, malgré cela, la Principauté a su conserver son indépendance depuis le début du règne de la famille Grimaldi au XIVème siècle. Aujourd'hui le Prince Rainier est à la tête du gouvernement monégasque.

Grâce à son soleil toujours présent et à son port, l'un des plus beaux de la Côte d'Azur, Monaco est devenu l'un des endroits chics les plus fréquentés du monde. Hôtels ultra- modernes, restaurants français et italiens de qualité, casinos élégants, villas extraordinaires, et boutiques de luxe attirent[2] surtout une clientèle riche et des vedettes du cinéma. De nombreux galas, festivals, courses-automobiles et autres événements sportifs sont organisés pour distraire les visiteurs.

Il n'est donc pas étonnant que beaucoup de gens désirent habiter ce pays agréable. De plus, comme les revenus du tourisme sont suffisamment importants, les Monégasques ne paient pas d'impôts.[3] C'est d'ailleurs pour cela que les Monégasques reçoivent de nombreuses demandes en mariage chaque année!

Voilà, ce sont des généralités à propos de Monaco... à vous de découvrir sur place d'autres faits intéressants!

1. *square kilometers* 2. *attract* 3. pas de taxes

Entraînons-nous!

1. Vérifiez vos connaissances!

Avant votre départ, vous voulez vous assurer que vous avez bien assimilé les informations qui vous ont été présentées. Répondez par **vrai** *ou* **faux** *aux déclarations suivantes. Corrigez les phrases fausses.*

MODELE: Le climat de Monaco est tropical.
Faux. Le climat de Monaco est méditerranéen.

1. Monte-Carlo est un pays minuscule (très petit).
2. La capitale de la Principauté de Monaco est Monte-Carlo.
3. Le chef d'état de Monaco est un prince.
4. Les impôts sont très élevés à Monaco.
5. L'industrie la plus importante de Monaco est le commerce touristique.
6. C'est surtout le touriste riche qui passe ses vacances à Monaco.
7. La seule monnaie acceptée est le franc monégasque.
8. Le climat méditerranéen est chaud et humide.

2. Jouez au professeur!

En vous inspirant des informations données sur Monaco, préparez une liste de déclarations vraies ou fausses sur votre pays ou région. Faites passer votre « test » aux autres membres de la classe!

MODELE: Los Angelès est la plus grande ville des Etats-Unis.
Faux. La plus grande ville des Etats-Unis est New York.

Paroles en action

1. L'embarras du choix! (*An embarrassment of riches!*)

(Révision des chapitres I, III, IV, V, IX : Passe-temps, questions, renseignements, préférences, opinions; employer **tu***)*

Regardez ces brochures monégasques que le spécialiste au Centre de Culture Francophone vous a prêtées. Votre ami(e) vous demande ce que vous allez faire pendant votre voyage à Monaco. Demandez-lui ses opinions et conseils. Choisissez et finalement, établissez le programme idéal pour vous.

PRINCIPAUTÉ de MONACO

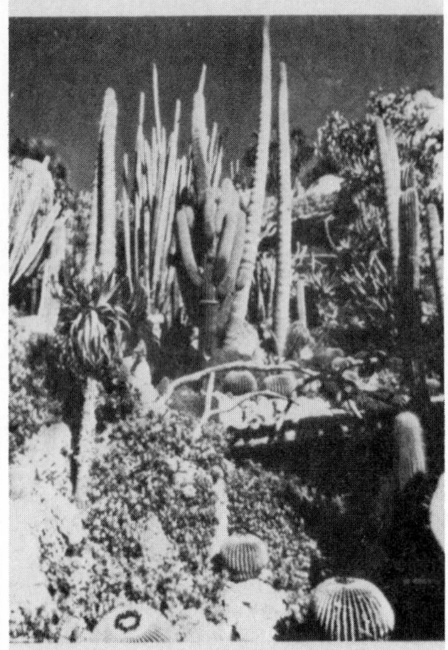

JARDIN EXOTIQUE

UNIQUE AU MONDE

Ouvert toute l'année

GROTTE de l'OBSERVATOIRE

et

MUSÉE

d'ANTHROPOLOGIE

PREHISTORIQUE

JUIN à SEPTEMBRE 9 h - 19 h

OCTOBRE à MAI 9 h - 12 et 14 h - 18 h

☎ 30 33 65/66

PRINCIPAUTE DE MONACO

MUSEE DU PALAIS

SOUVENIRS NAPOLEONIENS ET COLLECTION DES ARCHIVES.
Place du Palais. Tél. 30.18.31 (poste 364). Ouvert : 9 h 30 à 11 h 30 et 14 h à 18 h, sauf le lundi. Du 1er juillet au 31 septembre, tous les jous 9 h 30 à 12 h et 14 h à 18 h 30. Prix : 8 F. Groupes 15 personnes : 6 F. 1/2 tarifs et étudiants : 4 F. Jumelé Musée-Palais : 14 F.

Le Musée du Palais offre un ensemble de souvenirs et de trophées de premier ordre. C'est une véritable panoplie historique de l'épopée napoléonienne.
Avec ses tableaux, ses riches gravures d'époque et la magnifique collection privée de timbres-poste de Monaco de S.A.S. le Prince Souverain Rainier III, il constitue l'un des plus beaux musées de la Côte d'Azur.

GRANDS APPARTEMENTS DU PALAIS PRINCIER.
Ouverts tous les jours pour la période du 1er juillet au 30 septembre. De 9 h 30 à 12 h 20 et de 14 h à 18 h 30. Prix : 10 F. Groupes : 8 F.

Salons et portraits princiers exécutés par de grands maîtres. Escalier d'honneur. Galerie d'Hercule.

MUSEE OCEANOGRAPHIQUE

Avenue St Martin, Monaco-Ville. Tél. 30.21.54. et 30.15.14.
Ouvert chaque jour sans interruption. Du 1er au 30 juin : 9 h à 19 h. Du 1er juillet au 31 août : 9 h à 20 h 30. Du 1er au 30 septembre : 9 h à 19 h. Du 1er octobre au 31 mai : 9 h 30 à 19 h. Le dimanche du Grand Prix Automobile de Monaco; fermeture du Musée à 12 h 30.

Ce «Temple de la mer» a été construit à la pointe extrême du Rocher de Monaco par le Prince Albert 1er. Ses salles sont consacrées à l'océanographie et au souvenir de son illustre Fondateur.
L'Aquarium présente le "Monde du silence" avec des milliers de poissons et d'animaux marins, merveilleusement colorés, de Méditerranée et des zones tropicales du monde entier dans 80 bassins.

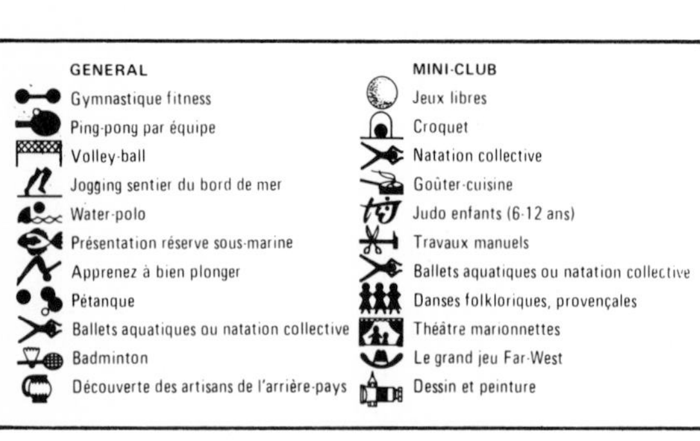

GENERAL
Gymnastique fitness
Ping-pong par équipe
Volley-ball
Jogging sentier du bord de mer
Water-polo
Présentation réserve sous-marine
Apprenez à bien plonger
Pétanque
Ballets aquatiques ou natation collective
Badminton
Découverte des artisans de l'arrière-pays
MINI-CLUB
Jeux libres
Croquet
Natation collective
Goûter-cuisine
Judo enfants (6-12 ans)
Travaux manuels
Ballets aquatiques ou natation collective
Danses folkloriques, provençales
Théâtre marionnettes
Le grand jeu Far-West
Dessin et peinture

LE SEA CLUB

Deux harmonieuses piscines dans un magnifique jardin, face à la mer.
Chaises longues, matelas, parasols, serviettes sont à votre disposition.
Confiez vos enfants au maître nageur ou laissez-les dans l'aire de jeux aménagée pour eux.
Vous désirez prendre un verre ou déjeuner au soleil, le restaurant du Sea-Club est ouvert toute la journée.

2. « Mal entendu »

(Révision des chapitres III et VII : Hôtels, irritation; employez **vous***)*

Dès votre arrivée à Monaco vous visitez plusieurs hôtels. Un jour, vous assistez à une discussion entre un chef de réception et un étranger qui a beaucoup de difficulté à s'exprimer en français. Celui-ci est furieux parce que l'hôtelier a mal compris les termes de sa réservation. Vous proposez de leur servir d'interprète et d'expliquer à l'hôtelier ce que voulait le client. Jouez la scène.

Le client voulait :	*L'hôtelier lui a donné :*
une chambre pour une personne avec salle de bains; donnant sur la mer; demi-pension à 125 Frs. par jour; chambre au 1er étage; téléphone et air-conditionné.	une chambre (un grand lit plus un lit supplémentaire) sans salle de bains; donnant sur la grand'rue; petit déjeuner et chambre à 130 Frs. par jour; chambre au 4ème étage avec télévision couleur et mini-bar.

Variante : (Révision du chapitre VIII : Description et narration)
Racontez à la classe un incident personnel au cours duquel vous avez aidé quelqu'un en difficulté ou vice-versa.

3. Préparation au « choc culturel »

(Révision des chapitres I, II, III, IV, V, VI : Présentations, invitations, questions, renseignements, restaurants; employez **vous***)*
Au cours de votre voyage, vous faites la connaissance d'un Monégasque qui va venir bientôt dans votre pays. Il vous pose de nombreuses questions sur votre vie, sur les habitudes des gens, sur les meilleurs sites et villes à visiter, et aussi sur les restaurants, magasins, et moyens de transports de votre ville. A la fin de la conversation, invitez-le à vous rendre visite! Suggestion : Cette « Paroles en action » peut être divisée en sections, jouées par différents groupes d'étudiants. Par exemple, une paire fait connaissance; une autre discute des habitudes; une troisième donne des renseignements sur les restaurants; etc.

4. Récit : Impressions rétrospectives

(Révision des chapitres VII et VIII : Jugements, narration, description)

Pour ne pas oublier ce que vous avez appris sur Monaco, vous décidez, avant de quitter le pays, d'enregistrer (record) *les renseignements obtenus, un jugement sur ce que vous avez fait d'intéressant, et vos impressions générales. Vous utilisez le magnétophone à cassette que vous avez apporté avec vous.*

Variante : Enregistrez un rapport similaire sur un autre voyage que vous avez fait, sur votre ville ou même sur votre campus.

Projet supplémentaire : Gala au Casino de Monte-Carlo[1]

Tout le groupe prépare et participe à cette activité collective. Préparatifs : Chacun choisit l'un des rôles indiqués ci-dessous, puis prépare son propre costume et un accessoire ou objet pour tout le monde : fausse monnaie, roulette ou cartes, bouteilles de boissons françaises (contenant du Coca-Cola ou de la limonade!) pour le « bar, » etc.

Rôles à jouer :

le banquier
le croupier *croupier (the man who runs the game)*
le barman
le gorille *bouncer*
la jeune fille aux fleurs
les clients : Dolly Parton, Sherlock Holmes, un millionnaire du Texas, Catherine Deneuve, Rip van Winkle, etc.

Vocabulaire du casino :

gagner ≠ perdre
le pair *even*
l'impair *odd*
tricher *cheat*
Faites vos jeux! *Place your bets!*
Les jeux sont faits! *The bets have been made!*
Rien ne va plus! *No more bets!*

Suite de projet (follow-up) *: Décrivez la soirée de gala à laquelle vous venez de participer : ambiance* (atmosphere)*, personnages, incidents, etc.*

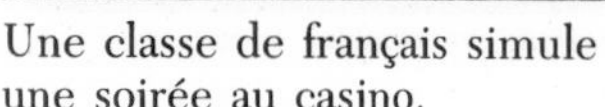

Une classe de français simule une soirée au casino.

Le Casino de Monte-Carlo

1. Ce projet exige beaucoup de préparatifs en avance.

▬ DEUXIEME ESCALE : la Guadeloupe ▬

Votre voyage pour le Centre de Culture Francophone continue dans un endroit très différent de Monte-Carlo mais tout aussi fascinant : la Guadeloupe. Grâce à une belle exposition dans un musée, vue avant votre départ, vous savez déjà beaucoup sur ce département français situé dans la mer des Caraïbes, où se mêlent les cultures française et créole.[1] Voici ce que vous avez appris au cours de votre visite :

Climat : tropical (chaud et humide)
Température : 23°,[2] moyenne de janvier
25°,[3] moyenne de juillet
Devise : franc français
Population : 324,000 habitants
Capitale et ville principale : Pointe-à-Pitre
Langue officielle : le français (mais on parle aussi un dialecte, le créole antillais)
Gouvernement : la Guadeloupe est un département français
Principales industries : la canne à sucre, la banane, le rhum, le tourisme

Adieu, Foulards ! Adieu, Madras !

Adieu, Foulards !
Adieu, Madras !
Adieu, grains d'or !
Adieu colié chou
Doudou en moin
Li ka pati
Hélas ! hélas !
Cé pou toujou ! } bis

Bonjou missié
Le commissaire
Moin vini fait
Yon ti pétition
Pou vou ban moin
Autorisation
Laissé doudou
An moin ban moin } bis

Ma chère enfant,
Il est trop tard.
Doudou à vous
Déjà embarqué
Le bâtiment
Déjà sur la bouée
Bientôt il va
Appareiller. } bis

Bel bâteau-là
Ki dan rade-là
Prend doudou moin
Menné li allé
Doudou en moin
Li ka pati
Hélas ! hélas !
Cé pou toujou. } bis

• « ADIEU FOULARDS, ADIEU MADRAS », *par Jacques Bonhomme, roman documentaire sur la Guadeloupe. Editions Soulanges, 20, rue de l'Odéon, Paris (6e). Prix : 9,60 NF.*

« Un poème créole. »

---

1. Créole : d'origine mixte, c'est-à-dire caraïbe, africaine, française, espagnole, et portugaise. La langue créole peut être comprise par les Français si elle est parlée lentement.
2. = 72°F.
3. = 76°F.

1. Les Indiens caraïbes, premiers habitants de l'île, l'ont nommée « Karukera, » ce qui veut dire « île aux belles eaux. » L'île a été découverte en 1493 par Christophe Colomb.

Les grandes dates de l'histoire de la Guadeloupe

4 novembre 1493 : Christophe Colomb découvre la Guadeloupe.
1635 : Prise de possession de la Guadeloupe par de l'Olive et Duplessis.
1666 : Echec des Anglais devant la Guadeloupe.
1669 : Le gouvernement de la Guadeloupe est réuni à celui de la Martinique.
1674 : Louis XIV rattache les Antilles au domaine royal.
1759 : Occupation de la Guadeloupe par les Anglais.
1763 : Le traité de Paris restitue les Antilles à la France.
1771 : La Guadeloupe devient économiquement indépendante de la Martinique.
1782 : L'amiral de Grasse est battu par les Anglais aux Saintes.
Décembre 1789 : Le gouverneur de Cluny réunit à Petit-Bourg une Assemblée coloniale.
Avril 1794 : Débarquement des Anglais à la Guadeloupe.
Décembre 1794 : Victor Hugues reprend la Guadeloupe aux Anglais.
Mai 1802 : Le général Richepanse entre à Pointe-à-Pitre.
1810 : Les Anglais s'emparent de la Guadeloupe.
1814 : Le second traité de Paris restitue les Antilles à la France.
1837 : Auguste Bébian fonde à la Guadeloupe la première école pour les enfants de couleur.
Avril 1848 : Abolition de l'esclavage.
1877 : Saint-Barthélemy est rendue à la France.
1928 : La Guadeloupe est ravagée par un terrible cyclone.
Mars 1946 : La Guadeloupe est érigée en département.
1948 : Transfert des cendres de Victor Schoelcher et de Félix Eboué au Panthéon.

2. En 1635, 400 Français se sont installés à la Guadeloupe. Les Anglais ont envahi[1] l'île quatre fois, mais la Guadeloupe est restée une colonie française. En 1946, elle est devenue un département français.

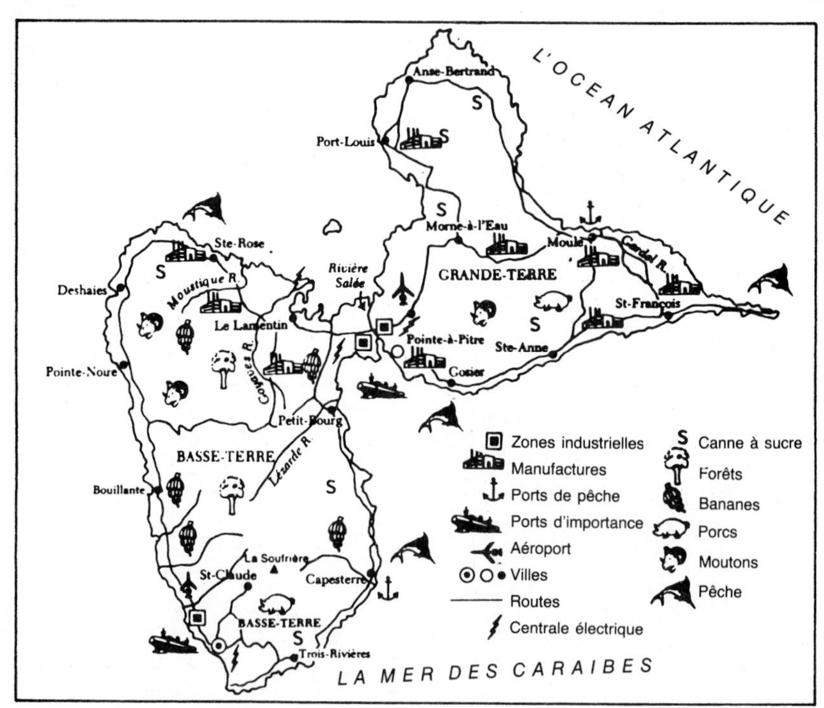

3. La Guadeloupe se compose de deux îles principales, Basse-Terre et Grande-Terre, et de cinq autres petites îles. Ce groupe d'îles forme un département français et bénéficie donc des mêmes avantages sociaux que toutes les autres régions de France.

1. sont entrés violemment dans

4. La Guadeloupe est surtout peuplée de cultivateurs et de pêcheurs.[1] Aujourd'hui, le gouvernement français doit aider l'économie guadeloupéenne très pauvre en achetant ses principaux produits agricoles, surtout la canne à sucre.

5. Malgré les difficultés économiques de sa vie, le Guadeloupéen est connu pour son tempérament jovial et pour son attachement aux traditions de son pays : les danses créoles, le « voudou, » et les récits oraux.

6. Mais que sera l'avenir de la Guadeloupe? Elle restera sans doute l'endroit préféré de nombreux touristes qui viendront chaque hiver pour profiter de son beau climat, de ses belles plages et de son excellente cuisine française et créole. Mais ce qui reste à savoir, c'est si l'économie pourra dominer de sérieux problèmes : chômage,[2] inflation, manque d'industries.

1. *farmers and fishermen* 2. *unemployment*

Entraînons-nous!

1. Auto-colle! (*Test Yourself!*)

A la fin de l'exposition, vous avez trouvé une épreuve (test) *pour vérifier vos connaissances sur la Guadeloupe. Comme vous saviez que vous alliez vous y rendre, vous avez jugé bon de passer cette colle. En voici les questions. Donnez à haute voix vos réponses à l'ordinateur qui vous dira la réponse correcte! (L'un de vous peut jouer le rôle de l'ordinateur!)*

1. La Guadeloupe se compose de
   a. une seule île
   b. deux îles
   c. deux grandes îles et cinq petites îles
2. Aujourd'hui la Guadeloupe est
   a. une île indépendante
   b. un département français
   c. une colonie française
3. La capitale de la Guadeloupe est
   a. Pointe-à-Pitre
   b. Grande-Terre
   c. Saint-François
4. L'industrie principale de la Guadeloupe est
   a. la pêche
   b. le tourisme
   c. la canne à sucre
5. L'économie de la Guadeloupe
   a. se suffit à elle-même
   b. dépend de la France pour survivre
   c. est surtout aidée par les Etats-Unis
6. A la Guadeloupe on parle
   a. uniquement français
   b. un dialecte créole et le français
   c. un dialecte africain et le français
7. Le climat à la Guadeloupe
   a. varie beaucoup de saison en saison
   b. est plus chaud en hiver
   c. est agréable toute l'année
8. Les premiers habitants de la Guadeloupe étaient
   a. français
   b. africains
   c. indiens

2. Dialogue avec M. François, natif de la Guadeloupe

(Révision des chapitres III et IV: Questions personnelles, réponses, renseignements; employer ***vous****)*

Peu de temps après votre arrivée sur l'île, vous devenez ami d'un jardinier de votre hôtel. Vous lui posez de nombreuses questions sur sa vie, et il vous donne les réponses qui suivent. Lisez d'abord ses réponses, puis préparez vos questions. Posez-les ensuite à un(e) camarade qui lira les réponses de M. François.

1. **Vous :** ______________________________?
M. François : *Eh bien, moi, j'ai trois emplois. Je suis jardinier à l'hôtel, pêcheur et employé dans une plantation de canne à sucre.*

2. **Vous :** ______________________________?
M. François : *J'ai besoin de trois métiers parce que j'ai cinq enfants; les salaires sont faibles et en plus on ne travaille pas toute l'année à la plantation.*

3. **Vous :** ______________________________?
M. François : *Ma grande fille danse dans un groupe folklorique pour la distraction des touristes. Mais mon fils ne peut pas trouver de travail sur l'île.*

4. **Vous :** ______________________________?
M. François : *Ma femme s'occupe des jeunes enfants à la maison.*

5. **Vous :** ______________________________?
M. François : *Ah non, nous ne payons rien pour l'école. Les études sont gratuites comme en France.*

6. **Vous :** ______________________________?
M. François : *Nous préférons parler créole à la maison. C'est notre langue à nous. Mais nous avons tous appris le français à l'école.*

7. **Vous :** ______________________________?
M. François : *Les vacances? Je n'en prends jamais ainsi que la plupart des Guadeloupéens. On n'a pas le temps de prendre de vacances.*

8. **Vous :** ____ ?

M. François : *Ce que je pense du gouvernement français? Eh bien, moi, je suis très reconnaissant (*grateful*) à la France pour son aide sociale et économique, mais il y a certaines personnes qui accusent les Français d'avoir une attitude colonialiste et même raciste.*

9. **Vous :** ____ ?

M. François : *Je suis contre l'indépendance de la Guadeloupe, moi. La Guadeloupe est si pauvre, elle a besoin de presque tout importer et, sans la France, la misère augmenterait.*

10. **Vous :** ____ ?

M. François : *Non, tout le monde dans ma famille n'est pas de mon avis. Par exemple, mon fils considère que la liberté est plus importante que tout. Lui, il préfère l'indépendance malgré les risques économiques.*

Paroles en action

1. Répondez à votre tour!

(Révision des chapitres I, III, IV, IX : Discussion de soi, questions personnelles, réponses, expressions d'opinion; employer ***vous****)*

C'est le tour de M. François de vous interroger sur votre vie, vos activités aux Etats-Unis, votre profession, vos opinions politiques, etc. Improvisez le dialogue entre vous deux!

2. Conversation personnelle : Qu'est-ce que vous aimeriez faire?

(Révision des chapitres II, V: Invitations, préférences; employer ***tu****)*

Après avoir interrogé beaucoup de gens, vous avez établi une liste d'activités et de choses intéressantes à faire sur l'île. Avec un(e) ami(e), vous discutez de ce que vous aimeriez faire et vous choisissez cinq activités par ordre de préférence. Enfin, vous invitez votre ami(e) à venir avec vous pour

louer (*rent*) une voiture pour explorer l'île
faire des achats dans les magasins de Pointe-à-Pitre
aller au marché en plein air
assister à un concert de « steel-band »
aller voir un spectacle de danse folklorique
assister à un combat de coqs (*cock fight*)
se bronzer sur la plage
faire une excursion à pied au volcan de la Soufrière
visiter une distillerie de rhum
aller danser le soir en plein air
faire de la plongée sous-marine
faire de la planche à voile *wind-surfing*
faire du pédalo *water-bicycle*

Le marché en plein air de Pointe-à-Pitre

3. Débat : Pour ou contre l'indépendance?

(Révision du chapitre IX : Débat; employer ***tu****)*

En utilisant les informations données dans ce chapitre, préparez et débattez la question de l'indépendance de la Guadeloupe ou d'une autre île qui fait partie d'un plus grand pays.

Projet supplémentaire[1]

Chaque membre du groupe choisit une île francophone ou un pays de langue française (voir listes données).Votre travail consiste à recueillir (gather) *des informations sur « votre pays »—par exemple, écrire une lettre au Consulat, à l'Ambassade, au Syndicat d'Initiative (Office du Tourisme) pour demander des brochures ou aller dans les bibliothèques et agences de voyages locales ou mener une interview, si possible, avec un habitant du pays. Après avoir obtenu tous les renseignements voulus, vous pouvez choisir l'un des projets suivants et le présenter aux autres membres du groupe :*

Préparer une annonce touristique publicitaire pour la télévision.

Préparer une affiche documentaire, un collage, une carte illustrée ou des dessins montrant certains aspects du pays.

Monter une exposition dont vous serez le guide.

Faire un exposé oral sur le pays choisi.

Faire votre propre carnet de voyage imaginaire par écrit ou sur vidéocassette.

Imaginer que vous êtes l'invité d'honneur d'un programme documentaire télévisé pendant lequel l'auditoire (*audience*) et l'hôte (*host*) vous posent des questions.

1. Cette activité peut demander plusieurs semaines de préparation.

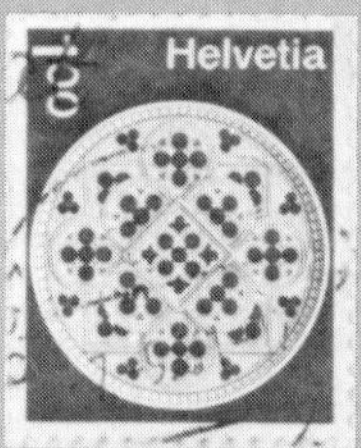
Helvetia
1.20

St PIERRE ET
MIQUELON
2c
POSTES
ATTELAGE DE CHIENS

ALBATROS
FULIGINEUX
RF
POSTES
0F30
TERRES AUSTRALES ET
ANTARCTIQUES FRANCAISES

NOUVELLE CALEDONIE
ET DEPENDANCES
25fr.
RF
POSTES

MARTINIQUE
POSTES
RF
30c

RÉPUBLIQUE D'HAÏTI
LES TROIS
MOUSQUETAIRES
A. DUMAS PÈRE
AVION
50
CENTIMES

30c POSTES
CÔTE FRANCAISE
DES SOMALIS

REPUBLIQUE TOGOLAISE
0.50F
POSTES
PORT DE LOME

REUNION
R
F
POSTES
1c

BELGIQUE
BELGIË
10F

0.50F
REPUBLIQUE TOGOLAISE
POSTES
CENTENAIRE DE L'EMANCIPATION DE L'ESCLAVAGE

POSTES
BICHE
REPUBLIQUE
DE HAUTE-VOLTA
0F50

POSTES
RF
ARCHIPEL DES COMORES
50F

Iles françaises ou francophones :

la Corse
la Guadeloupe
la Martinique
Haïti
l'Ile (f) de la Réunion
la Nouvelle Calédonie
Saint-Pierre-et-Miquelon

Pays où l'on parle français :

en Afrique :
l'Algérie
le Burundi
le Cameroun
la Côte d'Ivoire
le Dahomey
le Gabon
la Guinée
la Haute-Volta
le Mali
le Maroc
la Mauritanie
le Niger
la République Centrafricaine
la République Malgache
la République Populaire du Congo
la République Rwandaise
le Sénégal
le Tchad
le Togo
la Tunisie
le Zaïre

en Asie :
le Kampuchea (le Cambodge)
le Laos
le Viet Nam

en Europe :
la Belgique
la France
le Luxembourg
la Suisse

en Amérique du Sud :
la Guyane française

en Amérique du Nord :
au Canada : le Québec
aux Etats-Unis : la Louisiane,
le nord de la Nouvelle-Angleterre

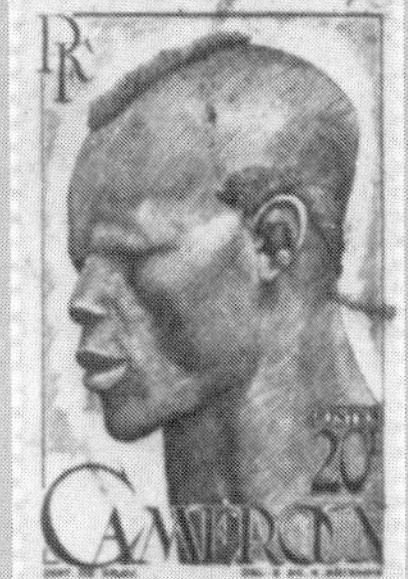

TROISIEME ESCALE : le Québec

Vous vous trouvez de nouveau dans un avion en route pour la dernière escale de votre voyage—le Québec, au Canada. Avant votre départ vous avez lu quelques guides et de nombreux articles sur le Québec. Vous profitez du vol pour étudier les notes que vous avez prises :

Climat : très dur en hiver (−12°, moyenne de janvier)

doux en été (19°, moyenne de juillet)

Devise : dollar canadien

Population : 6 millions d'habitants

Gouvernement : "province canadienne"

Langue officielle : le français depuis 1974 (avant 1974, le français et l'anglais)

Principales industries : alimentation ; vêtements ; cuir ; pêche

Quelques expressions québécoises pittoresques :

le québécois :		le français :
les patates frites	=	les frites
l'ami de garçon	=	le petit ami
sortir steady	=	se voir régulièrement
Bienvenu !	=	Je vous en prie !
le char de sport	=	la voiture de sport
le cartoune	=	le dessin animé
la station de feu	=	le poste d'incendie

Sport favori : le hockey.

Capitale de la province québécoise : Québec, ville de 540.000 d'habitants dont 97 % de francophones ; seule ville fortifiée d'Amérique du Nord ; culture très particulière au charme européen avec éléments à la fois nord-américains et français.

Ville principale : Montréal, 1.500.000 habitants dont 80 % de francophones — ville cosmopolite, très moderne, cultivée, chic ; centre industriel de la province.

SITES A VISITER A QUEBEC :

La Place Royale : partie la plus ancienne de la ville où, en 1608, l'explorateur Champlain a construit sa maison. Il reste encore un certain nombre d'habitations à l'architecture ancienne.

La Citadelle : forteresse qui fait de Québec la seule ville fortifiée en Amérique du Nord.

La Place d'Armes : le « coeur de l'ancienne ville. » La place est dominée aujourd'hui par le Château Frontenac, le plus célèbre hôtel de Québec.

Le Parc des Champs de Bataille : site d'une grande bataille entre les Anglais et les Français en 1759. C'est à la suite de cette bataille que Québec, et par conséquent, le Canada, sont devenus anglais.

Extrait d'un article de presse : le séparatisme

Pendant longtemps, les Anglais ont entièrement dominé la culture, la politique et l'économie de la région. La majorité de la population, qui est française, s'est révoltée de plus en plus. Le résultat moderne de cette situation est le mouvement séparatiste français...

1957–66. Création de plusieurs partis séparatistes au Québec y compris le Parti Québécois (P.Q.).

1963. le Front de Libération Québécois, un groupe terroriste, kidnappe et assassine le Ministre du Travail de la province.

1967. Charles de Gaulle, président de la République Française, en visite au Québec, proclame « Vive le Québec libre! »

1969. Pierre Trudeau, premier du Canada, essaie d'apaiser[1] le mouvement séparatiste en établissant le bilinguisme officiel dans le Canada entier; mauvaise réaction des provinces anglophones.

1974. Le passage de la Loi 22 désigne le français « langue officielle » de la province et déclare le français obligatoire dans les écoles et dans les transactions commerciales.

1976. Le Parti Québécois (P.Q.) avec son chef René Lévesque prend le pouvoir[2]; de nombreuses sociétés anglophones quittent la province.

1980. Referéndum sur la question séparatiste; échec[3] pour la cause « indépendantiste. »

1981. Stagnation de la communauté anglophone; grand débat dans les écoles canadiennes sur le bilinguisme; colère des provinces anglophones.

1. calmer 2. *power* 3. défaite

Entraînons-nous!

Connaissez-vous bien le Québec?

Votre voisin de vol,[1] *comprenant que vous savez déjà beaucoup de choses sur le Québec, vous pose des questions. Répondez-lui : un(e) ami(e) peut jouer le rôle du voisin.*

1. Quel temps fait-il, en général, en hiver? en été?
2. Avec quelle devise paie-t-on ses achats au Québec?
3. Québec est-elle la plus grande ville de la province?
4. Quel parti politique est au pouvoir au Québec?
5. Quelle est la langue officielle? Depuis quand?
6. Qui a découvert le Québec?
7. Quand et comment le Québec est-il passé des mains françaises aux mains anglaises?
8. Quelles sont les principales attractions touristiques à Québec?
9. Quelles sont les principales industries de la province?
10. Quel est le sport favori des Québécois?
11. Expliquez le conflit entre les francophones et les anglophones résidant au Québec.
12. Qu'est-ce que Pierre Trudeau a fait pour essayer d'apaiser le mouvement séparatiste?

Paroles en action

1. Carnaval d'Hiver à Québec

(Révision des chapitres III, IV: Demandes de renseignements, réponses, indications; employer **vous***)*

Vous avez la chance d'être à Québec au moment du Carnaval d'Hiver qui a lieu tous les ans au mois de février pendant dix jours. On peut y voir des sculptures en glace, de nombreux événements sportifs et, bien sûr, le Bonhomme Carnaval qui sort de son palais de glace pour présider aux défilés (parades) *et se promener dans les rues.*

Un touriste vous arrête dans la rue pour vous demander par où va passer le Bonhomme Carnaval. Muni(e) (equipped) *du plan du Vieux Québec et de l'itinéraire, vous lui donnez facilement les indications demandées. Puis, il vous demande de lui indiquer comment se rendre à la Place d'Armes et à la Citadelle. Imaginez la conversation. Voilà le plan de la ville de Québec et l'itinéraire du Bonhomme Carnaval :*

1. la personne assise à côté de vous dans l'avion

LE VIEUX
CARTIER, Jacques (1491-1557). Navigateur malouin, explora le golfe St-Laurent en 1534 et découvrit le fleuve du même nom qu'il remonta jusqu'à Montréal en 1535.
BRÉBEUF, Jean de (1593-1649). Jésuite français, torturé et brulé par les Iroquois, le 16 mars, 1649.
LAVAL, François de (1623-1708). Premier évêque de la Nouvelle-France. Fonda le Séminaire de Québec en 1663.
ST-VALLIER, Jean de (1653-1727). Sacré évêque en 1688, il fonda l'Hopital Général la même année.
CHAMPLAIN, Samuel de (1567-1635). Né à Brouage, France. Fonda Québec en 1608, y mourut en 1635.
1
VISITEZ LE QUÉBEC HISTORIQUE À PIED
THE BEST WAY TO VISIT HISTORIC QUÉBEC IS ON FOOT
PLACE QUÉBEC
Autoroute Dufferin
PALAIS MONTCALM
Porte St-
P
HÔTEL DU GOUVERNEMENT
Porte KENT
Chapelle des JÉSUITES
Monument SHORT-WALLICK
Bastion STE-URSULE
MANÈGE MILITAIRE
P
CROIX DU SACRIFICE
"Hommage à nos Morts des guerres 1914-1918, 1939-1945 et 1950-1953"
Porte ST-LOUIS
Monument aux Morts de la guerre des Boers
PARC DES CHAMPS DE BATAILLE
À l'origine, portait le nom de PLAINES D'ABRAHAM en souvenir d'Abraham Martin pilote de Louis XIV et colon de la première génération arrivée à Québec. Fut le théâtre de la bataille du 13 septembre 1759 qui décida du sort de la Nouvelle-France.
Ici fut inhumé MONTGOMERY en 1776. Ses restes furent transportés à New York en 1818 et inhumés près de l'église St-Paul
Bastion ST-LOUIS
Ste-Ursule
CHALMERS-WESLEY United Church
NOTRE-DAME-DU-SACRÉ-COEUR
LES U
MON
La Citadelle actuelle fut construite d'après les plans du colonel E.W. Dunford de 1820 à 1831. La disposition des fortifications est conforme aux plans de M. de Vauban 1687.
St-Louis
Ste-Ursule
St-Denis
Maison JACQUET 1675 résidence de P. Aubert de Gaspé de 1815 à 1824
Bastion DALHOUSIE
Bastion RICHMOND
Bastion du PRINCE DE GALLES
LA CITADELLE
Monument WOLFE - MONTCALM
Bastion du ROI
Promenade des Gouverneurs
La Terrasse Dufferin
Ici tomba MONTGOMERY le 31 décembre, 1775
Boulevard Champlain
BARRICADE PRÈS-DE-VILLE 1775
Position des intrépides combattants qui repoussèrent MONTGOMERY et ses troupes en 1775
Fleuve Saint-Laurent
"ROYAL WILLIAM" Premier navire à vapeur à traverser l'Atlantique Lancé à Québec en 1833

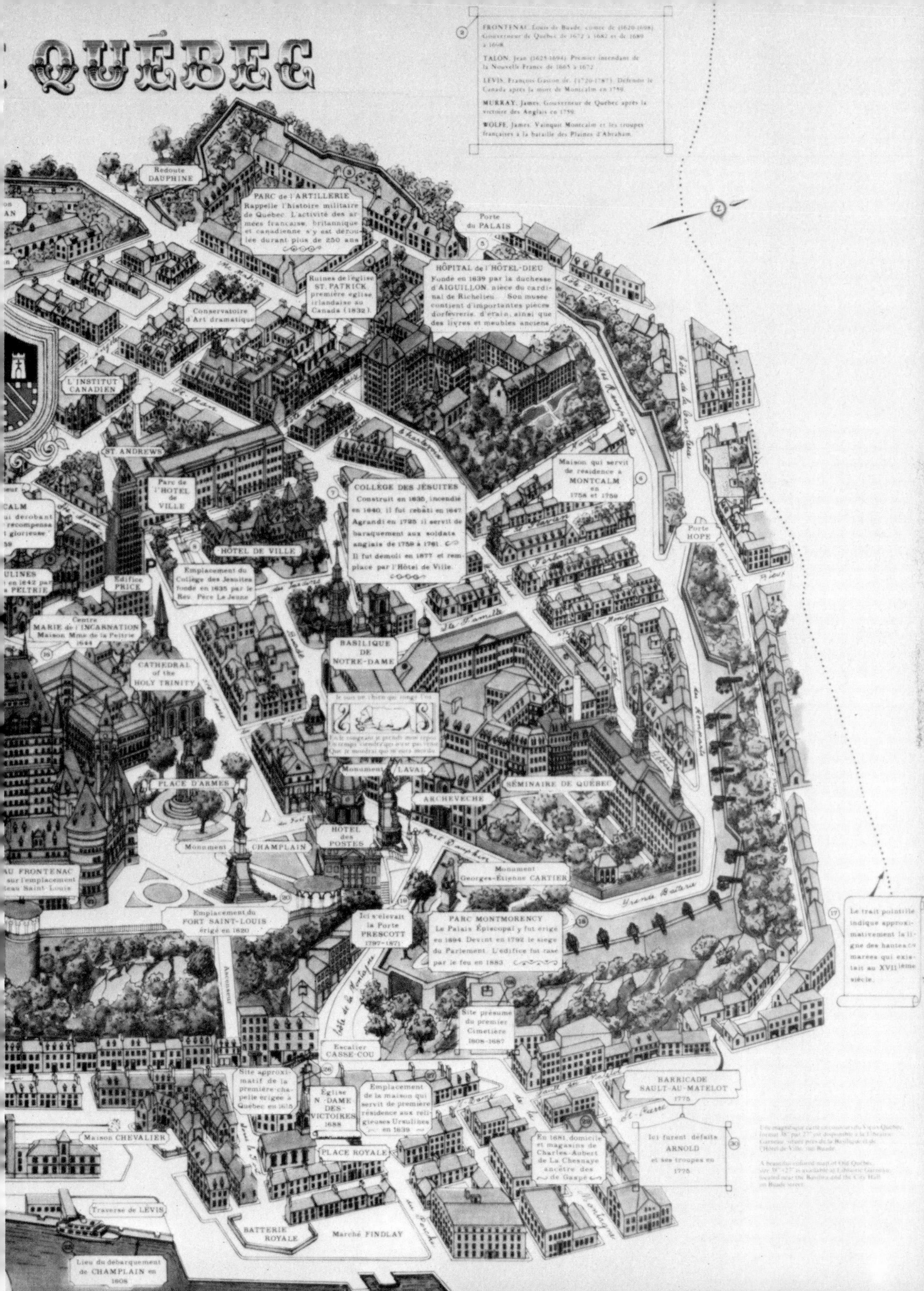

QUÉBEC
FRONTENAC, Louis de Buade, comte de (1620-1698). Gouverneur de Québec de 1672 à 1682 et de 1689 à 1698.
TALON, Jean (1625-1694). Premier intendant de la Nouvelle France de 1665 à 1672.
LÉVIS, François Gaston de. (1720-1787). Défendit le Canada après la mort de Montcalm en 1759.
MURRAY, James. Gouverneur de Québec après la victoire des Anglais en 1759.
WOLFE, James. Vainquit Montcalm et les troupes françaises à la bataille des Plaines d'Abraham.
Redoute DAUPHINE
PARC de l'ARTILLERIE
Rappelle l'histoire militaire de Québec. L'activité des armées française, britannique et canadienne s'y est déroulée durant plus de 250 ans
Porte du PALAIS
HÔPITAL de l'HÔTEL-DIEU
Fondé en 1639 par la duchesse d'AIGUILLON, nièce du cardinal de Richelieu. Son musée contient d'importantes pièces d'orfèvrerie, d'étain, ainsi que des livres et meubles anciens
Ruines de l'église ST. PATRICK première église irlandaise au Canada (1832).
Conservatoire d'Art dramatique
L'INSTITUT CANADIEN
ST. ANDREWS
Parc de l'HÔTEL de VILLE
COLLÈGE DES JÉSUITES
Construit en 1635, incendié en 1640, il fut rebâti en 1647. Agrandi en 1725 il servit de baraquement aux soldats anglais de 1759 à 1761. Il fut démoli en 1877 et remplacé par l'Hôtel de Ville.
Maison qui servit de résidence à MONTCALM en 1758 et 1759
HÔTEL DE VILLE
Emplacement du Collège des Jésuites fondé en 1635 par le Rév. Père Le Jeune
Édifice PRICE
Porte HOPE
Centre MARIE de l'INCARNATION Maison Mme de la Peltrie 1644
CATHEDRAL of the HOLY TRINITY
BASILIQUE DE NOTRE-DAME
Ste Famille
PLACE D'ARMES
Monument LAVAL
ARCHEVÊCHÉ
SÉMINAIRE DE QUÉBEC
Monument CHAMPLAIN
HÔTEL des POSTES
Monument Georges-Étienne CARTIER
Emplacement du FORT SAINT-LOUIS érigé en 1620
Ici s'élevait la Porte PRESCOTT 1797-1871
PARC MONTMORENCY
Le Palais Épiscopal y fut érigé en 1694. Devint en 1792 le siège du Parlement. L'édifice fut rasé par le feu en 1883.
Grande Batterie
Le trait pointillé indique approximativement la ligne des hautes marées qui existait au XVIIième siècle.
Site présumé du premier Cimetière 1608-1687
Escalier CASSE-COU
Côte de la Montagne
Site approximatif de la première chapelle érigée à Québec en 1615
Église N-DAME DES VICTOIRES 1688
Emplacement de la maison qui servit de première résidence aux religieuses Ursulines en 1639
BARRICADE SAULT-AU-MATELOT 1775
Ici furent défaits ARNOLD et ses troupes en 1775
Maison CHEVALIER
PLACE ROYALE
En 1681, domicile et magasins de Charles-Aubert de La Chesnaye ancêtre des de Gaspé
Traverse de LÉVIS
BATTERIE ROYALE
Marché FINDLAY
Lieu du débarquement de CHAMPLAIN en 1608

Itinéraire du Bonhomme Carnaval
(horaire approximatif)

10 h	Porte St-Louis
10 h 10	Rue St-Louis
10 h 20	Place d'Armes
10 h 40	Monument Champlain
10 h 50	Rue Ste-Anne
11 h	Hôtel de Ville

2. A la galerie marchande de la Place Québec

(Révision des chapitres III, IV, V: Questions, réponses, préférences, magasins; employer **vous***)*

Vous quittez le Vieux Québec pour aller faire du lèche-vitrine et voir les dernières créations des couturiers québécois. Vous vous renseignez auprès d'un marchand sur les caractéristiques de la mode pour l'hiver prochain. Vous choisissez une robe ou un costume, vous l'essayez, vous l'achetez. Jouez la scène.

3. Colloque politique à l'université de Laval (*political debate*)

(Révision du chapitre IX: Débat; employer ***vous****)*

Pour vous documenter sur la question du séparatisme, vous assistez à un débat à l'université de Québec. Vos camarades jouent les rôles des participants. Voici ce qu'ils commencent à dire :

1. **Un anglophone de Montréal :** *Non au séparatisme! Je respecte la culture française, mais je veux avoir le droit de parler anglais au travail et d'envoyer mes enfants dans une école anglaise...*
2. **Un membre du Parti Québécois :** *Oui à l'indépendance! Nous n'avons rien en commun avec le reste du Canada ni au point de vue culturel, ni du point de vue linguistique...*
3. ***Une directrice d'école :*** *Il faut que tous les Québécois apprennent le français si nous voulons unifier la province...*
4. ***Un homme d'affaires :*** *Le Québec ne peut pas être économiquement indépendant. La communauté commerciale anglophone ne voudrait plus rester au Québec en cas de séparation. En plus, je dépense une fortune à tout faire écrire dans les deux langues...*
5. ***Une francophone :*** *Je suis tout à fait pour la francophonie, mais pour des raisons économiques, ce serait de la folie de nous séparer. Déjà il y a moins d'industries ici. Sans le Canada et son pétrole, le Québec ne peut pas survivre...*

Projet supplémentaire : Interpol

Le groupe invente et présente, peut-être sur vidéocassette, différents épisodes des aventures d'un criminel international, actif à Monaco, à la Guadeloupe et au Québec. Le criminel en question est recherché par Interpol, organisation de police internationale; notre homme sera-t-il arrêté?

Comment jouer? L'intérêt de cette activité est d'inventer vous-même les aventures (obstacles, incidents inattendus, etc.) des différents épisodes à partir duquel vous pouvez faire des jeux de rôle.

Ou bien, si vous voulez, vous pouvez créer une « piste de jeu » (game board) *avec des règles spécifiques, des dés* (dice), *etc. dont on vous donne le début ci-dessous :*

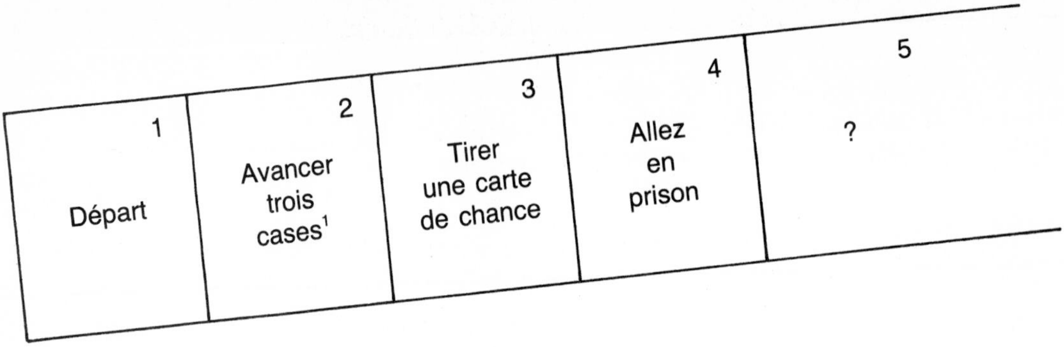

1	2	3	4	5
Départ	Avancer trois cases[1]	Tirer une carte de chance	Allez en prison	?

Suggestion 1 : Dans votre jeu, vous pouvez faire intervenir des personnages tels que :
l'amie du criminel
un traître
une femme de chambre d'hôtel trop curieuse
une voyante *fortune-teller*
un nouveau dictateur qui vient de prendre le pouvoir par un coup d'état et qui est l'ancien ami du criminel
le pilote d'un hélicoptère

Suggestion 2 : Pour ajouter un élément de surprise, vous pouvez aussi préparer une série de cartes à tirer. Voici une liste d'exemples :

1. Un agent d'Interpol reconnaît le criminel. L'agent avance de 4 cases.
2. Les douaniers sont en grève (*on strike*). Les bagages ne sont pas ouverts. Le criminel avance de 3 cases.

Au revoir! Nous espérons que vous aurez souvent l'occasion de parler français... et n'oubliez pas que maintenant vous savez parler français sans peur!

1. *spaces*

APPENDIX

First-Day Activities and Conversational Icebreakers

One of the most difficult parts of teaching a conversation course is breaking the initial silence. Here are some ideas for icebreakers, warm-ups, and activities to help motivate and stimulate your students.

First-day activities

1. Do you remember who I am?

   Goals: To learn the names of every member of the class and how to listen to one another.

   Materials: None.

   Procedure: The class sits in a circle. One member of the group announces his or her name and something he or she likes. For example, « Je suis Suzanne et j'aime le yoga. » Thereafter, each speaking in turn, the other members of the group first repeat the names and likes of the foregoing members and finally state their own. The last speaker in the circle has the task of remembering all the names and likes of every member of the group. The instructor should participate.

2. The backstroke[1]

   Goal: To help members of the group feel comfortable with one another in the classroom.

   Materials: Markers; large pieces of paper for each member of the class; masking tape.

   Procedure: All members of the group attach a large piece of paper to their back. Each is then given a marker and is instructed to write in French something both *positive* and *true* on the back of each person in the room. The remarks may pertain to physical characteristics, personalities, clothing, etc. (« Tu es gentille. ») At the end of the exercise, all members sit in a circle and read aloud one of the comments they have received, changing the statements to the *je* form. « J'ai de beaux yeux... » and so forth.

3. One-two-three . . . contact!

   Goals: To create an interactive spirit in the class and to practice nonverbal and verbal greetings.

   Materials: None.

   Procedure: This is a three-part activity. Everyone stands and circulates about the room during all three stages.

   Stage 1: After explaining and illustrating the appropriate

1. This activity is an adaptation of an exercise passed on to us by Burch Ford of the Groton School.

gestures of greeting described in Chapter I, ask each person to greet nonverbally at least three other members of the group. Students should greet each other warmly. Stop the activity after a few moments and proceed to stage 2.
Stage 2: Each member of the group is asked to greet—this time both verbally and nonverbally—three members of the group and to find out at least two things about them (name, address, place of origin, and so on). The students then take turns introducing one another to the entire class. Variant: students assume the identities of famous people, living or historical, and identify themselves accordingly.
Stage 3: The class imagines that they are at a party among old friends whom they have not seen in a very long time, and greet one another appropriately. By the end of this set of activities, a congenial ambiance should have been established. (These activities work well with Chapter I of this book.)

Activities for learning to work in groups

1. Discovery

   Goals: To generate student-to-student dialogue and to drill asking for and giving information.

   Materials: Handout of ten to twelve characteristics specified below.

   Procedure: Distribute to each member of the group a sheet that says « Trouvez quelqu'un qui… » at the top. Below, write a list of ten to twelve items of individual taste such as:

      1. aime la musique classique.
      2. joue au tennis.
      3. approuve la politique de notre président.
      4. n'est pas né(e) aux Etats-Unis.

   In asking one another questions, students must locate others who have one of the characteristics on the list. That person puts his or her initials next to the item. When time is called, the student with the greatest number of initialed items wins. This activity works well with Chapters III and IV of this book.

2. Problem-solving

   Goals: To learn to help one another through brainstorming and to drill making suggestions.

   Materials: None.

   Procedure: Divide the class into groups of five or six students each. Give one member of each group an imaginary problem to solve. That student recounts the problem to his or her group. The group then brainstorms about ways to help solve the problem. The group may even vote on the best solution. At the end, each group presents its problem and solution to the rest of the class. The class may ask why this particular solution was chosen, what the alternatives were, and so forth. An example of a problem: an "overloaded" student who must choose between working hard to get good grades for entry into medical school, pursuing a romance in which she is already deeply involved, and spending more time at home with her family.

3. Obsessions[1]

   Goals: To build fluency, learn to talk together compatibly in groups, and practice turn-taking and conversational protocols.

   Materials: None.

   Procedure: Divide the class into groups of four or five people. Each member of a group is given a separate "obsession": a subject about which he or she wants to talk constantly. One person per group is designated as the first speaker and begins talking about his or her obsession. The others must find a *logical* way to interrupt the speaker and continue the conversation about their own obsession. If the logical connection is made, the current speaker must yield the floor. Every member of the group must find a way to speak at least twice. Possible "obsessions:" *la nourriture, les vacances, l'argent, les voitures, le sexe opposé.*

Activities for building teamwork

1. Are we communicating?[2]

   Goals: To build teamwork and mutual support and to practice giving directions.

   Materials: Different-colored legos or tinker toys, or a geometric pattern made of different-colored pieces of construction paper. For the activity to work, there must be two of everything.

   Procedure: Prepare in advance a construction of plastic building blocks or tinker toys.

   Choose three or four students and show them the completed construction; do not let the remainder of the class see it. Next, give the others the disassembled pieces needed to construct a similar structure. Place a large paper or cardboard screen between the two groups so they cannot see each other. The students with the completed form give directions to the others to create an identical structure. The other group may not ask questions. Inform the two groups when the task has been successfully completed. This works well in conjunction with Chapter IV of this book.

---

1. This idea was suggested by our colleague François Hugot of Brown University.
2. This activity was adapted for foreign-language teaching following a demonstration in semiotics by Donald W. Thomas, author of *Semiotics 1, Signs, Language, and Reality* (Lexington, Mass.: Xerox Individualized Publishing, 1977).

2. The Martians are here!

   Goals: to learn to listen to others and build on their statements, and to give precise directions in carrying out a task.

   Materials: An unlaced sneaker or a hiking boot and a separate lace.

   Procedure: Seat the students in a large circle. Select one member of the group to sit in the middle in plain view of everyone. Give this member the shoe and lace. Instruct the person to play the role of Martian, that is, to do *exactly* what he or she is instructed to do, but without speaking or asking questions. The task of the group is to take turns instructing the Martian in how to lace and tie the shoe. Each student is allotted sixty or ninety seconds, so that everyone has a turn. Assume that the Martian has never before performed this task and so requires precise and accurate instructions. Students will learn from the errors of others and will build on correct instructions they have heard given by others.

3. Airport[1]

   Goals: To build reliance on classmates and practice giving and understanding directional signals.

   Materials: One scarf to blindfold the "pilot"; a few "obstacles" (books, pencils, boxes, etc.) to scatter on the "runway."

   Procedure: Imagine that a storm at the airport has littered debris on the runway; visibility is poor. Members of the class act as air traffic controllers. The safety of the landing depends on the pilot's ability to come down the runway without touching any of the obstacles. The class members instruct the blindfolded pilot where to go in order to traverse the runway without a crash. This activity works well with Chapter IV of this book.

---

1. This activity has been adapted from a demonstration by Keith Cunningham, "Drama Techniques in the Classroom."

VOCABULAIRE
français - anglais

This glossary contains all the French words in the text except dates, months, days of the week, and basic adverbs and conjunctions. It also contains unfamiliar vocabulary from the illustrations, and irregular verb forms that are not easily recognized.

Abbreviations:

abbr.	abbreviation	*m.*	masculine
adj.	adjective	*pl.*	plural
cond.	conditional	*pres.*	present tense
f.	feminine	*p.p.*	past participle
fam.	colloquial expression	*subj.*	subjunctive
fut.	future tense		

A

à at, in, to; —**bientôt!** See you soon!; —**ce soir!** See you this evening!; —**condition que** on the condition that; —**demain!** See you tomorrow! —**partir de** from, since; —**peu près** about, almost; —**plus tard!** See you later!; —**propos** regarding, on the subject of; —**tout à l'heure!** See you in a little while!; —**travers** across, through
abandonner to abandon, leave, give up
abolir to abolish
abord: d'— first of all, at first
abréger to shorten
abréviation *f.* abbreviation
absolument absolutely
abstrait, abstraite abstract
Acadie *f.* Acadia, a francophone region of Louisiana
Acadien, Acadienne *m. f.* Acadian
accepter to accept
accès *m.* access
accessoire *m.* accessory
accompagner to accompany
accomplir to accomplish
accord *m.* agreement; **être d'**— to agree
accuser to accuse; —**à tort** to accuse unjustly
achat *m.* purchase
acquis *p.p. of* **acquérir** acquired
acte *m.* act; —**de parole** speech act
acteur, actrice *m. f.* actor, actress; **acteur principal** lead actor; **acteur secondaire** supporting actor
action *f.* action; —**en bourse** stock
actualités *f. pl.* news, current events
adaptateur *m.* adaptor
adapter to adapt
addition *f.* check, bill
adéquat, adéquate adequate
admettre to admit
admis *pp. of* **admettre** admitted
adopter to adopt
adoptif, adoptive adopted
adoption *f.* adoption
adorer to adore
adresse *f.* address
adresser: s'— to address oneself, speak
aérogare *f.* air terminal
aéroport *m.* airport
affaire *f.* matter, deal; **une bonne**— a good bargain, a good deal; **homme d'affaires** *m.* businessman; **femme d'affaires** *f.* businesswoman
affecter to affect
affiche *f.* poster, notice
affreux, affreuse awful, terrible
afin de in order to, so that
Africain, Africaine *m. f.* African
âge *m.* age
âgé, âgée old
agenda *m.* calendar, daily agenda

agent *m.* agent; —**de change** broker; —**de police** policeman; —**de police-femme** policewoman; —**de voyages** travel agent
aggressif, aggressive aggressive
agir to act; **il s'agit de** it is a question of, it is a matter of
agneau *m.* lamb
agréable pleasant, nice
agréablement pleasantly
agricole agricultural
aide *f.* help
aider to help
aiguillette de canard *f.* slice of breast (of duck)
aïe! Ouch!
aimable nice; **Seriez-vous assez—pour . . .** Would you be kind enough to . . .
aimer to like, love; **j'aimerais bien** I would really like; **j'aimerais mieux** I would rather
ainsi thus, so; —**de suite** and so forth, and so on; —**que** as well as
air *m.* air; **en plein—** in the open air, outdoor; —**d'enterrement** depressed look
air-conditionné, air-conditionnée air-conditioned
aise *f.* ease; **à l'—** at ease, comfortable
ajouter to add
ajuster to adjust
album *m.* album
alcool *m.* alcohol, liquor
alcoolisé, alcoolisée alcoholic
Algérie *f.* Algeria
alléger to lighten
aller to go; **Ça irait?** Would that do? **Ça ne va pas.** *(fam.)* Something is wrong; **Ça ne va pas du tout.** *(fam.)* Things are really bad.; **Ça ne va pas, non?** *(fam.)* Are you crazy?; **Ça ne vous va pas bien.** It doesn't fit you well.; **Ça va?** *(fam.)* How are you?; **Ça va à peu près.** *(fam.)* Things are not great.; **Ça va très mal.** *(fam.)* Things are bad.; **Comment allez-vous?** How are you?; **Comment vas-tu?** How are you? **Je m'en vais.** I am leaving.; **Qu'est-ce qui ne va pas?** What's the matter?; **Si on allait** How about going; **Tout va bien.** Everything is fine.; **aller-retour** *m.* round trip
allié *m.* ally
allô! hello!
alors then; —**que** while, whereas
alose *f.* aloe (an herb)
Alpes *f. pl.* the Alps
Alsace *f.* Alsace, a province in northeastern France
Alsacien, Alsacienne *m. f.* Alsatian
alterner to alternate
amande *f.* almond
ambassade *f.* embassy
ambiance *f.* atmosphere
ambitieux, ambitieuse ambitious
ambition *f.* ambition
améliorer to improve
amener to lead, bring along
ami, amie *m. f.* friend
amitié *f.* friendship
amortir to moderate, weaken, slow down
amoureux, amoureuse *m. f.* lover, boyfriend, girlfriend
amuser: s'— to have a good time
anarchiste *m. f.* anarchist
ancien, ancienne former, previous, old
anglophone English-speaking
anguille *f.* eel
animateur *m.* workshop leader, group leader
année *f.* year; —**scolaire** school year, academic year
anniversaire *m.* birthday
annonce *f.* announcement; —**publicitaire** advertisement; **petite—** classified ad
annoncer: s'— to announce, say
annonceur *m.* announcer
annuaire *m.* telephone directory
annuler to cancel
anthropologie *f.* anthropology
antillais, antillaise Caribbean
antique antique, very old
antiquité *f.* antique
apaiser to calm
aperçoit *pres. of* **aperçevoir** he/she perceives, notices
apéritif *m.* cocktail, before-dinner drink
à point medium rare
appareil *m.* apparatus; **à l'—** on the phone; —**de photo** camera; **Qui est à l'—?** Who's speaking?
apparence *f.* appearance
appartement *m.* apartment
appartenir to belong
appeler: s'— to name, call
appliquer to apply; **s'—** to be used for
apporter to carry, bring

appréciation *f.* appreciation
apprécier to appreciate
apprendre to learn; —**les nouvelles** to learn the news, hear the news
appris *p.p. of* **apprendre** learned
approcher: s'— to near, draw close to
approprié, appropriée appropriate
approuver to approve
approximatif, approximative approximate
appui *m.* support
après-midi *m.* afternoon; **en fin d'—**late in the afternoon
archéologie *f.* archeology
architecte *m. f.* architect
argent *m.* money
argot *m.* slang
argument *m.* argument
arme *f.* weapon
armée *f.* army
Arménien, Arménienne Armenian
armoire *f.* wardrobe, chest
arrêt *m.* stop; —**d'autobus** bus stop
arrêter arrest; s'— to stop
arrivée *f.* arrival
arriver to arrive; **J'arrive!** I'm coming!; **ça peut—à** that can happen to; **Je n'arrive pas à choisir.** I can't decide.; **Qu'est-ce qui t'est arrivé?** What happened to you?
artichaut *m.* artichoke
article *m.* article
artiste *m. f.* artist
ascenseur *m.* elevator
aspect *m.* aspect, element, look, appearance
asperge *f.* asparagus
assassin *m.* assassin
assassinat *m.* assassination
asseoient: s'—*pres. of* **s'asseoir** they sit
assez enough, rather
assiette *f.* plate
assimiler to learn, absorb, assimilate
assister à to attend
assurance *f.* insurance; —**-maladie** health insurance; —**-vie** life insurance
assurer to assure
astronaute *m. f.* astronaut
attachant, attachante interesting
attachement *m.* attachment
attacher to tie, attach, fasten
attendre to wait
attention! Watch out! Be careful!
atterrir to land
attirer to attract
attraction *f.* attraction
attrapper to catch
au to the; —**plaisir.** I hope we'll meet again.; —**lieu de** instead of; —**revoir.** Good-bye.
auberge *f.* inn; —**de campagne** country inn; —**de jeunesse** youth hostel
aubergiste *m. f.* innkeeper
aucun, aucune no, none, no one
au-dehors outside
au-delà: de l'— otherworldly
auditoire *m.* audience
augmentation *f.* increase
augmenter to raise, enlarge, increase
aujourd'hui *m.* today
aurons *fut. of* **avoir** we will have
aussi also, as well; —**bien que** as well as
autant as much, as many
auteur *m.* author
autobus *m.* bus
auto-colle *f.* self-test
automobiliste *m. f.* driver
autorisé, autorisée authorized
autoroute *f.* highway, turnpike; —**à péage** toll road
auto-stoppeur *m.* hitchhiker
autour around, about; —**du monde** around the world
Auvergne *f.* Auvergne, a province in central France
avance: à l'— in advance
avancer to go forward
avantage *m.* advantage
avant-garde trend-setting, avant-garde
avenir *m.* future
aventure *f.* adventure
avertir to warn
avion *m.* airplane
avis *m.* opinion; **à mon—** in my opinion
avocat *m.* lawyer; —**de la défense** defense attorney
avoir to have; —**besoin de** to need; —**envie de** to want; —**l'air de** to look like, seem; —**l'intention de** to intend to; —**lieu** to take place; —**raison** to be right; —**tort** to be wrong; —**une faim de loup** to be starved; **J'ai le cafard.** I'm depressed.; **J'en ai marre.** I'm fed up.; **N'ayez pas peur.** Don't be afraid.; **Qu'est-ce qu'il y a?** What is it?; **Qu'est-ce que tu as?** What's your problem?; **il y a trois jours** three days ago
avortement *m.* abortion

B

baba au rhum *m.* rum-soaked cake
baccalauréat *m.* examination at the end of the lycée studies, which determines admission to the French university
bagage *m.* baggage
bagnole *f. (fam.)* car
bague *f.* ring
baignoire *f.* bathtub
baiser *m.* kiss
bal *m.* dance; —**masqué** costume ball, masked ball
balcon *m.* balcony
baleine *f.* whale
banal, banale mundane, humdrum
banane *f.* banana
banc *m.* bench
bande *f.* tape; —**dessinée** comic strip
banlieue *f.* suburb
banque *f.* bank
banquier *m.* banker
bar *m.* bar
barbare barbarous
barbe *f.* beard; **Quelle—!** What a bore!
barbu, barbue bearded
barman *m.* bartender
base: de— basic
base-ball *m.* baseball
baser to base
basket-ball *m.* basketball
Basse-Terre *f.* Basse-Terre, an island of Guadeloupe
bataille *f.* battle
bateau à voiles *m.* sailboat
bâtiment *m.* building
bavarder to chat
beau-père *m.* father-in-law
beaux-arts *m. pl.* fine arts
Belge *m. f.* Belgian
Belgique *f.* Belgium
bénéfice *m.* benefit
bénéficier to benefit
ben oui! *(fam.)* Well, yes!
best-seller *m.* best seller
bibliothèque *f.* library
bicyclette *f.* bicycle
bidet *m.* bidet (a small sink about the size of a toilet, used for washing below the waist)
bien well; — **-aimée** *f.* darling; —**entendu** understood; —**fait** well done; —**sûr** certainly
bien immobiliers *m. pl.* real estate
bientôt soon; **A—!** See you soon!
bière *f.* beer
bijou *m.* jewel
bijouterie *f.* jewelry store
bilingue bilingual
bilinguisme *m.* bilingualism
billet *m.* ticket; —**d'entrée** admission ticket
biologie *f.* biology
biologiste *m. f.* biologist
bise *f.* kiss; **faire la—** to kiss on both cheeks
bisque *f.* a thick, creamy soup
bistrot *m.* a small café or inexpensive local restaurant
bizarre bizarre
blague *f.* joke; **Sans—!** No kidding!
blazer *m.* blazer
bleu: viande servie "bleu" *f.* meat served very rare
bloc logique *m.* logical block (computer term)
blocage optimum *m.* optimal blocking (computer term)
blouse *f.* blouse
boeuf *m.* beef
bof! *(fam.)* Darned if I know!
boire to drink; —**un coup** to have a drink
boisé *m.* grove, wooded area
boisson *f.* drink, beverage
boîte *f.* box; —**à chanson** drinking pub in Québec; —**de nuit** night club
bol *m.* bowl
bombe *f.* bomb
bọn, bonne good; —**courage!** good luck!; —**marché** cheap; —**vivant** *m.* high-liver, one fond of good living; **la bonne chambre** the right room
bonbon *m.* candy
bonheur *m.* happiness, contentment
bonnet de douche *m.* shower cap
bord: au—de la mer at the shore, on the coast
borné, bornée narrow-minded, limited
bosser *(fam.)* to study hard, cram
botte *f.* boot
bouche *f.* mouth; —**d'égout** manhole; —**de métro** subway entrance
boucherie *f.* butcher shop
bouchon *m.* cork, traffic jam
bouclé, bouclée curled, curly, buckled
boucle d'oreille *f.* earring
bouillabaisse *f.* a fish soup popular in southern France
boules *f. pl.* a game popular in the south of France
boulevard *m.* boulevard
Boul' Mich' *abbr. of* **Boulevard St.-Michel** the main street in the Latin Quarter, Paris
boume: ça—? *(fam.)* How's it going? How are you?

bourse *f.* stock exchange
bout *m.* end; —**du fil** end of the line
boutique *f.* shop, boutique
boxe *f.* boxing
boxeur *m.* boxer
bracelet *m.* bracelet
branche *f.* branch
brasserie *f.* restaurant where beer is served
brebis *f.* sheep
bref, brième short, brief; **bref** in short, to make a long story short
Brie *m.* a kind of French cheese
brillant, brillante brilliant, shining
broche *f.* pin
brochure *f.* brochure
bronzer: se— to lie in the sun, get a suntan
brouiller to mix up; **se—** to quarrel, have a blowup; —**les cartes** to shuffle the cards, change the rules of the game
bruit *m.* noise
brûler to burn; —**les feux** to go through red lights; **se—** to burn oneself
brun, brune brown, chestnut brown, brunette
Bruxelles Brussels, capital of Belgium
budget *m.* budget
budgétaire budgetary
bureau *m.* office; —**de change** *m.* money exchange; —**de poste** *m.* post office; —**de tabac** *m.* tobacco shop
Burundi *m.* Burundi, a country in Africa
bus *m.* bus
but *m.* goal, objective
buvez *pres. of* **boire** you drink

C

ça: —**alors!** *(fam.)* Oh my!; —**boume?** *(fam.)* How's it going? —**t'irait?** Will it be all right? —**marche?** *(fam.)* How are you?; —**y est!** That's it! You got it!
cacher to hide
cadeau *m.* present
cadran *m.* dial
cadre *m.* frame; —**moyen** staff member of a firm
cafard *m. (fam.):* **J'ai le—.** I'm depressed. I'm down in the dumps.
café-théâtre *m.* dinner theater
cafétéria *f.* cafeteria
calme calm
camarade *m. f.* friend, pal, buddy; —**de chambre** roommate; —**de classe** classmate
Cambodge *m.* Cambodia (Kampuchea), a country in Southeast Asia
Camembert *m.* a kind of French cheese
caméra *f.* movie camera
Cameroun *m.* Cameroon, a country in Africa
camion *m.* truck
camp de survie *m.* survival-training camp
campagne *f.* country
campus *m.* campus
Canadien, Canadienne *m. f.* Canadian
canard *m.* duck; —**à l'orange** duck with orange sauce
cancer *m.* cancer
cancre *m.* flunky, lazy student
candidat, candidate *m. f.* candidate
canne à sucre *f.* sugar cane

capable capable, able
capitale *f.* capital
câpre *m.* caper
car *m.* bus; —**scolaire** school bus
caractère *m.* character, personality; —**gras** boldface, bold print
caractéristique *f.* characteristic
carafe *f.* pitcher, decanter
Caraïbes *f. pl.* The Caribbean islands
caravane *f.* trailer
carnaval *m.* carnival; —**d'hiver** winter carnival in Québec
carnet *m.* notebook
carpe *f.* carp (a fish)
carré, carrée square
carreaux: à— checkered
carrefour *m.* intersection, crossroads
carrière *f.* career
carte *f.* map; **à la**—with each item of the menu priced separately; —**de chance** chance card, wild card (in card games); —**de crédit** credit card; —**de visite** calling card, business card
cas *m.* case, instance; **ce—-là** that case; **ce—-ci** this case; **en—de** in case of
case *f.* box, space
casino *m.* casino
casser to break
cassette *f.* cassette
cassoulet d'oie *m.* goose and bean stew
catastrophe *f.* catastrophe
catégorie *f.* category
cathédrale *f.* cathedral
cause *f.* cause
cave *f.* cellar, cave; —**aux vins** wine cellar
ce, cet, cette, ces this, that

céder to yield; —**la parole** to give up the floor, let someone else speak
ceinture *f.* belt; —**de sécurité** seat belt
célèbre famous
célébrer to celebrate
célébrité *f.* celebrity
célibataire *m. f.* bachelor
celui, celle, ceux, celles the one, the ones
censure *f.* censorship
centrale nucléaire *f.* nuclear plant
centre *m.* center, middle; —**commercial** shopping center —**-ville** *m.* downtown, town center
cependant however
céramique *f.* ceramics
cercle *m.* circle
cerise *f.* cherry
certainement certainly
c'est-à-dire that is to say, that means
chacun, chacune each, each one
chaîne *f.* chain, stereo
chaise électrique *f.* electric chair
chaleur *f.* heat
champagne *m.* champagne
champignon *m.* mushroom
champion, championne *m. f.* champion
championnat *m.* championship
Champs-Elysées a famous street in Paris
chance *f.* chance, opportunity; **quelle—!** What luck!
changement *m.* change
chanter to sing
chanteur, chanteuse *m. f.* singer; —**de rock** rock singer, pop singer
chantilly *f.* whipped cream
chapeau *m.* hat; **Chapeau!** Congratulations! Well done!
chaque each
charcuterie *f.* cold cuts
charismatique charismatic
chasse *f.* hunt
château *m.* castle
chaud, chaude hot
chauffage *m.* central heating
chauffard *m.* hot-rod driver, speed demon
chauffeur *m.* driver; —**de taxi** taxi driver
chaumière *f.* cottage
chausser to take or wear a certain size shoe; **Elle chausse du 37.** Her shoe size is 37.
chaussure *f.* shoe; —**à crampons** spiked shoe
chauvin, chauvine nationalistic
chef *m.* chef, head; —**de réception** hotel receptionist; —**d'état** head of state
cheik *m.* sheik
chemin *m.* way, path
chemise *f.* shirt
chèque de voyage *m.* traveler's check
cher, chère dear, expensive
chéri, chérie *m. f.* honey, dear
chevet *m.* bedside; **table de**—*f.* night table
cheveux *m. pl.* hair
cheville *f.* ankle
chic stylish; **Chic!** *(fam.)* Neat!; —**alors!** *(fam.)* Great!; **Tu es—!** *(fam.)* You're super!
chien de garde *m.* watch dog
chiffre *m.* number, digit
chimie *f.* chemistry
chimique chemical
Chinois, Chinoise *m. f.* Chinese
chipé: chapeau— stolen hat, ripped-off hat
chlorophylle *f.* chlorophyll
choc *m.* shock; —**culturel** cultural shock
choisir to choose, pick
choix *m.* choice
chômage *m.* unemployment
chômeur *m.* unemployed man
chou: mon petit—*(fam.)* honey
choucroûte *f.* sauerkraut
chouette! *(fam.)* Great!
chronologique chronological
chute *f.* fall
ci-dessous below
ci-dessus above
ciné-club *m.* film club
cinéma *m.* movies, movie theater, cinema
cintre *m.* clothes hanger
circonstance *f.* circumstance
cire *f.* wax
citadelle *f.* fortress
citron *m.* lemon
civilisé, civilisée civilized
clair *m.* light; —**de lune** moonlight
clarté *f.* brightness
classe *f.* class; —**sociale** social class
classer to order, file
classification *f.* classification
classifier to classify
clef *f.* key
client, cliente *m. f.* customer
clientèle *f.* clientele
climat *m.* climate

climatisation *f.* air conditioning
climatisé, climatisée air-conditioned
clocher *m.* steeple
code *m.* code, rule; —**de la route** rules of the road
coeur *m.* heart
coiffeur, coiffeuse *m.f.* barber, hairdresser
coin *m.* corner; **au—de** at the corner of
coincé, coincée stuck, cornered
Cointreau *m.* an orange-flavored liqueur
colère *f.* anger
collage *m.* pasting, collage
colle *f.* test
collectif, collective collective
collectionner to collect
collègue *m. f.* colleague
coller to stick, glue
collier *m.* necklace
colloque *m.* colloquium, debate, conference, colloquy
colonie *f.* colony
colonisateur *m.* colonizer
colonne *f.* column
coma *m.* coma
combat *m.* fight, battle; —**de coq** cockfight
combattre to fight
combien how much
combiné *m.* telephone receiver
comédien, comédienne *m.f.* comedian
comique funny
commander to order
comme as, like; —**ci—ça** so-so; —**il est beau!** How beautiful (it is)!; —**si** as if
comment how
commentaire *m.* commentary, remark
commenter to comment; —**sur** to comment on, remark on
commerce *m.* business, trade
commercial, commerciale commercial, business
commis *p.p. of* **commettre** committed
commis *m.* employee, assistant
commissaire de police *m.* police commissioner
commode useful
commode *f.* dresser, bureau
commun, commune common; **en commun** in common
communauté *f.* community
communication *f.* communication
communiquer to communicate
compagnon *m.* friend, buddy; —**de voyage** traveling companion
comparer to compare
compatible compatible
compétent, compétente competent
compétition *f.* competition
complet, complète complete, full
compléter to complete, finish
compliment *m.* compliment
compliqué, compliquée complicated
comporter: se— to behave, act, conduct oneself
composer to compose; **se—de** to be made up of
compréhensif, compréhensive comprehensive
comptable *m. f.* accountant
compter to count, allow; —**devenir** to plan on becoming, intend to become
concéder to concede; —**un point** to concede a point
concert *m.* concert
concierge *m. f.* concierge, caretaker in a small hotel or apartment building
conclure to conclude, finish
conclusion *f.* conclusion, ending
concours *m.* race, contest
condamner to condemn
conducteur, conductrice *m. f.* driver
conduire to drive
conduite *f.* conduct, behavior
conférence *f.* lecture, speech
conférencier, conférencière *m. f.* lecturer, speaker
confidence *f.* confidence
conflit *m.* conflict; **être en—avec** to be in conflict with, be at odds with
confort *m.* comfort
confortable comfortable
confus, confuse: Je suis—. I'm sorry. I'm embarrassed.
congé *m.* leave, break, vacation: **an de—***m.* year's leave of absence; **prendre—** to take one's leave, get going; —**de maternité** maternity leave; —**de paternité** paternity leave
congrès *m.* convention
connaissance *f.* knowledge: —**de soi** self-knowledge
connaître to know, be acquainted with; **se—** to know oneself, know each other
connu *p.p. of* **connaître** known

conquête *f.* conquest
conseil *m.* advice, council
conseiller to counsel, advise
conséquence *f.* consequence, result
conséquent: par— consequently
conservateur, conservatrice conservative
conserver to save, preserve
considérer to consider
consister to consist; **—à** to consist of, be made up of
consoler to console
constamment constantly
constituer to constitute
construire to build, construct
consulat *m.* consulate
consultant *m.* consultant
consulter to consult
contact *m.* contact
contemporain, contemporaine contemporary
content, contente happy, glad
contenu *p.p. of* **contenir** contained
contexte *m.* context
continuel, continuelle continual
continuer to continue
contraire au— on the contrary
contrairement contrary
contraste *m.* contrast
contre opposed, against; **par—** on the other hand
contribuer to contribute
controversé, controversée controversial
convaincre to convince
convaincu *p.p. of* **convaincre** convinced
convenable suitable, appropriate
convenir to suit; **Ça te conviendrait mieux.** that would suit you better; **Ceci me convient parfaitement.** This suits me perfectly.
copain, copine *m. f.* friend, pal
coq *m.* rooster; **—au vin** chicken in wine sauce; **combat de—** *m.* cockfight
coquille *f.* shell; **—Saint-Jacques** scallops
corbeille *f.* basket
correspondance *f.* connection; **ligne de—** *f.* connecting line
correspondant *m.* person on the other end of the line
correspondre to correspond, match; **ça ne correspond pas.** It doesn't fit.
corridor *m.* corridor, hallway
corriger to correct
Corse *f.* Corsica
cosmopolite cosmopolitan
costume *m.* suit, costume
Côte d'Azur *f.* Riviera
Côte d'Ivoire *f.* Ivory Coast, a country in Africa
côté *m.* side; **à—de** next to
côtelette *f.* cutlet, chop
cotiser: se— to chip in
coton *m.* cotton
Coubertin Pierre de Coubertin (1863–1937), originator of the modern Olympic Games
couleur *f.* color; **de quelle**—what color?
coup *m.* blow, strike, knock, hit; **—d'état** government overthrow; **—de fil** telephone call; **—de théâtre** dramatic surprise, sensational development
coupable guilty
couper to cut; **Ne coupez pas!** Don't hang up!; **La communication est coupée.** The line has been disconnected.; **On nous a coupés.** We've been cut off.
couple *m.* couple
courageux, courageuse courageous
courant électrique *m.* electric current
courir to run; **—le risque** to run the risk
cours *m.* course; **au—de** in the course of, in the process of
course *f.* errand, race; **—d'obstacles** obstacle course
court, courte short
court de tennis *m.* tennis court
couscous *m.* a North African dish made of semolina
cousin, cousine *m. f.* cousin
coût *m.* cost; **—de la vie** cost of living
coûter to cost
coutume *f.* custom, habit
couturier *m.* clothes designer
crampon *m.* spike
cravate *f.* necktie
crèche *f.* day-care center
créer to create
crème *f.* cream
créole Creole, of mixed origin; Caribbean, African, French, Spanish, Portuguese
crêpe *f.* a thin pancake
criminel, criminelle *m. f.* criminal
crise cardiaque *f.* heart attack

croire to believe, think
croisière *f.* cruise
Croix-Rouge *f.* Red Cross
croque-monsieur *m.* a grilled open-faced ham-and-cheese sandwich
croupier *m.* one who runs a roulette game
croûte *f.* crust; **en—** in a pastry crust
cuir *m.* leather
cuisine *f.* kitchen, cooking, cuisine; **—minceur** lighter style of French cooking; **grande—** traditional French cooking
cuisiner to cook
cuisse *f.* leg, thigh
cuit *p.p. of* **cuire** cooked; **bien—** well done
culinaire culinary
cultivateur *m.* farmer
culturel, culturelle cultural
curieux, curieuse curious

D

d'abord first, at first
d'accord okay, all right; **être—** to agree
Dahomey *m.* Dahomey, a country in Africa
d'ailleurs besides, furthermore
daim *m.* suede
Dakar capital city of Senegal
Dali Salvador Dali, a modern painter
dame *f.* lady, woman
danger *m.* danger
dangereux, dangereuse dangerous
danse *f.* dance
danser to dance
d'après according to
d'avance in advance
davantage more
dé *m.* die; *pl.* **dés** dice
débarquement *m.* debarkation, landing
débat *m.* debate, discussion
débattre to debate
débrouiller: se— to manage, cope, get along
début *m.* beginning; **au—** in the beginning
débutant, débutante *m. f.* beginner
décevant, décevante disappointing
déchet *m.* waste
décider to decide; **C'est décidé!** It's decided!; **se—** to make up one's mind
décision *f.* decision; **prendre une—** to make a decision
décliner to decline
décor *m.* decor, scenery
découragé, découragée discouraged
découvert *p.p. of* **découvrir** discovered
découverte *f.* discovery
découvrir to discover
décrire to describe
décrit *p.p. of* **décrire** described
décrocher to unhook; **—le combiné** to take the receiver off the hook
décroissant, décroissante decreasing
déçu *p.p. of* **décevoir** disappointed
défaite *f.* defeat
défendre to forbid, prohibit; **il est défendu** it is prohibited
défense *f.* defence
défilé *m.* parade
dégoûtant, dégoûtante disgusting
déguster to taste
déjà already
déjeuner *m.* lunch; **—d'affaires** business lunch; **petit—** breakfast
délinquence *f.* delinquency
deltaplane *m.* hang-gliding
de luxe deluxe
demain *m.* tomorrow; **A—!** See you tomorrow!
demande *f.* request; **—en mariage** proposal (of marriage)
demander: se— to wonder
demeurer to live, inhabit
demi-pension *f.* hotel price that includes lunch or dinner
démonstration *f.* demonstration, sparring match
dénomination *f.* naming, listing
dentiste *m. f.* dentist
départ *m.* departure
département *m.* department; **—français** administrative division of the French homeland and overseas territories
dépasser to overtake, pass, exceed
dépêcher: se— to hurry
dépendre de to depend on
dépenser to spend
déplacer: se— to move, get around
déplorable deplorable
de plus in addition
dépolitisé, dépolitisée depoliticized
déposer to drop off
déprimé, déprimée depressed
depuis since, from
dernier, dernière last; **dernière classée** last to place (in a race)
déroulement *m.* unfolding (of a story), happenings

dérouler: se— to happen, take place
dès since, thereafter; **—le début** from the beginning; **—que** as soon as
désagréable disagreable, unpleasant
désagréablement disagreeably
désappointé, désappointée disappointed
désarmant, désarmante disarming, charming
descente *f.* descent, run
désert *m.* desert
désespoir *m.* despair
désigner to designate
désir *m.* desire
désirer to desire; **Que désirez-vous?** What would you like? Can I help you?
désolé, désolée sorry
désordonné, désordonnée disheveled, disorderly
désordre *m.* disorder, disarray
dessert *m.* dessert
dessin *m.* drawing, sketch; **—humoristique** newspaper cartoon
dessinateur *m.* artist
destination *f.* destination
détail *m.* detail
déterminer to determine
détester to detest, hate
détresse *f.* distress; **en—** in distress
deux: —par— two by two, in pairs
devant in front of, before
développer to develop
devenir to become
devez *pres, of* **devoir** you must, ought, should
deviner to guess
devise *f.* monetary unit
devoir *m.* duty, obligation, homework
d'habitude ordinarily, usually
dialecte *m.* dialect
dialogue *m.* dialogue
diamant *m.* diamond; **faux—** fake diamond
diapositive *f.* slide
dictateur *m.* dictator
différemment differently
difficulté *f.* difficulty, problem
digestif *m.* after-dinner liqueur
dimension *f.* dimension
diminuer to diminish
dîner *m.* dinner
diplôme *m.* diploma, degree
dire to say; **votre nom me dit quelque chose.** Your name rings a bell.; **vouloir—** to mean; **se—** to tell each other
directeur, directrice *m. f.* director
direction *f.* management
diriger: se— to guide oneself
discothèque *f.* disco
discrètement discreetly
discuter to discuss, argue
disparaître to disappear
disponible available
disposer de to have at one's disposal, have at one's command
disposition *f.* disposition; **A votre—!** At your service!
disque *m.* record
dissertation *f.* paper, thesis
dissuader to dissuade
distillerie *f.* distillery
distinction *f.* distinction
distinguer to distinguish
distraction *f.* amusement, entertainment
distraire to amuse; **se—** to amuse oneself, entertain oneself
distribuer to distribute
divers various, diverse
diviser: se— to divide oneself, separate
divorcé, divorcée *m. f.* divorced person
dizaine *f.* (about) ten
docteur *m.* doctor
documentaire *m.* documentary
documenter: se— to document oneself, do research
dogmatique dogmatic
dois, doit, doivent *pres. of* **devoir** must, ought, should
dominer to dominate
dommage; Comme c'est—. That's too bad.; **Quel—!** What a pity! What a shame!
donc therefore, thus
donnant giving; **—sur** overlooking
donne *f.* deal (at cards); **nouvelle—** new deal
donné, donnée given
donner to give; **—son avis** to state one's opinion; **—l'impression de** to give the impression of
dont whose, of whom
dormir to sleep
dortoir *m.* dormitory
d'où from where, from which
douanier, douanière *m. f.* customs agent
douche *f.* shower
douleur *f.* sadness, sorrow, pain
douloureuse *f. (fam.)* bill, check
douzaine *f.* dozen
dramatique dramatic
drap *m.* sheet
droit *m.* right; **droits civils** *m. pl.* civil rights; **—de péage** toll;

droits de l'homme *m. pl.* human rights
droite *f.* right; **à—** on the right side; **sur ta—**on your right; **priorité à—** yield to the right
drôle funny, comic, humorous
drôlement *(fam.)* very
drugstore *m.* restaurant and variety store
duc, duchesse *m. f.* duke, duchess
dur, dure hard;**—comme fer** lasting, abiding
durer to last, continue

E

eau *f.*;**—gazeuse** sparkling water; **—minérale** mineral water;**—naturelle** plain water
échalote *f.* shallot
échange *m.* exchange
échec *m.* failure; **jouer aux échecs** play chess
échelle *f.* ladder
échoué, échouée failed
éclater to burst, break open
Ecole Polytechnique *f.* a famous math and engineering univeristy in France
écologique ecological
écologiste *m. f.* ecologist
économie *f.* economy; **faire des économies** to save money
économique economical
économiste *m. f.* economist
écouter to listen, pay attention; **j'écoute** I'm listening
écrire to write
écrit: par— in writing
EDF *abbr. of* **Electricité de France** Electric Company of France
éducatif, éducative educational
éducation *f.* education, training
effet *m.* effect, result;**—de serre** greenhouse effect; **en—**in effect, in fact
efficace efficient
égal, égale equal; **ça m'est égal.** It's all the same to me. I don't care.
également equally
égalité *f.* equality
église *f.* church
élection *f.* election
électricité *f.* electricity
électromagnétique electromagnetic
électronique electronic
élégant, élégante elegant
élément *m.* element, ingredient
éléphant *m.* elephant
élève *m. f.* student, pupil
élevé, élevée raised
élever to raise;**—les enfants** to raise children
éliminer to eliminate
élu *p.p. of* **élir** elected
embarras du choix *m.* embarrassment of riches
embarrassant, embarrassante embarrassing
embarrassé, émbarrassée embarrassed, bothered
embauche: à l'— pertaining to work
embouteillage *m.* traffic jam
embrasser: s'— to kiss, hug
émission *f.* broadcast
emmener to take away, take along
émotion *f.* emotion
émouvant, émouvante moving, touching
empêcher to prevent
emplacement *m.* site, location
emploi *m.* work, employment;**—du temps** schedule
employé, employée *m. f.* employee, worker
employer to use
emporter to carry away, remove
emprunter to borrow
en:—même temps at the same time, simultaneously;**—plus** in addition
enceinte pregnant
enchanté, enchantée delighted, pleased
encourager to encourage
endroit *m.* place, location
énergie *f.* energy; **—solaire** solar energy
énergiquement energetically
enfin finally, at last
engager to hire, engage;**—le récit** to start the narration
ennemi *m.* enemy
ennui *m.* boredom, problem, worry; **ennuis de la route** *m. pl.* troubles of the road
ennuyeux, ennuyeuse annoying, bothering
énormément a lot
enquête *f.* investigation
enregistrement *m.* recording
enregistrer to record
enrouler: s'— to wrap around
enseignement *m.* teaching, training
enseigner to teach
ensemble together
ensuite next, then
entendre hear; **j'ai entendu parler de** I've

heard about; —**dire** to hear people say; s'—to get along
entendu: bien— certainly, of course; **c'est**—agreed, it's understood; **mal**— misunderstood
enthousiasme *m.* enthusiasm
entier, entière entire, whole
entracte *m.* intermission
entraînement *m.* training, practice
entraîner: s'— to practice; **Entraînons-nous!** Let's practice!
entre between; —**amis** among friends
entrecôte *f.* steak
entrée *f.* first course, entry, beginning
entremet *m.* dessert, sweets
entreprendre to undertake
énumérer to enumerate
envahir to invade
environ about, approximately
environs *m. pl.* surroundings, outskirts
envoyer to send
épée-laser *f.* light-sword
épicerie *f.* grocery store
épisode *m.* episode, event
épouser to marry
époux, épouse *m. f.* spouse
épreuve *f.* test, exam
équipe *f.* team
équipé, équipée equipped
équipement *m.* equipment
équiper: s'— to equip oneself, gear up
erreur *f.* error, mistake
éruption *f.* eruption
escale *f.* stop; **sans**— nonstop
escalier *m.* stairs
escalope *f.* scaloppine
escargot *m.* snail
esclave *m. f.* slave
espace *f.* space
espagnol, espagnole Spanish
espèces *f. pl.* cash
espérer to hope
espion, espionne *m. f.* spy
espoir *m.* hope
esprit *m.* spirit, wit; —**critique** critical sense
essayage *m.* trial, trying on
essayer to try, try on
essence *f.* gasoline; —**super** high-test gasoline; —**ordinaire** regular gasoline
essentiel *m.* important element, essential
est *m.* east
esthétique esthetic
estime *m.* esteem, estimation
estimer to consider, believe, think
établir to establish
étage *m.* floor, level; **garçon d'**—*m.* bellhop **service d'**—*m.* room service
étape *f.* stage
étiquette *f.* label, manners; **faire une erreur d'**—to make a faux pas
étoile *f.* star
étonnant, étonnante surprising
étonné, étonnée surprised
étranger, étrangère *m. f.* stranger, foreigner; **à l'étranger** abroad
être to be; **Ça y est!** That's it! You got it!; —**bon en** to be good at; —**de** to come from; —**de bonne humeur** to be in a good mood; —**en 110 ou 220** to work on 110 or 220 electric current; —**en forme** *(fam.)* to be in shape, feel good; —**en marche** to be in action, be working; —**en train de** to be in the midst of; —**fusillé** to be shot
étroit, étroite narrow
étude *f.* study; **études supérieures** *f. pl.* higher education
étudiant, étudiante *m. f.* student
étudier to study
euh um, er, oh, hum
euthanasie *f.* euthanasia
évaluer to evaluate
événement *m.* event, occurrence
Evian a brand of mineral water
évidemment obviously
éviter to avoid
évoquer to evoke
exact, exacte exact, precise
exactement exactly
exagérer to exaggerate
exaltant, exaltante exultant
examen *m.* test, exam
examiner to examine
excentrique eccentric
excepté except
exceptionnel, exceptionnelle exceptional
exclusivement exclusively
excuse *f.* excuse
excuser to excuse; s'—to forgive, excuse oneself
exécuter to execute, carry out
exemple *m.* example; **par**—for example
exercer to exercise, practice
exercice *m.* exercise
exiger to demand

exister to exist
exotique exotic
expédition *f.* expedition; —**d'alpinisme** mountain climbing
expérience *f.* experience, experiment
expert, experte *m.f.* expert
explication *f.* explanation
expliquer to explain; **s'—** to explain oneself
exploit *m.* exploit, adventure
exploiter to exploit, use
explorateur *m.* explorer
explorer to explore
exposer to expose
exposition *f.* exhibit, show
exprès intentionally, on purpose
expression *f.* expression; **«expressions en direct»** material to learn carefully (a term used only in this book)
exprimé, exprimée expressed
exprimer to express; **s'—** to express oneself
expulsé, expulsée evicted, kicked out
extérieur: à l'— on the outside
extinction *f.* extinction
extra! *(fam.)* Super! Great!
extra-terrestre nonearthly, from outer space
extrait *m.* excerpt, passage
extravagant, extravagante extravagant

F

fabriquer to make, manufacture
face: —à— in the face of; **en—de** facing, across from
facile easy
facilité *f.* facility
façon *f.* way, manner; **de—à** in such a way as to
faible weak
faim *f.* hunger; **avoir une—de loup** to be as hungry as a wolf, to be starved
faire-part *m.* invitation
faire to do, make; **cela nous fait grand plaisir.** That makes us very happy; —**attention** to pay attention, watch out; —**des achats** to go shopping, make purchases; —**des courses** to run errands; —**des économies** to save money; —**des études** to study; —**des excuses** to apologize; —**exprès** to do something on purpose; —**la grève** to strike; —**la connaissance de** to meet, make the acquaintance of; —**du lèche-vitrine** to go window-shopping; —**la cuisine** to cook; —**partie de** to participate in, be a member of; —**plaisir à** to please; **Faites le plein!** Fill it up!; —**des projets** to make plans; —**une promenade** to go for a walk; —**la queue** to stand in line; —**sa toilette** to wash up, get dressed, get ready; —**la vaisselle** to do dishes; **Elle fait un 40.** She takes a size 40. **Faites vos jeux!** Place your bets; **Faites votre choix.** Make a choice; **Ne t'en fais pas.** *(fam.)* Don't worry.; **se—** to be done; **se—la bise** to kiss; —**le ménage** to do housework; —**un stage** to do a workshop; —**un tour en ville** to go on a visit of the city; **qu'est-ce que tu veux que j'y fasse?** *(fam.)* What do you expect me to do?
fais do-do *m.* traditional dance in Acadian Louisiana, "do-si-do"
fait *m.* deed, fact; —**divers** minor news item
falloir: il faut it is necessary
familial family, domestic
familiariser to familiarize
familièrement familiarly
famille *f.* family; **en—** as a family
fantastique fantastic
farci, farcie stuffed
farfelu, farfelue way out, crazy, farfetched
fascinant, fascinante fascinating
fatigue *f.* fatigue; **être mort de—** to be dead tired
fatigué, fatiguée tired
fauché, fauchée broke
faut *pres. of* **falloir** it is necessary; **il me faut** I must; I need
faute *f.* fault, mistake; **Ce n'est pas de ma—.** It's not my fault.
faux, fausse false, fake; **fausse monnaie** *f.* counterfeit money, play money
faux pas *m.* blunder, error of etiquette; **faire un—** to make a slip
favorable favorable
favori, favorite favorite
félicitations! *f. pl.* Congratulations!
féliciter to congratulate
femelle *f.* female
féminin, féminine feminine

femme *f.* woman; **—d'affaires** businesswoman; **—de chambre** maid, cleaning lady
fente *f.* change slot
fer *m.* iron; **dur comme—** lasting, abiding
ferme firm
ferme *f.* farm
fermer to close
féroce ferocious
festival *m.* festival
fête *f.* celebration
feu *m.* fire, traffic light; **—de joie** bonfire; **—rouge** red light; **Le— est au vert.** The light turns green.
feuille *f.* leaf; **—de papier** sheet, page
fiancé, fiancée engaged; *m. f.* fiancé, fiancée
fiancer: se— to get engaged
ficher: Je m'en fiche. *(fam.)* I don't care. I don't give a darn.
fictif, fictive fictitious
figurer: figurez-vous can you imagine, can you believe it
filer: Je file! *(fam.)* I've got to run!
film *m.* movie, film
fils *m.* son
finalement finally
financier, financière financial
fleur *f.* flower; **à fleurs** flowered
flipper *m.* pinball machine
foie gras *m.* liver pâté
fois *f.* time; **bien des—** many a time; **une autre—** another time; **une—assis** once seated
folie *f.* craziness; **Ce serait de la—!** It would be madness!
folklorique folkloric, folk
foncé dark
fond *m.* bottom; **au—de** on the bottom of; **—d'artichaut** artichoke heart
fondation *f.* foundation, charity organization
font *pres. of* **faire** they do
fontaine *f.* fountain
football *m.* soccer
footballeur *m.* soccer player
format *m.* format
formel, formelle formal
formellement formally
former to shape, form
formidable! Terrific!
formule *f.* formula
formuler to formulate
fort, forte strong; **parler plus fort** to speak louder
fortement strongly
forteresse *f.* fortress, stronghold
fortifier to fortify, strengthen
fortune *f.* fortune
fou, folle crazy; **Vous n'êtes pas—, non?** Are you crazy?
Fouquet's a famous fancy café-restaurant in Paris
fourchette *f.* fork
fournir to furnish
fourrure *f.* fur
frais, fraîche fresh
fraise *f.* strawberry
framboise *f.* raspberry
franc *m.* the major unit of currency in France
francophone French-speaking
frapper to knock
fréquent, fréquente often, frequent
fréquenté, fréquentée frequented
fréquenter to frequent, go frequently to
frère *m.* brother
Frères Lumière the brothers who invented the first motion-picture projector
frérot *m. (fam.)* little brother, baby brother
frite *f.* French fry
fromage *m.* cheese
fumé, fumée smoked
fumée *f.* smoke
fumer to smoke
fumeur, fumeuse *m. f.* smoker
furieux, furieuse furious
fusée *f.* rocket
fusillé, fusillée shot
futur, future future
futuriste futuristic
Français, Française *m. f.* Frenchman, Frenchwoman

G

Gabon *m.* Gabon, a country in Africa
gadget *m.* gadget
gaffe *f. (fam.)* blunder
gagnant *m.* winner
gagner to win
gala *m.* gala, celebration, large party
galaxie *f.* galaxy
galerie *f.* gallery; **—d'art** art gallery; **—marchande** shopping mall
Galeries Lafayette *f. pl.* a large department store in Paris
gamme *f.* gamut, range
gangster *m.* gangster
gant *m.* glove; **—de toilette** washcloth, wash mitt
garagiste *m.* mechanic, garage owner
garçon *m.* boy; **garçon!** Waiter!; **—d'étage**

bellhop; **mon**—my boy, dear boy
garder to save, keep
gare *f.* train station
garniture *f.* trimmings
gaspillage *m.* waste
gastronomique gastronomic
gauche *f.* left; **à**—on the left
général: en— in general, generally
général *m.* general
généralement generally
généralisation *f.* generalization
Genève *f.* Geneva
génial! *(fam.)* Wonderful! Great!
genre *m.* kind, sort
gens *m. pl.* people
gentil, gentille nice
geste *m.* gesture
gigot d'agneau *m.* leg of lamb
glace *f.* ice cream, ice
glacé, glacée iced
globe *m.* globe, world
généreux, généreuse generous
gorille *m. (fam.)* bouncer
gosse *m. f. (fam.)* kid
gourmand, gourmande *m. f.* glutton, someone who loves to eat
gourmandises *f. pl.* sweets
goût *m.* taste; **à chacun son—!** To each his own!; **bon**—good taste
gouvernement *m.* government
grâce à thanks to
graffiti *m. pl.* graffiti
Grande-Terre *f.* the largest island in Guadeloupe
grandiose grandiose
grandir to grow up
Grand Marnier *m.* an orange-flavored liqueur
grand-papa, grand-maman *m. f.* granddaddy, granny
grand'rue *f.* main street
gras, grasse fat
gratiné, gratinée with cheese
gratte-ciel *m.* skyscraper
gratuit, gratuite free
grenouille *f.* frog; **cuisses de**—*f. pl.* frog's legs
grève *f.* strike; **faire la**— to go on strike
grillade *f.* grilled meat; —**au feu de bois** meat grilled over an open fire
grille *f.* iron fence
grillé, grillée grilled, toasted
gris, grise grey
gros, grosse big, large, fat, thick
grossir to gain weight, get fat
grotte *f.* cave
groupe *m.* group
Gruyère *m.* a cheese from Gruyère in Switzerland
Guadeloupe *f.* Guadeloupe, a French department in the Caribbean
Guadeloupéen, Guadeloupéenne *m. f.* inhabitant of Guadeloupe
guérir to cure
guerre *f.* war;—**froide** cold war
guetter to spy on, watch
guide *m. f.* guide
guillotine *f.* guillotine
Guinée *f.* Guinea, a country in Africa
guitare *f.* guitar
gumbo *m.* a soup popular in Acadian Louisiana
Guyane Française *f.* French Guiana, a French territory in South America
gymnase *m.* gymnasium

H

habillé, habillée dressed; dressy
habiller to dress; s'—to get dressed
habit *m.* garment
habitant, habitante *m. f.* inhabitant
habiter to live
habitude *f.* habit, custom
habituellement habitually, usually
Haïti *m.* Haiti
haricot vert *m.* green bean
haut, haute high; **du haut de** from the top of
Haute-Volta *f.* Upper Volta, a country in Africa
haut-parleur *m.* loud-speaker
Hawaï Hawaii
hein? *(fam.)* Huh? What?
hélas alas
hélicoptère *m.* helicopter
herbe *f.* grass; **fines herbes** *f. pl.* chives
héritage *m.* inheritance
héroïne *f.* heroine
héros *m.* hero
hésiter to hesitate, delay
heure *f.* time, hour; **à tout à l'—**. See you later. **à l'**—on time; —**d'affluence** rush hour; **heures d'ouverture** *f. pl.* business hours;—**de pointe** peak rush hour; **par**—an hour
heureux, heureuse happy, glad
histoire *f.* story, history
historique historical
hiver *m.* winter
hockey *m.* hockey;—**sur glace** ice hockey
hold-up *m.* hold-up
homard *m.* lobster
homicide *m.* homicide, murder

hommage *m.* respect; **Mes hommages!** My respects!
homme *m.* man; —**d'affaires** businessman; —**politique** politician
honnête honest
honoré, honorée honored
hôpital *m.* hospital
horizon *m.* horizon
horreur *f.* horror; **Quelle—!** How terrible!
hors d'oeuvre *m.* appetizer
hors-taxe duty-free
hospice *m.* nursing home, home for the aged
hôte, hôtesse *m. f.* host, hostess
hôtel *m.* hotel; —**de ville** town hall, city hall
hôtelier *m.* hotel owner or manager, innkeeper
huître *f.* oyster
hum! Hem! Hm!
humain, humaine human
humeur *f.* humor, mood, **être de bonne**—to be in a good mood
humide humid, wet
humoristique humorous
hypermarché *m.* chain store
hypocrite *m.* hypocrite

I

ici here; **d'**— from here; **par**—this way
idéal, idéale ideal
idée *f.* idea
identité *f.* identity
ignorer to forget, not know, be unfamiliar with
île *f.* island
île de la Réunion Reunion Island, a French department in the Indian Ocean
illustrer to illustrate
il me semble it seems to me
il vaut mieux it is better
image *f.* picture
imagination *f.* imagination
imaginer to imagine
immédiat, immédiate immediate
immédiatement immediately, right away
impair *m.* odd number, uneven number
imperméable *m.* raincoat
important important, large
importe: n'—lequel no matter which
importer to import
imposer to impose
impôt *m.* tax
impressario *m.* agent
impression *f.* impression
impressionner to impress, make an impression on
improviser to improvise, make up
imprudent, imprudente unwise, imprudent
inadmissible inadmissible, unacceptable
inattendu, inattendue unexpected
inauguration *f.* inauguration, opening
incapable incapable, unable
incarner to play the part of
incident *m.* incident, event
incompréhensible incomprehensible
inconnu, inconnue unknown; *m. f.* stranger
inconvénient *m.* disadvantage
incroyable unbelievable
incurable incurable
indécis, indécise undecided
indéniablement undeniably
indépendance *f.* independence
indicateur indicative; **panneau**—*m.* signpost
indication *f.* indication, direction
Indien, Indienne *m. f.* Indian
indifférence *f.* indifference
indigestion *f.* indigestion
indiquer to indicate
indiscret, indiscrète indiscreet
indispensable necessary, crucial
individu *m.* individual
industrie *f.* industry
inévitable inevitable, unavoidable
inexpressif, inexpressive unexpressive
inférieur, inférieure inferior
infirmier, infirmière *m. f.* nurse
informatique *f.* data processing
ingénieur *m.* engineer; —**-conseil** engineering consultant
ininterrompu, ininterrompue uninterrupted
initiative *f.* initiative
injuste unjust, unfair
innocent, innocente innocent, naive, blameless
inquiéter: s'— to worry; **Ne t'inquiète pas.** Don't worry.
inscrire to inscribe, engrave
insidieusement insidiously
insister to insist
insolite unusual
inspecteur *m.* detective, inspector

Inspecteur Maigret hero of detective novels by Georges Simenon
inspirer to inspire; s'—**de** to take one's inspiration from
installer: s'— to get settled
instant *m.* moment, instant
instinctivement instinctively
instituer to institute
instrument *m.* instrument, tool;—**de base** basic tool
insulter to insult
intensif, intensive intensive
intention *f.* intention
interdiction *f.* prohibition
interdire to forbid, prohibit
interdit *p.p. of* **interdire** forbidden
intéressant, intéressante interesting
intéresser: s'—à to be interested in; **Ça t'intéresserait de . . .?** Would you like to . . .?
intérêt *m.* interest
intergalactique intergalactic
intérieur *m.* inside, interior; **à l'—de** inside of
interlocuteur *m.* speaker, conversation partner
international, internationale international
interplanétaire interplanetary
Interpol *m.* international police organization, based in Paris
interprète *m. f.* interpreter, translator
interpréter to interpret, translate
interroger to interrogate, ask questions
interrompre to interrupt
interruption *f.* interruption
intervenir to intervene
interview *f.* interview
interviewer to interview
intime intimate
introduire to introduce, present
inutile useless
inventer to invent
inverser to reverse
investir to invest
investissement *m.* investment
invitation *f.* invitation
invité, invitée *m. f.* guest
ironie *f.* irony;—**du sort** irony of fate
irritant, irritante irritating
islamique Islamic
itinéraire *m.* itinerary, route
ivoire *m.* ivory

J

jamais never;—**de la vie!** Not on your life!
jambe *f.* leg
jambon *m.* ham
jardinier, jardinière *m. f.* gardener
jaune yellow
jean *m.* blue jeans
Jeanne d'Arc Joan of Arc
jeu *m.* game;—**de mots** pun; **jeux Olympiques** *m. pl.* Olympic games; **Faites vos jeux!** Place your bets! **Les jeux sont faits!** The die is cast!
jeune young; **jeunes gens** *m. pl.* young people
jeunesse *f.* youth
jockey *m.* jockey
Joconde *f.* Mona Lisa, a painting by Leonardo da Vinci
joie *f.* joy
joindre to join; **se—à** to join with
joli, jolie pretty
jonquille *f.* jonquil, daffodil
joue *f.* cheek
jouer to play;—**la scène** to act the scene out
joueur, joueuse *m. f.* player
jour *m.* day; **ce—-là** on that day; **de nos jours** in our time; **le—même** on the same day; **tous les jours** every day
journal *m.* newspaper
journaliste *m. f.* news reporter
jovial, joviale jovial, happy
joyeux, joyeuse joyous
juge *m.* judge
jugement *m.* judgment
juger to judge;—**bon** to consider worthwhile
jumeau, jumelle *m. f.* twin
jungle *f.* jungle
jupe *f.* skirt
jusqu'où how far, to what extent
juste right, correct, fair
justement exactly, precisely
justifier to justify
juvénile juvenile

K

karaté *m.* karate
Kenya *m.* Kenya, a country in Africa
kidnapping *m.* kidnapping
kilo *m.* kilogram

kiosque à journaux *m.* newsstand
kir *m.* a before-dinner drink made of white wine and cassis liqueur
klaxonner to honk, blow the horn of a car

L

laboratoire *m.* laboratory
lache loose, loose-fitting
laid, laide ugly
laine *f.* wool
laisser to leave, let; —**à désirer** to leave something to be desired; **se—décourager** to let oneself be discouraged; **Laissez-moi tranquille!** Leave me alone!; **Ça me laisse froid.** It leaves me cold. It doesn't interest me.
langue *f.* language, tongue; —**classique** classical language; —**vivante** modern language
Laos *m.* Laos, a country in southeast Asia
lapin *m.* rabbit
large wide
lavabo *m.* washbasin
laver to wash; —**le linge** to do the laundry
lèche-vitrine *m.* window shopping
leçon *f.* lesson
légal, légale legal, legitimate
légalisé, légalisée legalized
légume *m.* vegetable
Lelouche Claude Lelouche, a famous French movie director
lendemain *m.* next day, following day
lentement slowly
lequel, laquelle, lesquels, lesquelles which one, which ones
lever: se— to get up
lèvre *f.* lip
Liban *m.* Lebanon
libéral, libérale liberal
libérer: se— to liberate oneself, free oneself
liberté *f.* freedom, liberty
libre free
lier to link, connect
lieu *m.* place; **au—de** instead of; **avoir**—to take place; —**d'habitation** residence; —**de rencontre** meeting place
ligne *f.* line; —**de correspondance** telephone line, connecting subway line
lilas *m.* lilac
limitation de vitesse *f.* speed limit
limiter to limit, restrict
limonade *f.* lemonade, lemon-lime beverage
linge *m.* laundry
liqueur *f.* liqueur
liquide: en— in cash
liste *f.* list
lit *m.* bed; **grand—** double bed
littérature *f.* literature
livre *m.* book
livre *f.* pound
loger to stay
logiciel *m.* software
logique logical
loi *f.* law
loin far
lointain, lointaine distant
loisir *m.* leisure, hobby
long: le—de along; —**courrier** long-distance (flight)
longtemps a long time; **depuis**—for a long time
lorsque when
lot: le gros—*m.* grand prize, jackpot
loterie *f.* lottery
lotte *f.* eel-pout fish, angler fish
louer to rent
Louisiane *f.* Louisiana
loup *m.* wolf; —**de mer** sea perch; **avoir une faim de**—to be starved
lune *f.* moon; —**de miel** honeymoon
Luxembourg *m.* Luxembourg
lycée *m.* high school

M

machine *f.* machine; —**à voyager à travers le temps** time machine
macho: en— manly
magasin *m.* store; **grand**—department store; —**d'occasion** secondhand store; —**de sport** sporting-goods store
magazine *m.* magazine
magicien *m.* magician
magnétophone *m.* tape recorder; —**à cassette** cassette player
maigre thin, skinny
maillot de bain *m.* bathing suit
main *f.* hand; **en**—in hand
maintenant now
mairie *f.* town hall
maison *f.* house; —**de retraite** retirement home; —**de santé** convalescent home
majorité *f.* majority
mal badly; **avoir**—to hurt
malade sick; **Ça me rend—.** It makes me sick.; **grand**—*m.* chronic invalid
maladie *f.* illness, sickness
maladif, maladive ill, sickly

malchance *f.* misfortune; **Quelle—!** What bad luck!
malentendu *m.* misunderstanding
malgré despite, in spite of
malheur *m.* misfortune, unhappiness
malheureusement unfortunately
malhonnête dishonest
Mali *m.* Mali, a country in Africa
manchette *f.* headline
manière *f.* manner; **de—à** in such a way as to
manifestation *f.* demonstration
manipulateur, manipulatrice *m. f.* manipulator
mannequin *m.* model
manque *m.* lack
manquer to lack, miss
manteau *m.* coat
marathon *m.* marathon
marbre *m.* marble
marchand, marchande *m. f.* vendor
marchandise *f.* merchandise
marche *f.* walk, step; **Ça marche?** *(fam.)* How's it going? **être en—** to be in action, be working; **Ça ne marche pas.** It doesn't work.
marché *m.* market; **—aux puces** flea market; **—en plein air** open-air market; **meilleur—**cheaper
Mardi gras *m.* Mardi Gras
mari *m.* husband
mariage *m.* marriage
mariée *f.* bride
marier: se— to get married
marijuana *m.* marijuana
marionnette *f.* puppet, marionnette
Maroc *m.* Morocco
marque *f.* brand, mark
marquer to mark
marrant, marrante *(fam.)* funny
marre: en avoir—*(fam.)* to be fed up
Martini *m.* a brand of French liquor
Martinique *f.* Martinique, a French department in the Caribbean
masculin, masculine masculine
match *m.* game, match
mathématiques *f. pl.* mathematics
maths *f. pl. abbr. of* **mathématiques** math
matière *f.* subject; **en—de** regarding
Mauritanie *f.* Mauritania, a country in Africa
mécanicien, mécanicienne *m. f.* mechanic
méchant, méchante evil, bad, wicked
mécontentement *m.* unhappiness
médecin *m.* doctor; **—-psychiatre** psychiatrist
médecine *f.* medicine
médicament *m.* medication, medicine
médiéval, médiévale medieval
Méditerranée *f.* Mediterranean
meilleur, meilleure better; **meilleur marché** cheaper
Meknès a town in Morocco
mêler: se— to mix
mélodrame *m.* medodrama
melon *m.* melon
membre *m.* member
même: —si even if
menace *f.* threat
ménage *m.* household goods, married couple; **faire le—**to do housework, clean the house
mener to lead, wage; **—une interview** to conduct an interview
meneur de jeu *m.* master of ceremonies, game leader
mensonge *m.* lie
menu *m.* menu
mépris *m.* scorn
mépriser to scorn, despise
mer *f.* sea
merci: à la—de at the mercy of
mère *f.* mother
mésaventure *m.* mishap
métamorphosé, métamorphosée changed, metamorphosed
météo *f.* weather report (*abbr. of* **météorologie**)
méthode *f.* method, way
métier *m.* profession, work, job
métro *m.* subway (*abbr. of* **métropolitain**)
metteur-en-scène *m.* director (cinema), producer (theater)
mettre to put, place; **—à la porte** to throw out; **—en ordre** to put in order; **—les pieds dans le plat** to put one's foot in one's mouth; **se—à** to begin
meuble *m.* piece of furniture
meurtre *m.* murder
meurtrier *m.* murderer, killer
mi: à—-chemin halfway, midway
microphone *m.* microphone
mieux better
milieu *m.* environment, social circle; **au—de** in the middle of

mille thousand
milliard *m.* billion
millionnaire *m. f.* millionaire
mime *m.* mime, pantomine
minable poor, shabby
mince thin
minuscule minuscule, tiny
mise *f.*: —**en forme** physical fitness club; —**en scène** production (theater), direction (cinema)
misère *f.* misery
mission *f.* mission
mixte mixed
M.L.F. *abbr. of* **Mouvement de Libération de la Femme** *m.* a French organization for women's rights
moche *(fam.)* ugly, lousy, rotten
mode *f.* fashion; **à la**— stylish
modèle model
modèle *m.* model; **dernier**— most recent model
modéré, modérée moderate
moderne modern
modifier to modify
mœurs *f. pl.* mores, habits, customs
mois *m.* month; **dans un**— within a month
monde *m.* world; **grand**— high society; **Le Monde** a leading French newspaper
mondial, mondiale worldly
Monégasque *m. f.* Monegasque, an inhabitant of Monaco
monnaie *f.* change, money; **fausse**— counterfeit money, play money
monopole *m.* monopoly
Monoprix *m.* French dime store
monstre *m.* monster
montagne *f.* mountain
monter to climb, go up; —**à pied** to climb on foot; —**une pièce** to put on a play
Montréal Montreal, the largest city in Québec, Canada
montrer to show; **se**— appear
monument *m.* statue
moquer: se— to make fun of; **Vous vous moquez du monde?** Are you crazy?
morceau *m.* piece
mort, morte dead; —**de fatigue** dead tired
mosquée *f.* mosque
mot *m.* word; **en un**— in a word
motard *m.* motorcycle policeman
motocyclette *f.* motorcycle
moule *f.* mussel
mourant, mourante dying
mourir to die; **C'est à**— **de rire.** You could die laughing.
mousse au chocolat *f.* chocolate mousse
moustache *f.* mustache
mouton *m.* sheep
moyen de transport *m.* means of transportation
muet, muette mute, silent, speechless
multi-dimensionnel, multi-dimensionnelle multi-dimensional
muni, munie armed
mur *m.* wall
musclé, musclée muscular
musée *m.* museum
musicien, musicienne *m. f.* musician
musique *f.* music
mystérieux, mystérieuse mysterious
mythe *m.* myth

N

nager to swim
naître to be born
narrateur *m.* narrator
natif, native native
nationaliser to nationalize
nature *f.* nature
naufragé, naufragée shipwrecked
navet *m. (fam.)* turnip; **Quel**—! What a lemon!
navette *f.* shuttle
navré, navrée sorry
nécessaire necessary
négatif, négative negative
nerveux, nerveuse nervous
net: prix—*m.* total price
nettoyer: se— to clean itself
neuf, neuve new, brand-new
neutre neutral
nez *m.* nose; —**à**—face to face
ni l'un ni l'autre neither one nor the other
nier to deny
Niger *m.* Niger, a country in Africa
night-club *m.* night club
n'importe lequel no matter which
nom *m.* name
nombre *m.* number
nombreux, nombreuse numerous
nommé, nommée named, called
non-désiré undesirable
nord *m.* north
normalement normally

note *f.* note, grade; **une bonne**—a good grade
nourrir to feed, nourish
nourriture *f.* food
nouveau, nouvelle, nouveaux, nouvelles new
nouvelle *f.* news
Nouvelle-Angleterre *f.* New England
Nouvelle Calédonie *f.* New Caledonia, an island in the Pacific Ocean.
nouvellement newly
Nouvelle Orléans *f.* New Orleans
nuage *m.* cloud
nuance *f.* shade, hue
nucléaire nuclear
nul, nulle nothing, zero
numéro *m.* number

O

objet *m.* object;—**d'art** work of art; **objets trouvés** *m. pl.* lost and found
obligatoire necessary
obligé, obligée obliged
observer to observe, notice
obstacle *m.* obstacle
obtenir to obtain, get
obtenu *p.p. of* **obtenir** obtained
occasion *f.* opportunity, occasion, bargain; **quelle**—! What a buy!
occupant, occupante *m. f.* occupant
occupé, occupée occupied
occuper: s'—de to take care of
œil *m. (pl.* **yeux)** eye; **d'un—rond** with a skeptical eye **d'un coup d'**—at a glance
œuf *m.* egg
offenser to offend
office du tourisme *m.* tourist office, chamber of commerce
offre *f.* offer;—**d'emploi job offer;—de mariage** proposal of marriage
offrir to offer;—**un cadeau** to give a gift
oignon *m.* onion
O.L.P. *abbr. of* **Organisation de Libération de Palestine** Palestine Liberation Organization
Olympia *f.* Olympia, a famous theater in Paris
omelette *f.* omelet; —**norvégienne** baked Alaska
oncle *m.* uncle
opérateur, opératrice *m. f.* operator
opinion *f.* opinion
opposé, opposée opposed
opposer: s'—à to be opposed to
oppresseur *m.* oppressor
opprimé, opprimée oppressed
opprimé, opprimée *m. f.* the oppressed
or *m.* gold
oralement orally
ordinaire regular, ordinary; **essence**—*f.* regular gasoline
ordinateur *m.* computer
ordre *m.* order
oreiller *m.* pillow
organisateur, organisatrice *m. f.* organizer
organisation *f.* organization
organiser: s'— to organize oneself
orienter: s'— to orient oneself
originaire de native of, originating from
original, originale original
origine *f.* origin
orphelin, orpheline *m. f.* orphan
oseille *f.* sorrel (an herb)
oser to dare
ôtage *m.* hostage
ou bien or rather, or else
oublier to forget
ouest *m.* west
ouf! Whew!
ouvert *p.p. of* **ouvrir** opened;—**aux idées** open-minded
ouvrier, ouvrière *m. f.* worker

P

paiement *m.* payment
pain *m.* bread
pair, paire even, equal
pair *m.* even number, peer, fellow
paire *f.* pair
palais *m.* palace
pâle pale
panier *m.* basket
panne *f.* breakdown **en**— broken down; —**d'électricité** blackout, electrical failure
panneau *m.* sign, placard;—**de la route** road sign
pantalon *m.* pants
Pape *m.* Pope
par by;—**an** a year; —**conséquent** consequently;—**contre** on the other hand; —**exemple** for example; —**groupes de trois** in groups of three
parachutisme *m.* parachuting
paraître to seem, appear
parapluie *m.* umbrella
parc *m.* park; —**d'attractions** amusement park

parce que because
parc mètre *m.* parking meter
pardonner to forgive; **pardonnez-moi** excuse me
parent *m.* relative; *pl.* **parents** relatives, father and mother
parenthèse *f.* parentheses
paresseux, paresseuse lazy
parfait, parfaite perfect
parfum *m.* perfume
parka *m.* parka
parler to speak, talk;—**de soi** talk about oneself; **entendre—de** to hear about
parmi among
parole *f.* word; **à vous la**—your turn to speak; **«paroles en action»** words in action (title of an activity in this book)
part: c'est gentil de ta—it's nice of you; **pour ma**—as for me
partager to share
partenaire *m. f.* partner
parti *m.* party;—**québécois** a political party that champions Quebec's independence
participer to participate, take part
particulier: en— in particular, especially
partie *f.* party, game;—**de tennis** tennis match
partir to leave; **Je pars!** I'm leaving!
partout everywhere, all over
pas no, not;—**grand'chose** nothing much;—**du tout** not at all;—**mal** quite a few
pas *m.* step; **à deux—d'ici** very close by
passage *m.* passage
passant *m.* passer-by
passer to spend, pass;—**à la télévision** to show on T.V.;—**la soirée** to spend the evening;—**le temps** to spend time;—**un coup de fil** to call up, telephone;—**un test** to take a test; **se**—to happen, take place; **Comment ça s'est passé?** How was it?; **film qui passe** *m.* movie that is on; **Je vous le passe.** I am putting you through to him.; **passez-moi** give me
passe-temps *m.* hobby
passionnant, passionnante exciting, thrilling
pâté *m.* meat spread;—**de foie gras** liver pâté
pâtisserie *f.* pastry shop, pastry
patron *m.* boss, owner
payer to pay
pays *m.* country;—**d'origine** homeland, native country
paysan, paysanne *m. f.* peasant
péage *m.* toll
pêche *f.* peach;—**melba** a dessert made of ice cream and peaches
pêche *f.* fishing
pêcheur *m.* fisherman
pédalo *m.* water bicycle
pédé *m. (fam.) abbr. of* **pédéraste** homosexual
peine *f.* pain, punishment;—**de mort** capital punishment
pellicule *f.* roll of film
pendaison *f.* hanging
pendant during
perdre to lose;—**de vue** to lose sight of; **se**—to get lost
perdu *p.p. of* **perdre** lost
péril *m.* peril
période *f.* period
perle *f.* pearl
permettre to permit; **permettez-moi** permit me, allow me
Perrier *m.* a brand of French mineral water
personnage *m.* character
personnalité *f.* personality
personne *f.* person
personnel, personnelle personal
personnellement personally
persuader to persuade
perte *f.* loss;—**de temps** waste of time
peste *f.* plague; **Quelle—!** *(fam.)* What a pain!
P. et T. *abbr. of* **Postes et Télécommunications** the French postal service
pétanque *f.* a game of **boules** (bowls) played in southern France
petit, petite small; **petit ami** *m.* boyfriend; **petite amie** *f.* girlfriend; **petite annonce** *f.* classified ad; **petit déjeuner** *m.* breakfast; **petits pois** *m. pl.* peas
pétrole *m.* gasoline
peu little, not much
peupler to populate
peut-être maybe, perhaps
peuvent *pres. of* **pouvoir** they can
phare *m.* headlight
pharmacie *f.* drugstore, pharmacy
pharmacien, pharmacienne *m. f.* pharmacist
philosophie *f.* philosophy
photo *f.* photo
photographe *m.* photographer
photographie *f.* photography
phrase *f.* sentence
physique *f.* physics

piano *m.* piano
pièce *f.* room, piece; —**de théâtre** play
pied *m.* foot; **à**—on foot, by foot; **mettre les pieds dans le plat** to put one's foot in one's mouth
pilote *m.* pilot
pin *m.* pine tree
pique-nique *m.* picnic
pirate *m.* pirate
pire worse
piscine *f.* swimming pool
piste *f.* trail, track; —**de jeu** game board
pittoresque picturesque
pizzeria *f.* pizzeria
place *f.* seat, square; **sur**—on the spot; **à la**—**(de)** instead (of)
plage *f.* beach
plains: je te— I feel sorry for you, I sympathize with you
plaire to please; **ça m'a beaucoup plu.** That pleased me. **Ça ne me plaît pas.** I don't like it.
plaisanter to joke
plaisir *m.* pleasure; **au**—! I hope we shall meet again.
plan *m.* map, plan, layout, level; **sur le même**—on the same level
planche: faire de la—**à voile** to go wind-surfing
planétaire planetary
planète *f.* planet
plantation *f.* plantation
plastique plastic
plat, plate flat, level
plâteau de fromages *m.* cheese tray
plein de full of; *(fam.)* many, lots of
pleurer to cry
pleuvoir to rain
plongée sous-marine *f.* scuba-diving
plupart *f.* majority, most
plus: de—**en**— more and more; **en**—, **de**—in addition, moreover
plusieurs several
plutôt rather, instead
poche *f.* pocket
poésie *f.* poetry
poid *m.* weight; **poids lourds** *m. pl.* heavy trucks
point *m.* point, dot; —**de départ** starting line; —**de vue** point of view, perspective
pointure *f.* shoe size; **Quelle est votre**—? What is your size?
poire *f.* pear; —**belle Hélène** a dessert of ice cream and pears
pois; petits—*m. pl.* peas; **à**— polka-dot
poisson *m.* fish
policier, policière pertaining to the police; **roman policier** *m.* detective story
poliment politely
politesse *f.* politeness
politique political; **homme**—*m.* politician
politique *f.* politics
polluant, polluante polluting
pollution *f.* pollution; —**radioactive** radioactive pollution; —**thermique** thermal pollution
polyester *m.* polyester
pomme de terre *f.* potato
pompier *m.* fireman
pompiste *m.* gas station attendant
pont *m.* bridge
Pont l'Evêque *m.* a brand of French cheese
populaire popular
porc *m.* pork
port *m.* port
portant carrying, wearing
porte *f.* door, gate; **mettre à la**—to kick out, fire
porte-monnaie *m.* wallet, change purse
porter to carry, wear; —**un jugement** to pass judgment
porteur *m.* porter
portrait *m.* portrait, picture; **auto**—self-portrait
poser une question to ask a question
position *f.* position, post; **prendre une**— to take a stand
posséder to possess
possibilité *f.* possibility
poste *m.* job, post; —**d'incendie** fire station; —**de secours** emergency road station
poste *f.* post office
poster *m.* poster
pot *m.* pot; —**pourri** hodge-podge
potage *m.* soup; —**cultivateur** vegetable soup
pouah! Ugh! Yuck!
poulet *m.* chicken
pour for; —**cent** percent; **le**—**et le contre** pro and con; —**ma part** as for me; —**ou contre** for or against
pourboire *m.* tip
pourrais *cond. of* **pouvoir** I could
poursuivi *p.p. of* **poursuivre** pursued
poursuivre to pursue
pourtant however
pousser to push
pouvez *pres. of* **pouvoir** you can, are able to
pouvoir to be able to, can; **Ça pourrait être pire.** It could be worse.

pratique practical
précédent, précédente preceding, former
précieux, précieuse precious
précis, précise precise, exact
préciser to be precise
précision *f.* precision, exactitude
préfecture *f.* police station
préférable preferable
préférence *f.* preference
préférer to prefer
prémédité, préméditée premeditated
premier, première first, primary; —**ministre** *m.* prime minister; **de première classe** first-class
prendre to take; —**congé de** to take leave of; —**part** to take part; —**parti pour** to side with; —**position** to take a stand; —**pouvoir** to take power; **Prenons le cas de** Let's take the case of
préoccupation *f.* preoccupation
préparatif *m.* preparation *(usually in pl.)*
préparer to prepare
présence *f.* presence; **en—de** in the presence of
présentation *f.* presentation, introduction
présenté, présentée presented
présenter to introduce, present; **Je te présente . . .** Here is, I want to introduce you to . . . ; **se**—to introduce oneself or each other, meet
président-directeur général (P.D.G.) corporate executive, company president
présider to preside
presque almost
presse *f.* press
pressé, pressée rushed, in a hurry
prestigieux, prestigieuse prestigious
prêt, prête ready, prepared
prêter to lend
prétexte *m.* pretext
prévu *p.p. of* **prévoir** foreseen, planned, expected
prier to pray, beg; **Je vous en prie.** You're welcome.
prière *f.* prayer
princier, princière princely
principal, principale principal, main
Principauté de Monaco *f.* Principality of Monaco
principe *m.* principle
Printemps: Au— a large department store in Paris
prioritaire high-priority, crucial
priorité *f.* priority; —**à droite** yield to the right
pris *p.p. of* **prendre** taken
prise *f.* electrical outlet
prison *f.* prison, jail
privé, privée private
privilégié privileged
prix *m.* price, prize; **hors de**—out of sight; —**fixe** fixed price; —**net** total price; —**mystère** mystery prize; **Quel est le—?** What's the price?
probable probable
problème *m.* problem, difficulty
procédé *m.* process
procès *m.* trial
prochain, prochaine next
proche near
proclamer to proclaim
procureur *m.* attorney, prosecutor
producteur, productrice *m. f.* producer
produit *m.* product
prof *m. (fam.) abbr. of* **professeur** teacher
professeur *m.* teacher, professor
profession *f.* profession, job, occupation
professionnel, professionnelle professional
profiter to profit, benefit; —**de** to make the most of
programme *m.* program
programmeur *m.* programmer
promenade *f.* walk; **faire une**—to take a walk
promener: se— to walk around, take a walk
promis *p.p. of* **promettre** promised
prononcer: se— to announce
propos: à—de on the subject of, regarding
proposé, proposée proposed, suggested
proposer to propose
propre clean, own
propriétaire *m. f.* owner
propriété *f.* property
protéger to protect; **se**—to protect oneself, defend oneself
province *f.* province; —**anglophone** English-speaking province
prudent, prudente wise
psychologie *f.* psychology
public *m.* public
public, publique public
puce *f.* flea; **marché aux puces** *m.* flea market
puis then
pull-over *m.* pullover sweater
punir to punish

Q

qualité *f.* quality
quand when
quant à as for, pertaining to
quartier *m.* quarter, district
Quartier Latin *m.* Latin Quarter, a district on the left bank of Paris
que what;—**ce soit** whether
Québéc *m.* Quebec
québécois, québécoise of Quebec
quel, quelle, quels, quelles which
quelqu'un someone
quelque, quelques some, a few
quelquefois sometimes
qu'est-ce qui what?;—**ne va pas?** What's wrong
qu'est-ce que what?; —**vous voulez que j'y fasse?** What do you expect me to do?
qui who;—**est-ce?** Who is it? Who's there?
Quiche Lorraine *f.* cheese and bacon pie
quitter to leave; **se**—to leave each other; **Ne quittez pas!** Don't hang up!
quoi what;—**de neuf?** What's new? What's happening? What's up? —**dire** what to say; —**encore?** What now?
quotidien, quotidienne daily, everyday

R

raccrocher (le combiné) to put the receiver on the hook, hang up
race *f.* race
raciste racist
raconter to tell
radio *f.* radio
radioactif, radioactive radioactive
raide stiff, rigid, straight
raison *f.* reason, right; **avoir**—to be right
raisonnable reasonable, inexpensive
ralentir to slow down
rallye *m.* rally, race
ramper to crawl
rang *m.* row
ranger to put in order, tidy up
rapide fast, rapid, quick
rappeler to call again, call back
rapport *m.* relationship
raser: se— to shave
rasoir *m.* razor
rassembler to gather together
ravi, ravie delighted
rayon *m.* shelf, department (of a store)
rayure *f.* stripe; **à rayures** striped
réacteur *m.* reactor
réaction *f.* reaction
réagir to react
réalité *f.* reality
récemment recently
récent, récente recent
récepteur *m.* telephone receiver
réception *f.* reception
recette *f.* recipe
recevoir to receive
recherche *f.* research, search; **à la—de** in search of
recherché, recherchée sought after
récidiviste *m.* criminal repeater
réciproque reciprocal, mutual
récit *m.* narrative, story, tale;—**oral** folk tale
réclame *f.* advertisement, sign
recommander to recommend
recommencer to begin again, begin all over
réconforter to comfort
reconnaissant, reconnaissante thankful, grateful
reconnaître to recognize
reconstituer to reconstitute
recréer to recreate
reçu *p.p. of* **recevoir** received, admitted, passed
reçu major *m.* highest-ranking student
recueillir to collect together, gather together
recyclage *m.* recycling, review
réduction *f.* reduction
réel, réelle real, true
refaire to do over, do again
référendum *m.* referendum
réfléchir to reflect, think about, consider, ponder
réflexe *m.* reflex
refus *m.* refusal, denial
regarder to look at, watch; **Regarde!** Look!; **Regarde-moi ça!** Get a load of that!; **Je ne fais que—.** I'm just looking.
régénératif, régénérative regenerative
régime *m.* regime; **être au**—to be on a diet
région *f.* region, area
règle *f.* rule
règlement *m.* rule
régler to order, regulate
règne *m.* reign
regretter to regret, be sorry

Reims *m.* Rheims, a city in northern France
réitérer to reiterate
religieux, religieuse religious
remarque *f.* remark, comment
remarquer to notice; **il est à**—it is noteworthy
remis *p.p. of* **remettre** postponed, rescheduled
remplir to fill
rencontre *f.* meeting, encounter
rencontrer: se— to meet each other, encounter each other
rendez-vous *m.* meeting, date
rendre to render; **Ça me rend malade.** That makes me sick.—**le travail plus agréable** to make work more pleasant;—**visite à** to visit; **se—à** to go to; **se—ridicule** to make oneself ridiculous; **se—compte** to realize
renforcer to reinforce, support
rénovateur *m.* renovator, restorer
renseignement *m.* information
renseigner to inquire; **se**—to get informed
rentrée *f.* return; —**scolaire** start of the school year
rentrer to reenter
renverser to spill over, turn over
réparer to repair, fix
repartir to leave again
repas *m.* meal
repasser to iron
répéter to repeat
répondre to answer
réponse *f.* response, answer
reportage *m.* report
reporter *m.* reporter
repousser to push away, reject
représentant, représantante *m. f.* representative
République centrafricaine *f.* Central African Republic
République malgache *f.* Malagasy Republic (Madagascar) a country in Africa
République populaire du Congo *f.* People's Republic of the Congo, a country in Africa
République rwandaise *f.* Republic of Rwanda, a country in Africa
réservation *f.* reservation
réservé, réservée reserved
réserver to reserve
réservoir *m* gas tank
résidence *f.* residence, dwelling; —**d'étudiants** dormitory
respect *m.* respect
respecter to respect
responsabilité *f.* responsibility
responsable *m.* manager, director
restaurant *m.* restaurant—**à « étoiles »** starred restaurant, restaurant of fine quality
reste *m.* rest, remainder
rester to stay;—**en famille** to stay home;—**en ligne** to stay on the line, hold on
restop *m.* rest stop
résultat *m.* result, outcome
retenir to hold on to, hold back, keep
retouche *f.* alteration
retourner to return
retraite *f.* retirement
rétrospectif, rétrospective retrospective
retrouver to find again, discover; **se**—to meet again
réuni, réuni reunited
réunion *f.* meeting, reunion
Réunion *f.* an island in the Indian Ocean
réunir to reunite, collect together
réussir to succeed
réussite *f.* success
rêve *m.* dream
réveille-matin *m.* alarm clock
revenir to come back; **Je n'en reviens pas!** I can't get over it!
revenu *m.* income, revenue
rêver to dream
réviser to review, revise
révision *f.* review
revoir to see again; **Au**—! Good-bye!
révolter: se— to rebel
révolutionnaire *m.* revolutionary
revolver *m.* revolver, pistol
rez-de-chaussée *m.* ground floor
rhum *m.* rum
Ricard *m.* Ricard, a French liqueur
rideau *m.* curtain
ridicule ridiculous
rien nothing;—**de nouveau** nothing new;—**ne va plus!** No more bets!
rire to laugh
ris de veau *m.* veal sweetbreads
risque *m.* risk; **courir le**—run the risk
risquer to risk
rive *f.* bank; **Rive Gauche** left bank of Paris
rivière *f.* river

robe *f.* dress; —« **bain de soleil** » sun dress; —**de mariée** bridal gown
robot *m.* robot
Rocheuses *f. pl.* Rocky Mountains
rognon *m.* kidney
rôle *m.* role
roman *m.* novel; —**policier** detective story
Roquefort *m.* a kind of French cheese
rose *f.* rose; —**des vents** weathervane
rôti, rôtie roasted
rouget *m.* red mullet (a fish)
rouler to drive, roll
roulette *f.* roulette
route *f.* road, route; **en**— on the way, on the road
routier *m.* truck driver
R.S.L.P. *abbr. of* **Réservez s'il leur plaît,** a polite form of R.S.V.P.
rubis *m.* ruby
rubrique *f.* masthead, heading
rue *f.* street; —**à sens unique** one-way street
rustique rustic

S

sac *m.* bag, purse; —**de couchage** sleeping bag
sacré, sacrée holy
safari-photo *m.* photo safari
sage wise
sage *m.* wise man
saignant, saignante rare
Saint-Martin Saint Martin, a Caribbean island
Saint-Pierre-et-Miquelon French islands off the coast of Canada
sais *pres. of* **savoir** I know, you know
saison *f.* season
salade *f.* salad
salaire *m.* salary
salle *f.* room; —**de bains** bathroom
salon *m.* living room
saluer to greet; **se**—to greet each other
salut *m.* salvation; **Salut!** Hi!
salutation *f.* greeting
sandale *f.* sandal
sans without; —**le vouloir** unintentionally
santé *f.* health
sardine *m.* sardine
satin *m.* satin
satisfaction *f.* satisfaction
sauce *f.* sauce, dressing; —**vinaigrette** salad dressing made of oil and vinegar
sauf except
saumon *m.* salmon
saut *m.* jump
sauter to jump
sauvé, sauvée saved, rescued
savoir to know; **Je n'en sais rien.** I don't know.
savoir-faire *m.* etiquette, tact
savoir-vivre *m.* good manners, good breeding
savon *m.* soap
saynète *f.* skit, scene, small play
scandale *m.* scandal
scénario *m.* scenario, script
schéma *m.* format, plan, diagram
science *f.* science; **sciences politiques** *f. pl.* political science
sculpteur *m.* sculptor
sculpture *f.* sculpture
sec, sèche dry
séchoir à cheveux *m.* hair dryer
secouer to shake
secret, secrète secret, hidden
secrétaire *m. f.* secretary
sécurité *f.* security
séjour *m.* stay, journey
sélection *f.* selection, choice
sélectionner to choose
selon according to
sembler to seem; **il me semble** it seems to me
séminaire *m.* seminary
semoule *f.* semolina
Sénégal *m.* Senegal, a country in Africa
Sénégalais, Sénégalaise *m. f.* Senegalese
sens *m.* way, direction, sense; —**unique** one-way
sensationnel, sensationnelle sensational
sentiment *m.* feeling
sentir: se— to feel
séparatisme *m.* separatism
séparatiste separatist
séparer: se— to part, separate themselves
septennat *m.* seven-year term of the French presidency
séquence *f.* sequence
série *f.* series
serre *f.* greenhouse
serré, serrée tight, packed
serrer to squeeze; **se**—**la main** to shake hands
serveur, serveuse *m. f.* waiter, waitress
servi *p.p. of* **servir** served
serviable obliging, willing to help
service *m.* service, tip; —**à l'étage** room service; —**compris** tip included; —**non-compris** tip not included; —**d'étage** room service; —**militaire** military service

serviette *f.* napkin, towel; —**de bain** bath towel
servir to serve; **se—de** to use
seul, seule, seuls, seules only, unique, alone
seulement only
sévère severe, strict
sexuel, sexuelle sexual
short *m.* shorts
siècle *m.* century
sien, sienne, siens, siennes his, hers
signaler to signal, call attention to, alert
Simenon Georges Simenon, author of French detective stories
similaire similar, comparable
simplement simply, only
simultanément simultaneously
sincèrement sincerely
sinon if not, otherwise
site *m.* site, place, spot
situation *f.* situation
situer to situate, locate
sketch *m.* skit, play
ski *m.* ski; —**nautique** water-skiing
slalom *m.* slalom; —**géant** grand slalom; —**spécial** special slalom
smoking *m.* tuxedo
SNCF *abbr. of* **Société Nationale de Chemin de Fer Français** the nationalized French railway system
snob *m.* snob
société *f.* society
sociologie *f.* sociology
sœur *f.* sister
soi-même oneself, by oneself
soie *f.* silk
soigné, soignée carefully done
soir *m.* evening; **A ce—!** Until this evening!
soirée *f.* evening, party; —**travestie** costume party
soit . . . soit either . . . or
solde *f.* sale; **en**—on sale
sole *f.* sole (a fish)
solitaire alone, all by oneself
solution *f.* solution
sombre dark, somber
somme *f.* sum, total; **en**— in summary, in conclusion
sommet *m.* peak, summit, top
son-et-lumière *m.* sound-and-light show
sondage *m.* survey
sonner to ring; **Ça sonne occupé.** The line is busy.
sorbet *m.* sherbet; —**maison** homemade sherbet
sort *m.* destiny, fate
sorte *f.* sort, kind
sortie *f.* exit, date
sortir to go out; —**avec** to date
soudain suddenly
soufflé *m.* soufflé
souffrance *f.* suffering
souligner to underline, stress
soupçonner to suspect
sourd, sourde deaf
sourire *m.* smile, laugh
sous under
sous-marin, sous-marine underwater; **plongée sous-marine** *f.* scuba-diving
souterrain, souterraine underground
souvenir: se—de to remember
souvent often, frequently
spatial, spatiale spatial
spécialiser: se—en to major in, specialize in
spécialiste *m. f.* specialist, expert; —**de logiciel** software specialist
spécialité *f.* speciality
spectacle *m.* show
spectateur *m.* spectator, viewer, member of the audience
spontané, spontanée spontaneous
sport *m.* sports
sportif, sportive sporty, sports-loving, athletic
square *m.* square, park
stade *m.* stadium
stage *m.* training, workshop; —**d'expression de soi** personal growth training
stagnation *m.* stagnation
stand *m.* booth
standardiste *m. f.* telephone operator
station *f.* station; —**de métro** subway stop; —**de ski** ski resort; —**-service** gas station
stationner to park
statistique *f.* statistics
statue *f.* statue
stéréotype *m.* stereotype
stimulant, stimulante stimulating
structure *f.* structure
style *m.* style, fashion
sublime sublime, wonderful
succès *m.* success
successif, successive successive, in a row
sucre *m.* sugar; **canne à**— *f.* sugar cane
sud *m.* south
suffit: il— it suffices, it is enough
suggérer to suggest
suicider: se— to commit suicide, kill oneself
Suisse *f.* Switzerland
suisse Swiss

Suisse, Suissesse *m. f.* Swiss
suite *f.* following; **à la—de** following, coming after
suivant, suivante following
suivre to follow; **—un cours** to take a course
sujet *m.* subject, topic
super: essence— *f.* high-test gasoline
super! Terrific!
superficiel, superficielle superficial
superstitieux, superstitieuse superstitious
supplément *m.* addition; **en—** in addition, extra
supporter to tolerate
supprimer to eliminate, do away with
sûr, sûre safe, sure, confident; **sûres d'elles** sure of themselves
surpeuplé, surpeuplée overpopulated
surprendre to surprise
surpris *p.p. of* **surprendre** surprised
surtout above all, especially
survécu *p.p. of* **survivre** survived
survie *f.* survival
survivre to survive
suspect *m.* suspect
svelte svelte, trim, lean
sympathique nice
syndicat d'initiative *m.* chamber of commerce, tourist office
synthétique synthetic
système *m.*: **—d'enseignement** educational system

T

tabac *m.* tobacco; **bureau de—** tobacco store
table *f.*: **—de chevet** night table, bedside table; **—ronde** debate, panel discussion
tableau *m.* painting, picture; **—noir** blackboard
taille *f.* waist, size; **—moyenne** average size, average height; **de grande—** tall; **de petite—** short; **Quelle—portez-vous?** What size do you wear?
tailleur *m.* woman's suit
talon *m.* heel; **—haut** high heel
tant so much, so many; **—mieux** so much the better; **—pis** so much the worse
tante *f.* aunt
taper à la machine to type
tard late; **A plus—!** See you later!
tarif *m.* rate
tarte aux pommes *f.* apple tart
taxe *f.* tax
technique technical
technique *f.* technique
tee-shirt *m.* T-shirt
teint *m.* shade, complexion
tel que, telle que, tels que, telles que such as
télé *f. (fam.) abbr. of* **télévision** television; **à la télé** on T.V.
télécommunication *f.* telecommunication
télégramme *m.* telegram
téléphonique telephone
téléphoniste *m.f.* operator
téléspectateur *m.* televiewer
télévisé, télévisée televised
télévision *f.* television
tellement such, so much, so
témoin *m.* witness
tempérament *m.* temperament
température *f.* temperature
tempête *f.* storm
temple *m.* temple
temps *m.* time, weather; **en même—** at the same time, simultaneously; **peu de—** very little time, a short while; **un—fou** an unbelievable amount of time
tendre to tend; **—à** to tend to
tendresse *f.* tenderness
tenir to hold; **—compte de** to take into consideration; **Qu' à cela ne tienne!** Don't let that stand in your way.
tennis *m.* tennis; **—de table** ping-pong
tension *f.* tension
tente *f.* tent
tenter to tempt, attempt
tenue de soirée *f.* evening attire
terme *m.* term
terminer to end, terminate, finish
terrain *m.*: **—de camping** camping ground; **—de football** soccer field
terrasse *f.* terrace; **—de café** sidewalk café
terre *f.* ground, earth
terrible! *(fam.)* Great! Neat!
terrifiant, terrifiante terrifying
terrine *f.*; **—du chef** pâté
terrorisme *m.* terrorism
testament *m.* will
tête: à la— at the top
théâtre *m.* theater
thème *m.* theme
théorie *f.* theory
ticket *m.* ticket

tiens! Well! Look here! Really?
tirer to pull; —**une carte** choose a card
tiret *m.* hyphen, blank, dash
tissu *m.* material, textile, fabric
titre *m.* title
toilettes *f. pl.* toilet, lavatory
tolérant, tolérante tolerant, patient
tomber to fall down; —**en panne** to break down
tonton *m. (fam.)* uncle
tort *m.* fault, wrong; **accuser à—** accuse unjustly
tortue *f.* turtle
tôt early
total *m.* total, sum
touchant, touchante touching
toujours always, forever
tour *m.* turn; **à—de rôle** in turn; —**à**—one at a time; —**en voiture** car ride
tour *f.* tower
tournedos *m.* filet mignon
tourner to turn; —**une scène** to film a scene
tournoi *m.* tournament
tout, toute, tous, toutes all, every; **tout le monde** everyone; **tous les deux** both of them; **tout à fait** entirely, completely; **tout droit** straight ahead; **tout de suite** right away; **tout seul** all alone
tracé *m.* outline, sketching, tracing
tract *m.* flyer, leaflet
tradition *f.* tradition
traditionnel, traditionnelle traditional
traditionnellement traditionally
traduire to translate
tragique tragic
traiter to treat
traître, traîtresse *m. f.* traitor
tranquillement quietly, peacefully
transaction *f.* transaction
« transat » *f.* race to cross the Atlantic alone in a sailboat
transatlantique transatlantic
transformateur *m.* transformer
transformation *f.* transformation
transformer to transform
transistor *m.* transistor
travail *m.* work, job
travailler to work
travaux *m. pl.* road repairs; —**forcés** forced labor, chain gang
travers: à— across
traverser to cross
traversin *m.* bolster pillow
très very; —**heureux!** Pleased to meet you.; —**honoré!** Honored to meet you.
trésor *m.* treasure
tribunal *m.* court of justice
tricher to cheat
triporteur *m.* three-wheel mail truck, carrier tricycle
triste sad
tromper to cheat on, deceive; **se—(de)** to be mistaken (about)
trop too much
tropical, tropicale tropical
trottoir *m.* sidewalk
troupeau *m.* group; —**de vaches** herd of cows
trouver to find; **se**—to be located, situated
truc *m. (fam.)* thing, contraption
truffé, truffée truffled
truite *f.* trout
tuer to kill
tulipe *f.* tulip
Tunisie *f.* Tunisia

U

ultime ultimate
ultra-léger, ultra-légère super lightweight
un: de l'—à l'autre to one another, to each other
uni, unie solid, unified; **vert uni** solid green
unifier to unify
uniquement uniquely, only
unité monétaire *f.* monetary unit
universitaire university
université *f.* university
urgent, urgente urgent, pressing
usage *m.* use
usine *f.* factory
utile useful; **Puis-je vous être—?** May I be of service to you? May I help you?
utilisation *f.* use
utiliser to use

V

vacances *f. pl.* vacation
vache *f.* cow
vachement *(fam.)* very
valable valid
valeur *f.* value
validité *f.* validity
vanille *f.* vanilla
vanter: se— to brag
variante *f.* variant, alternative
varice *f.* varicose vein
varier to vary, change, alter
vaste vast, enormous

vaut: il—mieux it is better, it is worth more
veau *m.* veal; **blanquette de—** *f.* veal stew
vécu *p.p. of* **vivre** lived
vedette *f.* star
végétarien, végétarienne *m.f.* vegetarian
vélomoteur *m.* motorbike, lightweight motorcycle
velours *m.* velvet; **—côtelé** corduroy
vendeur, vendeuse *m. f.* salesman, saleslady
vendre to sell
venir to come; **—de** + *inf.* to have just done something; **—passer** to come spend
véridique truthful
vérifier to verify
vérité *f.* truth
vernissage *m.* opening of an art exhibition
vers toward, about
veste *f.* jacket
vêtement *m.* garment
vétérinaire *m. f.* veterinarian
veuillez *subj. of* **vouloir** you want; **veuillez** + *inf.* kindly, please
veulent *pres. of* **vouloir** they want
veux; Je—bien! I would like to. Gladly!
viande *f.* meat
Vichy *m.* a brand of French mineral water
vichyssoise *f.* potato-and-leek soup
victime *f.* victim
vide empty
vidéocassette *f.* videocassette
vidéo-technicien *m.* video technician
vie *f.* life; **C'est la—!** That's life!
vieillard *m.* old man
vient *pres. of* **venir** he/she comes
Viet-Nam *m.* Vietnam
vieux: mon vieux old man, old chap; **ma vieille** old girl; **vieux jeu** outdated, outmoded
villa *f.* villa, mansion
village *m.* village
ville *f.* city; **en—** in town; **centre—** *m.* downtown, town center
vin *m.* wine; **—d'honneur** reception
viol *m.* rape
violent, violente violent
violoniste *m.* violinist
visage *m.* face
visible visible
visite *f.* visit, trip
vitamine *f.* vitamin
vite quickly, fast
vitesse *f.* speed; **à toute—** in high speed; **en—** in a hurry, in a rush
vitrine *f.* window, shop window
Vittel *m.* a brand of French mineral water
vive-voix: de— out loud, in person
vocabulaire *m.* vocabulary
voici here, here it is
voilà there, there you are
voilé, voilée veiled
voir to see
voisin, voisine *m. f.* neig-hbor; **—de vol** flight companion
voisinage *m.* neighborhood
voiture *f.* car; **—de sport** sports car
voix *f.* voice; **à haute—** out loud
vol *m.* flight; **voisin/voisine de—** *m. f.* flight companion
vol *m.* theft
volaille *f.* poultry
volant *m.* steering wheel
volcan *m.* volcano
volcanique volcanic
voler to steal
voler to fly
volley-ball *m.* volleyball
volonté *f.* will, desire
volontiers gladly, with pleasure
voter to vote
voudou *m.* voodoo
voudrais *cond. of* **vouloir** I/you would like
vouloir to want, desire; **—dire** to mean; **Je veux bien!** I would like to. Gladly!; **Qu'est-ce que vous voulez que j'y fasse?** What do you expect me to do?
vous-même yourself
voyage *m.* trip; **—d'affaires** business trip
voyageur *m.* traveler
voyant, voyante *m. f.* fortuneteller
voyons *pres. of* **voir** we see; **Voyons!** Let's see!
vrai, vraie true, truly
vraiment really
vue *f.* view; **point de—** *m.* point of view, perspective

W

week-end *m.* weekend

Y

yacht *m.* yacht
yachting *m.* yachting
yoga *m.* yoga

Z

Zaïre *m.* Zaire, a country in Africa
zut! *(fam.)* Darn!

Acknowledgments

We are grateful to the following for their cooperation in enhancing the visual interest of this book. It has not been possible to identify the sources of all the illustrations. In such cases the authors welcome any information regarding copyright owners.

Original Artwork

Penny Carter (3, 5, 9, 11, 14, 15, 33, 34, 35, 44, 45, 48, 63, 64, 65, 66, 69, 71 (inspired by *Le Livre des Mots* by Richard Scarry, Editions Deux Coqs d'Or 1980), 72, 73, 74, 80, 85, 99, 100, 102, 124, 126, 127, 133, 140, 142, 148, 150, 151, 153, 154, 155, 163, 168, 171, 177, 181, 196).

Mary Doria Russell (107, 109).

Penny Carter, based on ideas by Mary Doria Russell (41, 86, 98, 105, 119).

Svea Fraser (52–55, 87).

Photography

Andrew Sideman (4, 7); Bradford Hayes (6); David Coleman (27, 34, 39, 56, 57, 78, 83, 92, 103, 143).

Photographs

Liliane Verdier (left 10, 27, 39, top 56, 57, right 87, 103, 139, 147, 169); French Cultural Services (center 10); Agnès Verdier (right 10); Robert and Marlene Nusbaum (14, bottom 34, 35, 36, 78, top left 83, 92, 146, 170, 186, 190, 192, 194, left 202); *Paris-Match,* no. 1546 (17); State of Louisiana, Office of Tourism (31, 76); Henri Mercier (39); Tunisian National Tourist Board (42); Courtesy, Public Relations Dept., City of Montreal, Carlson, Rockey & Associates, Photographers (45); Movie Star News, 212 E. 14 St., New York, NY 10003 (49); Hôtel d'Alsace, Sarreguemines, France (51); French Government Tourist Office (94, top 179); *L'Express* (102); Restaurant Paul Bocuse (111); Photos Alain Keler-Agence SYGMA (136); Agnès and Henri Verdier (139); Marie-Bernadette Etienne (143); Cécile and Jean-Pierre Gauzi (146); Françoise Moros, Henri Verdier, Annie Poignant, Michael Moros (147); Astrid and Vahe Sarafian (149); Office de Tourisme, Chamonix, France (151); Lucien Verdier père, Lucien Verdier fils, Henri and Janine Verdier (169); French Embassy Press and Information Division (top and bottom 178, center 179, 180, center and bottom 205, 209); French Film Office (bottom 179); Agence France Presse (193); Jim Leggett, Photo Journalist and Monaco Government Tourist Office (198, right 202); The Clement-Petrocik Company (top left 205); Monkmeyer Press Photo Service (207); Quebec Tourism (212, 213, right 214, 218); Canadian Consulate (left 214).

Realia

Anne-Paule Mulleris Kopnicki (left 11); Marc Frey and Digital Equipment Corporation (right 11); Micheline Bredo Myers (23, 30); Alain Stanké, Les Editions Internationales (24); Musée Picasso, Antibes (25); Genevra Higginson (left 29, 32); Agnès Verdier (right 29); Automobile Club de Monaco (38); Françoise Surrel (47, 214); A. Leclerc, Hôtel Les Terroirs, Gevrey-Chambertin, France (left 56); Hilton International Hotels (58); Office de Tourisme de Paris (59); Greater Boston Council, American Youth Hostels and the International Youth Hostel Federation, 1980 (61); Hôtel Sofitel (62); Amos Levin, Hebrew handwriting (64); Joumana Barazi-Damon, Arabic handwriting (73); Editions de la Réunion des Musées Nationaux, Paris, maps and picture (74–75); Diana Chigas, Greek handwriting (75); Teresa Wong, Chinese handwriting (75); State of Louisiana Office of Tourism, map (76); RATP (78); SNCF and Aéroports de Paris (81); Société du Puy de Dôme (right 83); AVIS, Location de Voitures (bottom 83); Food and Wines from France, Inc. (89); CBS, Inc., cassette cover (left 95); RCA, Inc., and Editions Espace, cassette cover (right 95); FNAC (96); Restaurant Le Grand Café,

Paris (106); Annie Poignant, menu (111); Restaurant au Cochon d'Or (112); La Petite Chaise, Paris; Chez Catherine, Paris; Au Gourmet de l'Isle, Paris; Aux Cinq Pains d'Orge, Paris (115); Julien, Paris; La Marmite, Paris; Le Mongol, Paris; L'Assiette au Boeuf, Paris (116); Le Pré aux Clercs Trois Faisans, Dijon (top left 117); Restaurant Paul Bocuse, Collonges-au-Mont-d'Or (bottom left 117); Café La Madeleine, Paris (right 117); Office de Tourisme de Tours, map (118); Société Wagon-Lits (124); Geneviève Toillon (129); Association Vivre Son Temps (134); Simonot Michel (bottom left 135); Jean-Paul Ruiz (bottom right 135); La Ferme Atelier (top left 135); L'Atelier Studio (right center 135); Claire and Anne Doazan (top right 135); Amnesty International (right 137); L'Association Internationale pour la Conscience de KRSNA (left 137); R. V., Paris (141); Annie Poignant (145); Gilberte Furstenberg, Jacqueline Hill, Annie Poignant, handwriting (161); Jean Moreno, Harvard University, research and statistics (172); Renault (184); Parfums Dior (185); Kellogg's (185); Jean-François Moulin (187); Télérama (188); Régies Actuelles Société G. T. Services du Tourisme des Alpes-Maritimes, Nice (197); Union Departementale des Offices de Tourisme et Syndicats d'Initiative de la Riviera Côte d'Azur (top left, right center 200); Beach Plaza Hôtel, Monte Carlo, Monaco (bottom left and right 200); French Embassy Press and Information Division, map (top left and bottom 204); Chambre de Commerce et d'Industrie du Québec Métropolitain (216–217); Pat McDonough, Leo Chevalier, Marilyn Brooks, and the Fashion Designer Association of Canada (218).

Articles, Paintings, and Drawings

From the collection of Claire Kramsch (Gad, bottom 21; Lundberg 22); Papa Ibra Tall from *Un Voyage au Sénégal* in conjunction with the Société Africaine de Presse et d'Editions Fusionnées (bottom 25); King Features Syndicate (40); text courtesy Digital Equipment Corporation *DEC System Guide* (bottom 63); Collection, Museum of Modern Art, New York, Salvador Dali, *The Persistence of Memory*, 1931, Oil on canvas, 9½" × 13", given anonymously (91); Groupe AGEP, Auguste and Louis Lumière, 1906 (91); Drawing by Sempé from *Tout se complique*, Editions Denoël (97) and *Rien n'est simple!* (167); drawing by ffolkes in *French Pictorial Composition* by Margaret Coulthard, Hutchinson & Fitzroy (104); Pneu Michelin, *Guide France*, Edition 1978 (108, 118); Editions Rouff (114); United Feature Syndicate, Inc. (123); *Le Figaro* (in "Modèle" and top center 125); *Le Monde* (center left 125, top right 204); Dominique and Patricia Charlot and *Le Département* (center right 125); *Le Devoir* (center second from bottom 125); *La Presse de Tunisie* (bottom 125, 176); *Paris-Match* (left 125); *Télé Sept Jours* (131); Claire Bretecher (132); René Hovivian (144); Havas Voyages, *Vert et Bleu*, 1981, drawings (153, 156); Reiser, *Vive les Femmes!* (158–160); activity inspired by Jean-Marc Caré and Francis Debyser, "Le tarot des mille et un contes," Librairie Hachette, *Jeu, langage et créativité* (164); *Quinze Ans* (165); Dargaud Editeur, Paris 1975 by Goscinny and Uderzo (top 166); United Press Canada (166); *F Magazine* (174); *Le Nouvel Observateur*, no. 514 (183); *L'Express*, article by Jacqueline Rémy (187–189); *Sport-télé* (191); *Nous*, article by Marc Mangin (191); Poem by Jacques Bonhomme, Editions Soulanges (203). Our thanks to Woody Allen and Paul Bocuse for the use of their names in *Parlez sans peur!*